U0667556

知识让世界更简单！ 湛庐文化
Cheers Publishing

$ 20 Per Gallon

How the inevitable rise in
the price of gasoline will change
our lives for the better

油价30元/升

高油价让我们的生活更美好

〔美〕克里斯托弗·斯坦纳（Christopher Steiner）◎著　舒丽萍◎译

中国人民大学出版社
·北京·

目 录
Contents

20$ Per Gallon

前言

高油价将革新我们的生活

当找不到话题和别人攀谈时，我们通常习惯于谈谈天气，云和太阳就这样被降格到了打破闲谈尴尬的次要位置上。但在油价波动不定时，每个人都可能转而谈论汽油价格，即便是不开车的人。我们之所以对汽油价格灾难性的增长和骤降如此感兴趣，是因为我们对油价背后的经济学原理心存好奇——这个存在于我们身边多年，储量丰富的能源的价格何以会如此混乱无序地波动呢？让我们感兴趣的不止是油价背后理性的经济学。无论你打开哪一份报纸，不管是全国性的还是地方各州的，都会有一个精彩的故事，而这个故事往往与汽油价格有关。

2008 年，当汽油价格触及历史新高时，美国人相比前一年少行驶了 1 600 亿公里路程。30 年来第一次出现这样的减少，使得 20 世纪 70 年代石油禁运期间的驾车里程减少数也相形见绌。**即使我们已经削减了驾驶**

里程，但对于汽油价格还是有一种微妙的情感，超越了 **2 美元与 4 美元**[①]
的对决，也超越了每周加满油箱的汽油费用。在加油站，我们会因高油价
倍感不快，也会因低油价而感到欣慰。高油价让我们觉得恶心，但过去五年，
各种商品的价格都在快速增长，所以油价怎么可能不涨呢？不过我们对于
粮食价格没有做出同样的本能反应，即使粮食占据了我们食物的一半，并
且近年来其价格也增长了一倍多。为什么相比我们购买的其他东西，油价
发出了更与众不同、更刺耳的警报？也许那是我们人类的直觉——。一种
进化的意识，这种意识意味着面对一种情境，我们要做的不仅仅是面对它，
还要采取更多的行动。

我们的直觉感是从几千年的生存实践中磨炼出来的，神秘且不可思议。
汽油价格不可阻挡的涨势体现出了几个领域的变化，绝不仅限于开车支出
的增加和加油站令人厌烦的收费项目的增多。石油价格以及由此衍生的汽
油价格，在一定程度上影响了我们的生活，却几乎没有人意识到。大型石
油公司无疑会让你更多地刷信用卡消费，如墙上的瓷砖、冰箱上的塑料、
铺路用的沥青、房顶上的木瓦板以及制作足球用的合成橡胶等都是你要消
费的东西。油价每上涨一分钱，我们消费的大部分商品的价格也会随之
上涨。

把手头的事情停下来，看看四周，看看你的桌子、鞋
子、衬衫、窗户以及厨房，有多少东西与石油有关？超乎你
的想象吧？看看窗外，看看这个世界，有多少东西是依赖石
油才得以存在？是不是再一次超乎了你的想象？美国进口的
石油占其石油总量的 67%，但其中只有 40% 加入了我们的油

---

① 油价每加仑4美元相当于每升6.65元人民币。——编者注

箱，剩余 27% 则用来制造、强化或塑造任何你可以想象得到的东西。

郊区居民比尔·麦克彼得罗曼2009年的生活

比尔·麦克彼得罗曼（Bill McPetroman）过着像很多人一样的生活。他住在郊区，有体面的工作、漂亮的房子和美满的家庭。比尔既不富有，也不贫穷。每天早晨，他会来到办公室开始一天的工作。让我们看看在 2009 年时比尔通常是怎样度过早晨时光的。比尔的妻子和孩子当时正在家庭小木屋度假，她们和比尔一样享受着汽油带来的便利。比尔将在周末与她们汇合。

这是个周四的早晨，7 点钟比尔起了床，听着他的索尼收音机。收音机外壳的塑料是由休斯敦炼油厂从原油中提炼出的碳氢化合物分子制成的。我们生活中的每一种塑料制品都有相似的制造过程和相同的主原料：石油及其衍生物。

比尔卷起被单，脚踩在铺着地毯的地板上。地毯是尼龙制成的，而尼龙是最早且最成功的由石化产品制成的塑料之一。他缓步走进浴室，一只手搭在浴室的杜邦可丽耐台面上，杜邦可丽耐是一种普通的家用人造石，主要由丙烯酸塑料制成。杜邦公司将色素和聚甲基丙烯酸甲酯等材料用一系列粘结物粘结起来制成了可丽耐，而聚甲基丙烯酸甲酯当然也来自炼油厂。

比尔将剃须膏的泡沫涂满下巴，这将会使他散发出男人特有的味道。顺便说一下，这种剃须膏是由数不清的化学配料制成的，其中最重要的成分就是聚甲基丙烯酸甲酯。顺利刮完胡须之后，比尔拉开尼龙浴帘，跳进了舒适迷人的淋浴间。淋浴间的材质是聚氯乙烯，另一种无所不在的石化产品。比尔用的洗发香波和护发素大部分由黏稠滑腻的碳氢化合物制成，碳氢化合物也是由石油加工而成的。肥皂也一样。比尔的牙刷上的塑料硬毛和塑料手柄也来自被称为"黑金"的石油。

穿好衣服后，比尔来到厨房吃早饭。厨房的地板是最近新装的，是一种设计精美的复合橡木地板。大约 0.32 厘米厚的薄层橡木，粘在刚硬结实的胶合板垫的上面。这种地板非常耐用，能够承受各种损害，其耐用性比纯木地板的排名更高。这种地板由粘合物和胶水固定在一起，而粘合物和胶水则是从原油加工厂得来的。

本书将详细介绍每个油价水平带来的变化、结果和创新。这种介绍方法被证明是很有道理的，因为我们对生活的适应性不是突然产生的，而是随着油价的变化逐渐形成的，因此油价每上涨一次都将给我们带来强迫自己适应的新痛。油价每增长一美元，我们都将启用不同的应变机制。每一美元的上涨都会开启新的可能性，并引退一种旧产品或旧的生活方式。本书每一章都将重点关注一到两个由特定油价带来的主要变化以及与价格相关的其他事件。随着油价从每加仑6美元涨到8美元再到10美元甚至更高，我们生活的很多方面都将发生改变。

油价将会不停地涨

　　油价上涨的合理性和每一章将会提出的假设情形的前提是：汽油日益稀缺。**物以稀为贵，油价理所当然会上涨。**然而有些人却通过公共媒体宣称，昂贵的油价是我们持续贪婪消费下出现的一个暂时的警告信号，他们认为油价是被神经紧张的贸易商和不顾后果的投机者人为推高的，很快就会恢复正常。他们想让我们相信，目前的情况与 2008 年如出一辙，但无论如何，常态已经走远，油价只能上涨。

　　"这只是瞬时泡沫"是为开悍马的人和航空公司所做的乐观展望，但对于世界经济、人口统计特征或资本主义而言却显得毫无意义。以下几句话道出了事实：

　　　　1. 随着全球中产阶级的扩张，对石油的需求还将持续增长。
　　　　2. 地球上剩余石油的开采费用将越来越高。

　　这两句话使我们得出第三个结论：

　　　　3. 汽油价格将攀升至远大于当前的价格水平。

　　价格的疯狂上涨通常会通过下降调整得到缓和。相对我们在过去 8 年所见证的房价荒唐的暴涨而言，油价波动则遵循了一定的规则。但油市会比房市发展得更快。与这些年房市的繁荣昌盛和随后的长期衰落情形相比，油价峰值可以持续好几个月，而且其随后的调整又将持续一到两个月。这个不同之处非常重要：相对于需求而言，石油总量总是显少。我们可以建造更多的房子，但却制造不出更多的石油。因此，**尽管油价随季节变换来回浮动，但持续且长期的趋势还将是价格增长。**

尽管在 2008 年和 2009 年由于世界经济形势萎靡不振，导致全球石油需求有所减弱，但这只是暂时的停滞。短期内的任何经济扩张都意味着石油需求会进一步增长。**石油需求会与迅速成长的全球中产阶级一起增长，中产阶级是全球人口中增长最快的群体。**世界总人口在未来 12 年内将剧增 10 亿，但中产阶级将会增加 18 亿，仅在中国就有 6 亿中产阶级人士。据华盛顿智囊团布鲁金斯学会（Brookings Institution）的研究人员估计，到 2020 年，中产阶级将占地球总人口的 52%，而目前这一比例是 30%。到 2025 年，中国的中产阶级人数将是世界上最多的，而印度的中产阶级则要比当前多出十倍。

> 想一想，在美国，每 1 000 人中有 750 辆车；在中国，每 1 000 人中有 4 辆车。如果中国在车辆占有率上能达到美国的一半，就意味着又要有 4 亿辆消费汽油的车会上路。这简直就像给世界上又增加了两个美国所用的车。此外，即使油价达到如此之高，使美国和欧洲等地的需求严重受挫，但像中国这样的发展中国家对汽油的需求仍在增加，且增幅在 10% 以上，这样的增幅不会一夜间就消失。关于经济，特别是中国的经济，需要大量石油和能源来实现增长。

这对中产阶级而言意味着什么？意味着有套房子，有一份固定收入，消费自由，且开一辆烧油的车。

总的来说，还是消费。当人们消费时，就会消耗石油。我们需要石油

来发动汽车，制造塑料酸奶杯，收割可以做成面包的粮食，以及运送将成
为我们盘中餐的家畜。我们需要石油来运送衣服、小配件和中产阶级需要
的各种物品。我们需要利用石油来制造今日使用的许多化工制品和化学品，
包括计算机、汽车、房子和基础设施。在欧洲和美国，汽车销售可能会不
景气或表现平平，而且可能会一直保持这种态势，但在像中国、印度和俄
罗斯这样的国家，较长时期内其汽车总量将会继续增加。

"大众车"使中产阶级群体扩张

　　越来越多的人将跨入中产阶级行列，但全球化进程却降低了中产阶级
的社会地位。印度塔塔汽车公司（Tata Motors）在 2008 年推出了一款名为
纳米（Nano）的车型，在第一辆车还未出厂之前就捕捉到了市场需求。纳
米出厂后很快就成为国际巨星，使塔塔公司一跃成为世界级汽车制造商。
在 2008 年举办的日内瓦汽车展上——通常是闪耀夺目的保时捷和宝马的
秀场，这款小型纳米车大出风头，吸引了欧洲和国际媒体蜂拥向前。塔塔
公司为纳米建立了一个 facebook 页面，点击率达到了数百万次。在纳米发
布之前，网上出现了纳米的测试模型车在印度高速公路上行驶的视频，使
其当时在 YouTube 上人气剧增。
　　什么使得塔塔公司的纳米如此深受人们喜爱呢？

　　　塔塔纳米由一个小型双气缸和一个排量为 0.62L 的后置铝制
　　发动机来驱动。它的仪表板设置了三样东西：速度计、油量表
　　和机油警告灯。车上有一个挡风玻璃雨刷，一个小的前箱，此

外没有一般车都有的收音机、空调和动力方向盘。纳米的亮点
就是它 2 500 美元的价格以及它的高效率，而且不需要电池。这
是一款全新的且具有超高效率的汽车，但价格却只相当于一台
高端笔记本电脑。

塔塔纳米和许多其他同类产品（大部分同类产品都不像纳米那样引人
注目）使数十亿人跨越了贫穷和小康之间的黑暗地带，成为中产阶级。即
使油价高达每加仑 4 美元、5 美元或 10 美元时，数十亿先前无忧无虑的人
只需支付 2 500 美元就能买到一辆性能如此好的车。

印度塔塔汽车公司将纳米称为"大众车"。确实如此，印度数百万人
把轻便摩托车和自行车扔在一边，转而购买了塔塔纳米。

有个叫乌太姆·士梧海尔（Uttam Shivhare）的人，他在印度
北部的圣城瓦拉纳西靠驾驶三轮摩托车为生，这个城市大部分
居民都是印度人。现年 40 岁的士梧海尔驾驶着他的摩托车穿行
在瓦拉纳西人潮拥挤的大街小巷，接送客人，每月能挣 150 美元。
士梧海尔的摩托车有帆布篷，但没有车门，如果乘客蜷缩着身体，
后座上可以容纳三个人。作为摩托这种运输工具的主人，他是
受人尊敬的。但士梧海尔说，真正要获得尊敬，你需拥有一辆
像样的汽车，有门、有车顶、有行李箱以及所有车上该必备的
配置。

在塔塔纳米上市之前，市场上价格最低廉的是铃木马鲁蒂
800，价格大约在 5 000 美元左右，比士梧海尔的交通工具贵多了。
而塔塔纳米的价格只是马鲁蒂铃木 800 的一半，这使得士梧海尔

也加入了有车的中产阶级一族。士梧海尔十几岁的女儿舒博汉姆
和儿子萨米科萨在读了《英国日报》之后告诉了父亲有关塔塔
纳米的信息。"孩子们那些有钱家庭的好朋友都有车，但我们一
直都买不起，"士梧海尔说，"不过，现在我们可以买了。"他眉
开眼笑，面露喜色。

像士梧海尔这样赚钱并有强烈意愿买车改善家人生活的人比比皆是，
可能有数十亿。这些人在自己国家经济繁荣发展的浪潮中将获得机会，他
们值得拥有这些机会，但这也意味着人们将需要更多的石油。

想象一下，如果塔塔纳米给全球增加了 300 万个新司机，
平均每人每年行驶 15 000 英里，那么每年将会多增加十亿加仑
汽油需求。300 万还是非常保守的估计，因为印度和中国的总人
口是 24 亿，占了世界人口的三分之一还多，其中大多数人还没
有车。

不仅像印度这样的石油净进口国会消费越来越多的石油，而且像伊朗
和沙特阿拉伯这样以石油资源作为经济支柱的国家，对石油也是自己消费
的增多，出口的减少。过去 30 年，中东地区人口已经增长了一倍。中东
地区对石油的需求增多，意味着每年进入世界市场的石油会越来越少。伊
朗和沙特阿拉伯实际上都在给本国民众补贴汽油，其中有一部分是有经济
效益的，但另一部分纯属统治阶层采用的生存策略，竭力利用善变且易于
屈服的选民来确保自己的声望。

沙特阿拉伯正在其广阔的沙漠疆域修建几十个发电厂，以应对石化企业日益增长的需求，它们要将碳氢化合物变为有用的工业化合物。不像美国发电厂是以煤和浓缩铀做燃料，沙特阿拉伯的新发电厂是以石油做燃料，这就需要从汽油精炼厂提取数十亿桶石油。过去伊朗常常会出口70%的原油，但现在由于本国中产阶级队伍的壮大以及国内需求的增加，出口量减少到了50%。沙特阿拉伯的石油消耗量过去5年每年增长6%，伊朗每年增长8%；与此同时，另一个石油出口大国委内瑞拉的国内需求每年激增10%。

沙特阿拉伯高调地宣称自己将成为所有能源的供应方，包括太阳能、风能和石油，但这些计划都与他们的石油储备紧密相关。从沙漠中喷射而出的石油给沙特阿拉伯所带来的惊人财富是沙特人无论做什么都无法替代的。转向阿拉伯半岛的可替代能源，也只能算是对其真正产业——石油产业的点缀而已。

随着中国、印度和许多其他国家中产阶级群体的扩张，数以亿计新增加的汽车将会上路，这会导致对石油和其他石化产品的需求增多。人们都想拥有美国人几十年来已经拥有的舒适的汽车和安逸的生活。人们将会得到自己想要的，但在此过程中，他们将促使全球经济改革以一种前所未有的速度前行，这会改变所有人的生活，甚至会改变地球。

易于获得的石油所剩无几

每一种新的生活方式和收入水平，都会增加世界石油的需求。一方面，这会给需求带来压力，另一方面，地球上的石油已经越来越难以开采和获得了。所有的统计数字都告诉我们，石油越来越难找到了，没有什么比这个事实更让人纠心：**我们每消费 6 桶石油，只能找到 1 桶石油。**昔日美国得克萨斯州和沙特阿拉伯式的喷油井已经是过去的神话了，再也没有像那样的未发现的油井了。如今，我们从油井表面得到一桶石油，要比以往费劲得多，特别是从深海油井和陈年油田中获取时，往往需要借助各种昂贵且复杂的技术，比如，把水注入油源岩以释放出更多的石油。**全球石油产量已达峰值**，意味着它已达到一个今后再也不会实现的顶点。支撑石油峰值的证据确凿无疑。

石油日益稀少，这一论点已得到充分论证。伊朗国家石油公司前高级顾问阿里·萨姆萨姆·巴克提阿里（Ali Samsam Bakhtiari）对此进行了充分阐释。巴克提阿里于 2007 年辞世。在巴克提阿里博士最后的研究论文中，有一篇与世界石油生产有关。

当大约 147 年几乎从未间断过的原油供应在 2006 年夏天增长到破纪录的产量时，即日产量达到 8 100 万～ 8 200 万桶之后，原油产量从此进入了不可逆转的下降中。这种异常的逆转改变了能源供应的平衡，而这种平衡是我们在这个星球上生活的基础。这将给目前使用的所有其他能源带来压力——这些能源包括天然气、煤、核电和各种各样可再生的生物燃料。地球万物终将都会受到影响。

并不是他一个人对未来抱有这种悲观的态度。石油投资大亨 T·布尼·皮肯斯（T. Boone Pickens）在石油天然气上投资了 30 亿美元，他在福布斯

CEO 大会上说:

全世界都在关注着,仍然有油田有待开发,但已无法达到过去的产量。大油田都已被开发,至于小油田,没有足够的小油田填补空缺……在我看来,石油产量已经处在峰值上了,油价还将上涨。

皮肯斯还进一步阐述了与此相关的看法。这个终其一生都在与石油打交道的商人呼吁美国要停止每年砸金 7 000 亿美元进口石油。他还试着创造了一种用于风能的蜂鸣器,并在得克萨斯州的锅柄状土地上和其他投资者一起为一个大的风能项目投资 100 亿美元。这可能是一个为期八十年之久的尝试,以此来巩固一份永久的遗产;这也可能只是亿万富翁皮肯斯尝试的另一种挣钱方式。无论如何,这位精明的华尔街石油大亨不会把自己限制于石油行业中,更何况他认为石油这种传统能源正在逐渐衰落。

世界上最大的十个石油巨头都是国有石油公司,分布在像俄罗斯、伊朗、委内瑞拉这样的国家,它们对西方国家极不友好,但这几乎没什么影响。世界上独立经营的石油巨头,像埃克森美孚、皇家荷兰壳牌集团、英国石油公司和美国第二大石油公司雪佛龙,在开采高难度油田以及最大化开发成熟油田的价值方面,都拥有丰富的经验和最好的技术。这些公司的原油产量曾占世界原油总产量的一半以上,而现在则下降到了 13%,由于资源国家主义的情结作祟,它们被迫撤出了像尼日利亚、委内瑞拉、玻利维亚和俄罗斯这样的国家,不仅降低了这些国家原油的生产率，同时也降低了这些公司的原油供应量。这些大型跨国石油公司愿不顾一切前往世界各地耗资勘探石油，但现状是几乎没有多少前景光明的地方可去。结果，2007 年这些公司在石油勘探上仅花费了 110 亿美元，而在股票回购上却花费了 580 亿美元，比花在勘探上的费用多了 4 倍。

当前美国消费的石油仅占其储备量的 70%，但它是如此有危机感，以致于正在以前所未有的速度钻井：一年钻 4 万个油井。无论如何，美国的石油产量都会持续下降。对此多数人并不感到惊奇。令人吃惊的是，二十个最大的石油生产国中，有一半国家的石油产量都在下降。这些国家的产量构成了世界上所有石油产量的 85%。此外，**世界上一半的石油仅由 0.03% 的油田供应，这就突显出了大油田的重要性——当大油田的产量开始衰落时，那么世界石油的供应量很可能就会开始不可逆转地下降。**

墨西哥国家石油公司（Pemex）对外宣称，很多油田的产量已经开始下降，如墨西哥坎塔雷尔油田（Cantarell）。许多专家都相信，沙特阿拉伯加瓦尔油田（Ghawar），这个世界上最大的王牌油田，也是沙特阿拉伯的魔鬼油田，产量也开始下降。经过五十年的采挖，这个油田开始进入产量衰退期。

世界上十四个最大油田的平均年龄是 49 年，这个数字令人恐慌。这些油田每桶油的生产成本至少 1.5 美元，低成本外加高产减轻了一些更新更贵资源的价格压力，比如，加拿大亚伯特省（Alberta）的沥青砂。在亚伯特省，石油的生产成本每桶高达 60 美元或更高。当油价在每加仑 5 美元时，人们还不会意识到汽油多么昂贵。与这样的油价相比，百威啤酒每加仑 13 美元，可口可乐每加仑 8 美元，而依云矿泉水每加仑 7.5 美元。如今这种传统且廉价的石油资源的衰落将推动油价继续升高，其价格将远远超过瓶装法国依云矿泉水的价格。

石油基础设施正在崩塌

除了需求快速增长和供应快速下降这两个简单的经济学因素，对汽油和能源价格而言，未来还存在着另一种压力：日益恶化的石油基础设施。世界主要石油投资银行西蒙斯国际公司（Simmons and International Co.）的创始人马休·西蒙斯（Matthew Simmons）称，世界上 80% 的炼油厂、石油管道、钻探设备和储油罐都因腐蚀而严重受损，已经到了必须立即置换和翻新的地步。

2006 年，英国石油公司已使用三十年之久的阿拉斯加输油管道装满了来自普拉德霍湾（Prudhoe Bay）的原油，管道因腐蚀开裂，导致 102 万升石油泄漏，流入了阿拉斯加荒原。该管道在 2007 年曾出现过一次泄漏。一些老旧的炼油厂也面临着同样的问题。

2005 年，英国石油公司靠近休斯敦的一家炼油厂的储油罐因发生了异构化反应而裂开，喷射出的碳氢化合物与空气接触后立刻就燃烧了起来，导致 15 人死亡。同一年晚些时候，这家炼油厂的氢气管道也发生了爆炸。还有一起事故则发生在 2005 年，在英国石油公司的另外一家炼油厂里，正在从原油中提取物碳氢化合物的设备起火，火苗瞬间从地面窜起 10 多米高，火势根本无法控制，直到 3 天后才自行熄灭。

西蒙斯说，由于越来越多的石油管道、储油罐和炼油厂设备因腐蚀而严重受损，如果不重建这些石油基础设施，在接下来的十年里原油供应量将会大幅下降。重建和改造工程需要耗费高达50万亿美元的惊人巨资。翻新所需成本，都将转嫁到终端用户——我们这些普通大众身上，而且加油站的油价势必升高。

其他能源价格都将上涨

其他能源，如煤、天然气、乙醇甚至核电的价格，都将随油价上涨而上涨。当石油价格上涨时，煤和以农作物为源料的燃料成本也将上涨。这就是市场作用的结果。**如果油价快速超越了所有其他能源的价格，那么企业将会竭力将消费转向其他能源，而不是石油衍生物。当然，这种影响并不是立竿见影的。**如果油价翻了一倍，那么一些取暖油同样会涨价，但使用取暖油的消费者不会迅速换用天然气。

重要的是，未来油价高涨，意味着所有能源的价格都会高涨。本书所要探讨的问题是我们将如何适应不断高涨的油价，以及所有稀缺能源同样上涨的价格？昂贵的能源对有些人来说，绝对是个负担；对另外一些人来说，则是创新的机会。我们的生活将会变得怎样，是更糟还是更好？如何继续保持我们伟大文明所具备的效率？未来我们的家园看起来会和现在一样吗？我们的办公室、交通工具、社区以及食物又会怎样呢？

几乎所有的事物都会发生变化。油价将从根本上改变我们生活的方方面面。

出行方式与生活方式的大变革

　　每加仑 4 美元的汽油价格将使美国人削减数以亿计的开车里程，专门生产 SUV 的工厂将被迫关闭，混合动力车继而会成为最畅销车型。底特律的汽车销售公司变成了无人问津的孤寂之地。许多家庭缩减了度假开支，并合理分配汽车用途，将丰田 4Runners 和福特探索者等大型车留在车库里，而选择驾驶小轿车。因为经济发展停滞不前，所以每加仑 4 美元的油价大大地刺痛了美国人的心理承受力，他们意识到必须改变旧的生活方式了。

　　自从第二次世界大战后，人们就开始致力于建造更大更好的社会，这实际上是很危险的。每加仑 4 美元的油价产生的效应模拟了 20 世纪 70 年代阿拉伯石油禁运带来的效应。越来越多的非洲和亚洲人也加入了石油消费者行列。投资者在石油市场的投机活动促使了原油价格的飙升，但投机又是受全球强劲的需求支撑的，需求则植根于全球经济的扩张。这种需求在全球经济衰退和地区经济发展速度放缓时会得到抑制，但随着越来越多的人对能源需求的增多，这种需求总是会重现的。

油价每加仑4美元时就促成了如此多的变化，那么显然每加仑6美元[①]的价格将带来更剧烈的变化。这样的价格将使大量的齿轮咬牙切齿愤愤不平，而这些齿轮最终将改变我们生活的方方面面。6美元将成为一个名片，一个开端，一个摇摆不定的摇椅。油价每加仑4美元时，很多人还心存希望，幻想也许昂贵的油价会退回到过去的2美元，甚至1.5美元。那些想当然的、天真而乐观的希望终将被6美元的油价击碎。随着一个新的世界展现在我们面前，每加仑2美元的美好日子将一去不复返。油价每加仑6美元时，我们的生活、企业以及家庭都会被套入其中，却还未准备好迎接高油价将带来的变化。

每个家庭每月支付的汽油账单将从400美元（每加仑2美元）增加至1 200美元（每加仑6美元）。**当油价飙升到每加仑6美元，我们的经济，甚至我们的社会架构，都将遭受艰难的刺戳。**油价涨至每加仑4美元时，有些变化尚不太明显，而此时它们将全面爆发。每加仑6美元的油价将不同反响地刺激变化，并将成为社会的领头羊，预示着我们消费能源的方式是不可持续的。

油价涨至每加仑6美元，将是涨至8美元、12美元，甚至20美元的序曲。至此，美国人才真正感到震惊并深受影响，也正是在此时，美国人才会停下来思考，并采取行动，最终接受一个高能源成本的未来。否定油价继续上涨的想法也深入人心，认为油价会降低到每加仑4美元；人们说服自己廉价的汽油还会重回生活中。一旦油价涨到每加仑6美元，这些没有根基的

---

① 油价每加仑6美元相当于每升9.98元人民币。——编者注

推理很快就会站不住脚。能源将会耗费更多的金钱，但我们将
会减少使用，并尽量合理智慧地使用。

我们对各种事物的接受并不会使我们的经济和生活免受昂贵油价所带来的痛苦。我们还没有准备好，我们的船运服务没有准备好，我们的家、孩子、工作和车都没有准备好。**每加仑4美元的油价使生活成本变得十分昂贵，而每加仑6美元的油价将标记着真正变化的开始。**

每加仑6美元的油价，使公共交通成为公众的绝对首选。我们的地铁将会更加人满为患；火车将要增加，新的路线也会提上日程，然而这不过是每加仑6美元的油价所带来的一部分后果。

我们驾驶的车将不可避免地发生改变

CIBC国际市场常务董事及首席经济学家杰夫·鲁宾（Jeff Rubin）称，尽管每加仑6美元的油价将带来的焦虑现在看来难以置信，但它不会太遥远的。鲁宾说：

在接下来的四年中，我们很可能将目睹美国历史上首次机动车最大规模地退出高速公路。到2012年末，美国公路上的机动车将比现在少1 000万辆——这个下降使之前的调整都相形见绌，包括两次欧佩克石油危机期间所做的调整。

生活中的任何领域都不会比我们驾驶的车受影响更快，大企业经历的任何拐点都没有我们驾驶的车所受的震荡更剧烈，鲁宾预言的那

1 000 万辆车将从公路上消失，其中很大一部分是 SUV。事实上，如果你仔细观察就会发现，在每加仑 6 美元的高油价下，人们将淘汰大量"吃"油的车、SUV、非必需的轻型货车以及低端运动型车，这是切合实际的理性选择。

小汽车性价比适中，而买大汽车则不太划算。耗油低的车型将持续走俏，我们已经看到这个效应了。根据市场研究公司 J.D. Power & Associates 的调查数据，事实上，在 2008 年当汽油价格为每加仑 4 美元时，上市两年的本田 Civics 就因省油和保养费用低廉而畅销，当时其市价为 16 000 美元，是一辆新 Civics 价格的 85%。于此类似，一款上市两年的丰田 Prius 混合动力车在美国各个城市非常普遍，价格是新款车的 87%。总的来说，用过两年的二手车价格是一辆新车的 50% ~ 60%。

当油价徘徊在每加仑 4 美元时，我们所钟爱的 SUV 就会快速贬值，它们不可能被卖掉，因为没有人会买一款看似面临衰退期的车。当油价达到每加仑 6 美元时，SUV 在人们的眼中将无异于废铁，它们倔强地证明着曾经石油是多么易于获得，且价格是多么低廉。人们意识到 SUV 自诞生起就一直在引领着汽车业的发展，而汽车曾是这个时代独特的不可持续的奢侈品。油价在每加仑 4 美元时，SUV 在汽车市场上的牵引力会不幸地摇摇欲坠。油价涨至每加仑 6 美元，SUV 将被淘汰。

很多人喜欢将美国汽车市场的膨胀归罪于底特律的三大汽车制造商，相比狡黠的日本同行，人们为他们的行动不力和愚蠢感到悲哀。"真是一群傻子，难道他们就不能从 20 世纪 70 年代和 80 年代学到一些东西吗？"

实际上，他们学到了一些东西，作为消费者的我们也一样。但是20世纪90年代酷热的经济增长与可笑的低廉油价使我们快速丢弃了节俭的习惯。底特律只是追随了我们的脚步，满足了我们对于大型车的垂涎。在此过程中，底特律挣到了很多钱。这对一个公司来说，难道不是存在的全部意义吗？底特律本应该做什么呢？忽视股东利益和资本主义模式而固执地制造没人要的小型车？不，他们要尽其所能挣钱。丰田和尼桑也注意到了。他们带着自己的大型车加入了底特律，寻找相同的客户。这种策略非常奏效。直到2008年早些时候，油价超过了每加仑3美元时，SUV才停止热销。自那时起，油价才受需求减弱和全球经济放缓而得到平抑，但这种情况不会永远持续下去。不过，即使在油价低迷时期，SUV也没能重振雄风；美国人认为这就是SUV最终的厄运。

SUV和美国的神话是则令人难以置信的经济预言。它是对在富足的荣耀与泥泞的悲剧中剧烈震荡的弹性需要的研究，是一段受欲望、虚荣、金钱制约的历史，至于各个因素所起的作用重要与否，则要根据每个人对油价的看法而定了。

对SUV的迷恋

想要了解我们是如何成为一个汽油消费大国的，了解过去二十年来的发展史就非常重要。过去二十年美国发展史中最显著的特点是经历了一系列经济和社会风暴，由此塑造了美国人的品味，同时也降低了美国人的消费底限。美国历史上油价最低廉的时期恰好与SUV的兴起同时到来。SUV满足了美国人"更大更快更好"的心理需求。我们的社会风气从勤俭务实转变为奢侈、竞争、贪婪。甚至在 20 世纪 70 年代和 80 年代早期因石油紧缺导致大部分美国车都缩小了车型之后,标准美国车的车型还在加大。

SUV 可追溯到 20 世纪中期,那时像威利斯、凯撒吉普和雪佛兰这样的公司都在生产方形载客车。瓦格耐尔(Wagoneer)和萨博班(Suburban)是当时的先锋型号。美国福特公司在 1965 年以彪悍的双门轿车——福特烈马加入竞争。此后不久,雪佛兰推出了开拓者。这些汽车针对的客户都是能被一定的离地距离和超强的驾驶感所吸引的,当然,这并不像什锦冷盘和冰激凌三明治对超市的意义。对于住在郊区的家庭来说,他们更青睐于驾驶感平稳的旅行车,吉普车对他们几乎没有吸引力。四轮驱动已然存在,但当时在公众心目中并不具有像今天这样大的吸引力。

今天的 SUV 是伴随着 1984 年吉普切诺基的到来而诞生的。消费者把 SUV 当做旅行轿车或受欢迎的新兴小型货车的替代品,这吸引了克莱斯勒公司。在 1987 年它收购了美国汽车公司(American Motors Corporation,以下简称 AMC),成为传奇吉普的主人。随着婴儿潮时期出生的一代人急于想将自己和驾驶家庭旅行车或货车的人区分开来,切诺基继续着成功之路。然而,面对即将登场的新宠福特探索者,切诺基恰如雪崩来临时的一片雪花。福特探索者于 1990 年上市,以每加仑汽油可在市区行驶 24 公里和在高速路行驶 32 公里的性能俘获了消费者的心。这样的里程还是来自其最初的 V6 发动机。接紧着,福特制造了 V8 发动机。这款发动机使行驶里程数减少了,但这并未损伤福特的声誉。即使在第一次伊拉克战争期间,油价上涨,汽车市场短期衰退席卷全国时,福特探索者也丝毫未受打击,它成了运动休旅车当之无愧的终极王者。

在过去十八年中，福特已售出600多万辆探索者，使其成
为迄今为止驰骋在美国路上最普遍的SUV。在2000年，福特探
索者的销量达到顶峰，创下了4.5万辆的纪录。同年，丰田汽车
公司在美国推出了普锐斯混合动力车，这款省油车的销售量不
足1.5万辆。然而后来情况却转变了：在2007年，丰田普锐斯
混合动力车的年销量超过了福特探索者。现在，丰田这款车已
经售出100多万辆了。

福特探索者和20世纪90年代的其他同类车利用了联邦燃油节能法，
该法令规定一个车主所有车辆的燃油能耗标准是平均每加仑44公里，而
轻型货车的燃油能耗标准是平均每加仑33公里。由于底特律高薪议员在
华盛顿不知疲倦的游说起到了作用，福特探索者与其他同类车，像大切诺
基，都被划分为轻型货车。这生动地阐释了获得丰厚资助的游说议员所能
发挥的力量；没有任何一个正直的人可以诚实地辩驳道：对运输材料和货
物而言，这两种车是轻型货车。

确切来说，SUV是客运汽车。任何配有8个座位和27个杯托的汽车
都绝对不会是轻型货车。20世纪90年代后期，福特公司改进了探索者的
设计，使其变得更大更宽敞，一直都不乏消费者的追捧。与此同时，丰田
推出了4Runners；尼桑推出了探路者，通用汽车公司则推出了重新设计的
开拓者；克莱斯勒公司继续推出大切诺基及其新贵道奇拓荒者。每一款升
级的车型，无论是福特探索者还是通用开拓者，都更显奢华舒适，重要的
是，也越变越大了。

消费者期待SUV更大更具厚重感，因此全尺寸SUV应运而生。许多
人会觉得很困惑，因为所谓的全尺寸SUV已经存在了。福特探索者、开拓者、

切诺基和其他类似车型都是全尺寸的，但这些现有全尺寸车型忽然之间被降低到了中型轿车的规格。新的全尺寸车——雪佛兰塔荷、林肯领航者、通用公司旗下的育空河、凯迪拉克凯雷德、丰田红杉（Sequoia）、雷克萨斯LX-450、悍马和福特远征，都大步向前挤入市场。人们钟爱这些车。

没有别的例子比福特远征的故事能更好地阐释我们对大型车是多么着迷了。这个故事将在经济学课堂上代代相传。

福特远征的神话

福特公司位于密歇根的车厂坐落在底特律以外的维恩小镇，该车厂于1996年夏天开始装配福特远征。福特认为巨型远征将是一款体面且前景良好的车型，恰好与其小型的更主流的探索者优势互补。福特远征在城市行驶的燃油耗能标准是每加仑19公里，在高速路上为每加仑27公里，因此福特公司认为这样的燃油耗能标准不足以吸引更多的消费者。

然而福特错了。密歇根车厂起初除了制造远征外，还花了一半的时间生产F-150小货车，这种情况持续了几个月。美国人着魔似地争相购买远征，福特公司无法满足这种需求。在远征上市几个月后，密歇根车厂开始专门生产SUV。很快，该厂开始一天24小时运转，一周连续生产6天。一些加入工会的汽车工人仅因加班一年就可挣得20万美元。在1998年，密歇根车厂的收入——只是这一个厂，就达到110亿美元，与当年麦当劳的全球收入几乎相等。

每年密歇根车厂会生产 30 万辆远征和领航者，每辆巨型
SUV 的利润多达 1.5 万美元。在 1998 年，福特公司在全球有 53
个车厂，而密歇根车厂就独占了公司利润的三分之一，将近 40
亿美元，是世界上最赚钱的车厂。

在性能更可靠且更省油的日本车彻底击败了美国汽车业时，SUV 拯救
了奄奄一息的美国汽车工业。在 1998 年，继戴姆勒公司和克莱斯勒公司
合并之后，全新的戴姆勒克莱斯勒集团、通用汽车公司和福特公司成了世
界上最大的三个汽车销售公司，由于生产 SUV，这三大公司占了不小的市
场份额。

底特律数十年以来一直在生产一种车，那就是小型货车，它的二手车
的价格也与新车一样，而底特律需要做的所有工作就是多加几扇车门和几
排座位。为何不推一些奢华车型呢？最成功的凯迪拉克凯雷德也不过是将
通用公司旗下的育空河装扮一新的结果，比如，添加了降噪音装置，添加
了铬合金以提亮色度，还包括其他一些小改进。育空河尤如一个更体面的
雪佛兰塔荷，而雪佛兰塔荷则是雪佛兰皮卡（Silverado）加了座位和车顶
的结果。通用汽车公司制造一辆凯雷德花 2.5 万美元，而人们争相抢购的
价格是 5 万美元。大多数汽车制造商——丰田、福特、克莱斯勒和通用汽
车都进入了豪华 SUV 的圈子。在 1990 年，汽车在奢侈品市场占了 90% 的
份额，到 1996 年时，已降至 44%，而 SUV 又占了其中的大多数。

豪华 SUV 昂贵、低效、华而不实，而且可能最糟糕的是，
不安全。《纽约时报》记者基思·布拉德什（Keith Bradsher）在

自己的文章《神气活现》（*High and Mighty*）中讲述了 SUV 的人气剧增及其存在的危险性。布拉德什把凯迪拉克凯雷德比做"高跷上的猪"。"如果猪又大又受欢迎，我想我们将会制造猪。"美国通用汽车公司副总裁哈里·皮尔斯（Harry Pearce）在 2000 年时曾俏皮地自嘲。于是，易翻身且难以掌控的"猪"在继续前行。

SUV 令人目眩的增长源于很多因素，不仅仅是美国人变幻无常的心智所致。一些美国汽车制造商所做的市场研究显示，购买 SUV 的人群总体缺乏安全感且爱慕虚荣，这类人一般会对婚姻感到紧张，并且对于为人父母感到不舒服；他们一般会对自己的开车技术没有信心，更重要的是，他们偏执且自恋，对所在社区和邻居几乎不感兴趣。这些不是我自己观察的结果，而是直接来自底特律汽车制造商的市场营销人士，他们对布拉德什先生描述了所做的研究。他们的市场研究全面、详尽，且规模宏大，可信度比较高。

高油价将SUV打回地狱

我们不能把大切诺基、福特远征和其他同类汽车的兴起全部归责于人们的态度。SUV 的火爆和底特律车市的复兴不是与当代世界所见证的最低油价同时发生的。

在 1998 年，按今天的货币值算，油价平均在每桶 15.35 美元。另一个油价最便宜的时候是 1946 年，当时油价每桶 17.26 美元。

1998 年，油价曾低于每加仑 1 美元。那一年，我和朋友驾车从
伊利诺伊到新奥尔良，在密苏里加油站，我花了 7 个硬币就加
满了油箱。当时的油价是每加仑 59 美分，汽油不是免费的，但
几乎等于免费。全国漫游不会受金钱限制，而是要看一个人的
体力和对咖啡因的承受力。

低油价也会带来灾难。在 1999 年油价跌至破纪录的低点，美国通用
汽车公司销毁了曾大力宣传的电动车 EV1，在 90 年代初公司为开发这款
车曾耗资数十亿美元。在 1996 年，EV1 从密歇根兰辛市的生产线上新鲜
出炉。因为油价低到只需花几个硬币甚至更少就可注满油箱，所以电动车
和微型汽车对美国人来说就不太实用了。

廉价的汽油也促使小型货车繁荣发展。美国福特公司在 2004 年创纪
录地卖出 93.9 万辆小型货车。由于实用性较高，在油价每加仑 6 美元时，
小型货车还会存在，但一般人不会像过去那样让它们在车库中占一席之地。
仅把开车看做男子气概的彰显或潜意识里缺乏安全感的表现的时代将一去
不复返，这些情感无法让油价停留在每加仑 6 美元。

2008 年，每加仑 4 美元的油价给了我们一个清晰的图景，即当油价涨
至每加仑 6 美元时我们该期待什么。2004 年卡车、货车和 SUV 占福特公
司在美国销量的三分之二。从那以后，情况就发生了变化。随着油价的上涨，
福特在 2006 年和 2007 年一共损失了 153 亿美元。2008 年夏天，福特在宣
布其久负盛名的密歇根车厂将停止制造福特远征和林肯领航者之前，就将
该车厂关闭并停止生产一个多月。福特斥资 7 500 万美元将密歇根车厂变
成了小型车制造厂，开始生产福特福克斯。在 2008 年，该车厂的一些员
工甚至会加班以保障这款小型车的供应。油价在每加仑 4 美元时福克斯的

销售非常火爆。

当油价上涨到每加仑 4 美元时，必然会反映出导致使油价升高的重要因素，而每加仑 6 美元的油价则将汽车制造商推到死亡的边缘。远征、林肯领航者、塔荷和吉普都堆放在汽车经销商的店里，即使大大折扣，也很少有人购买。当油价达到每加仑 6 美元时，所有 SUV 工厂都将关闭。

随着豪华型和利润前景良好的卡车不断进入市场，通用汽车公司这颗陨落的巨星在 2007 年亏损了 390 亿美元，仅在 2008 年第二季度亏损额就高达 150 亿美元。当油价达到每加仑 4 美元时，几乎不生产微型汽车的克莱斯勒公司就不得不举办差强人意的促销活动，比如，在吉普车买主买车的头两年，确保其油价在每加仑 2.99 美元。

随着汽车变得越来越小，一些汽车公司也在做相应调整。**每加仑 6 美元的油价将进一步挑战在市场下的幸存者，可能三大汽车制造商会减少到一个。**

"毫无疑问，每加仑 6 美元的油价对汽车业将是一场浩劫，"汽车市场行情预测公司 CSM 北美汽车市场预测总监迈克·杰克逊（Mike Jackson）说，"对汽车制造商而言，这个油价将预示着一个新时代的来临。要么改变，要么灭亡。"

人们终将接受柴油

当油价涨至每加仑 6 美元时，长期被人们忽视且嗤之以鼻的柴油发动

机将开始走入人们的生活。福特有一款在欧洲出售的车,每加仑汽油行驶
65 英里。这款车外表引人注目,有五个座位,还有一个车载导航系统,柴
油发动机,它就是 2009 款福特嘉年华。

从 2009 年起,大众、奔驰和宝马汽车公司都开始在部分市场应用清
洁柴油技术,制造新车。柴油发动机是由德国人鲁道夫·狄塞尔(Rudolf
Diesel)在 19 世纪末期发明的。使用柴油发动机,每加仑可获得 50% 以
上的里程数,原因有二。

第一,每加仑柴油燃料比每加仑正常汽油多包含了 17% 的
能源。柴油燃料中的碳氢化合物由长链氢分子组成,使得燃料
更重,能源更稠密。第二,柴油发动机在引爆燃料方面表现更
好。传统的汽油发动机吸入空气和汽油,用活塞压缩空气和汽
油混合物,然后用火花塞点火,随之而来的内燃力将活塞向下推,
最终驱动车轮转动。柴油发动机的活塞只压缩空气,不压缩汽油,
而且用的是比常规发动机大一倍的压力压缩空气。当柴油发动
机中的空气被压缩时,就会快速变热,当其温度接近最高点时,
柴油发动机注入燃料,燃料随着空气变热而引爆,活塞就会被
强推下来。柴油发动机没有火花塞,高压缩率带来了高效能和
额外的能量。这里有一个简单的方法,可以看到柴油的优点:
当所有的氧气分子在高压下紧密地排列在一起,燃料就有更大
的机会快速与空气反应,产生更多有效的内燃。

**当汽油价格涨至每加仑 6 美元时,像福特嘉年华这样的柴油机车将
看到美好的前景。**汽车经销商都不会太在意柴油机的爆震声,或提速

较慢的问题。很多以前在意的缺点，现在都不是问题了。事实上，由大众、福特和奔驰公司制造的新一代柴油发动机都证实了这个现象。在过去，柴油发动机被认为比较脏，没有标准汽油发动机环保。但现在，所谓的绿色柴油发动机上市了，其清洁度和汽油发动机一样，有的甚至更胜一筹。完善柴油发动机的基础配置设施耗资将不会太大，因为大部分设施已经到位——我们的卡车和货车早就平衡了柴油发动机的优势。

因车祸而丧生的人将大大减少

随着油价的上升，经济将会进行一些痛苦的调整，但并不是所有的调整都令人烦恼。一些最先倒下的多米诺骨牌对我们所有人都有好处。人们每年驾驶里程数的曲线图一贯呈阶梯状，每个台阶都比前一个台阶高。任何爬上这个台阶的人在 2008 年时都会感到惊奇——因为正如之前所说，这一台阶是三十年来第一次低于前一台阶。高企的油价迫使人们在 2008 年比 2007 年少行驶了 1 600 亿公里。从某些角度看，这是件极好的事。哈佛大学和亚拉巴马大学经调查得出，**油价每增长 10%，全国的交通事故就会下降 2.3%**。这意味着油价从每加仑 4 美元升到 6 美元时，每年将会拯救 4 000 个的生命，这比 2001 年世贸中心遭受袭击时丧生的人数多出三分之一。

美国哈佛医学院医疗保健政策系教授大卫·格拉博夫斯基（David Grabowski）说，把所有资料放在一起研究，并未发现油价曾达到过每加仑 6 美元，因为油价受限于可获取的历史价格数据集，而历史价格从未达

到过此高点。但他相信，从每加仑 4 美元开始，统计数字将会变得越来越
扣人心弦。格拉博夫斯基说："有足够的证据显示，比起过去油价上涨，
每加仑 6 美元或 8 美元的高油价将带来更快的变化。"

"短期来看，4 美元的油价给我们生活带来的变化是非常浅显的，"格
拉博夫斯基说，"但长期来看，变化将会不断增加，随之而来的结果是难
以想象的。"

> 油价在每加仑 6 美元时，变化将会持续下去，人们会改变
> 习惯，适应新的生活方式和交通模式。他预计油价在每加仑 6
> 美元时，将挽回 15 600 人的生命（与每加仑 2.5 美元相比）；每
> 加仑 8 美元将挽回 18 000 人；每加仑 10 美元将挽回 20 000 人。

这些数字都只是保守数字，格拉博夫斯基说："我认为它并不是纯粹
按直线发展的，很可能会出现加速度。当油价上涨时，人们确实无法马上
对生活做出重大改变，但当这些价格持续多年，就是人们改变生活方式的
时候了。"

格拉博夫斯基的研究数字反映出在大部分情况下，当上路的 SUV 增
多或处于一般状态时，油价会上涨。他的数字仅仅反映了道路上车辆减少
带来的效应，而无法解释这样一个现实：当油价在每加仑 6 美元时，很多
退出路面的汽车将是最危险的车。当遇到交通事故时，SUV 在保护车主方
面会表现出色，但在其他方面呢？它们对我们的道路安全而言，起的是负
面作用。最明显的问题就是 SUV 对所撞到的人造成的伤害是巨大的。"没
有人愿意待在尤格（Yugo）车里，"格拉博夫斯基说，"大家都想坐在路虎
揽胜中。"

SUV 的真正问题在于无法避免交通事故，而不是如何保护乘客。SUV 容易翻车，且无法轻松快速转向以避免碰撞。若驾驶丰田卡罗拉的司机看见前方突然发生连环相撞事故，可能会转向另一条行车道或及时转到紧急停车带，以避免撞到前面载满孩子的旅行车。由于处理不当和冲力过大，路虎揽胜、探索者、大切诺基、塔荷汽车都很可能会刺入旅行车的后部，使其整个车身都挤入连环相撞的车河里。

当油价触及每加仑 6 美元时，上路的 SUV 越少就意味着事故越少，因交通事故而丧生的人也会越少。这也适用于小型货车。由加利福尼亚州劳伦斯伯克利国家实验室（Lawrence Berkeley National Laboratory）的科学家汤姆·温策尔（Tom Wenzel）和密歇根大学的物理学家马克·罗斯（Marc Ross）收集的安全统计数字证明，SUV 比其他普通车导致的交通死亡率更高。他们的研究显示出了每一百万辆既定车型所导致的司机死亡人数。在一组单独的统计中，他们也查明了涉及这些既定车型的事故所引发的其他死亡人数。

惊人的统计数字

每一百万辆丰田凯美瑞上路，就将有 41 个凯美瑞司机丧生，另外还有 29 人死于与此相关的事故，这样算起来，每一百万辆凯美瑞上路，造成的全部死亡人数将达 70 人。然而，福特探索者切断凯美瑞就像用勺子切割鳄梨一样，因此，福特探索者司机的死亡率更高：每一百万辆探索者上路，会有 88 个司机丧生。可能因为探索者的车身十分巨大，所以造成的伤害也大，还有 60 人会在与之相关的事故中丧生，这样算来每一百万辆探索者上路将丧生 148 人。

为何探索者车身巨大，丧生司机反而更多呢？因为探索者很难像轻快灵敏的凯美瑞那样避免事故。另外，丰田亚洲龙，每一百万辆上路，会死亡 60 人；大众捷达，每一百万辆上路，会死亡 70 人；尼桑千里马，每一百万辆上路，会死亡 79 人。

与这些 SUV 相比：丰田 4Runners，每一百万辆上路，会死亡 137 人；雪佛兰塔荷，每一百万辆上路，死亡 141 人；通用吉米，每一百万辆上路，死亡 114 人。或者再看看这些表现最糟糕的小型货车：福特 F 系列皮卡，每一百万辆上路，死亡司机 110 人，与事故相关的其他死亡人数达 128，总共 238 人死亡；丰田塔科马，每一百万辆上路，死亡人数 171 人。这些比率都是凯美瑞的三至四倍。油价在每加仑 6 美元时，人们将不会随便开着庞大的福特 F-250 和 F-350。对福特而言，这是个坏消息，但对其他车系和美国高速路上的旅行者来说，则是个好消息。

如果不以提高政府支出、脱离对外国石油的依赖为名，而是以挽救生命为名，那么带着手边这些数据，一个政客提议提高汽油税是否会带来巨大的变动呢？"促使油价真正上涨且一直存在的税率将有助减少死亡率，并大大降低空气污染。"格拉博夫斯基说。他还指出从全球来看，汽油税并不值得大惊小怪。

在意大利，汽油税占其燃油价格的 75%；在加拿大、澳大利亚和新西兰，汽油税占汽油成本约 50%；在美国，汽油税占燃油成本的 20%。如果美国的正常油价在每加仑 4 美元，燃油税增加后，油价将在每加仑 6 美元，燃油税只占汽油价格的 46%，仍然低于大部分西方国家。想想那些铁路和改良的公路，都是用增加的税收修建的，这是欧洲国家早已了解数十年的奢侈享受。

人们将变得更加苗条

人们一直竭尽所能使自己变得"肥大"。自从 1979 年以来，**患肥胖症的成年人从 15.1% 上升到了 32.2%，增长了一倍多，这是一个令人震惊的变化**。肥胖症是指体重大幅度超过医学最佳状态的情况。此外，三分之二的美国成年人都超重，可能还在朝病理性肥胖症方向发展。肥胖使我们花了很多钱：**根据美国卫生及公共服务部提供的消息，肥胖人群每年在早亡和额外医疗支出上要花费 1 170 亿美元。这些钱足够买下所有的耐克产品、雅虎、波音飞机和星巴克，还会剩下数十亿美元富余出来**。当然，我们甚至会因肥胖而付出生命的代价：每年会有约 11.2 万人死于由肥胖症引发的并发症和疾病。

人们的腰围越来越大的背后存在着一系列因素：加工食品、电视、电脑、视频游戏、较少的体力劳动和更多以服务为导向的工作。但还有一个因素隐藏在肥胖表面之下，就是廉价的汽油。

美国北卡罗来纳州立大学经济学家查尔斯·考特曼彻（Charles Courtemanche）所做的一项研究表明，油价不断上涨会降低肥胖症患者的比率。油价增长 1 美元相当于肥胖率降低 10%，这意味着将减少 900 万肥胖症患者，从而大大减少医疗保健系统的拥堵，以及社会和患者所耗费的金钱。"对于医疗支出和死亡率，油价是有力的杠杆，"考特曼彻说，"对我们所有人而言，这都会节省一大笔款项。"

考特曼彻的研究使用了联邦政府的普通数据集，这本数据集是自 1984 年以来每年对市民的医疗保健状况进行抽样统计所得结果。他按照各州将数据划分开，将每组保健和体重的统计数字与相对应州的油价相对比。通过按州划分，考特曼彻可以更进一步分析肥胖患者人数和油价之间的关系，因为每个州的油价变化都不尽相同，而且受到当地税收的影响。密苏里州的油价上涨可能会或多或少在田纳西州或阿肯色州得到宣布。当考特曼彻完成研究时，他已有了 100 多万个不同的数据抽样。在提到油价对肥胖率的影响时他说："我可以自信地说，这两者之间存在着困果关系。"

考特曼彻在他的数据中发现，**油价上涨会导致更多的人开始靠走路和骑车出行**。他注意到与油价上涨同样重要的是，人们会减少去餐馆吃饭的频率。除了走路和骑车增多，人们乘坐公共交通工具的频率也增加了。考特曼彻说，这样比坐在车里边喝咖啡边挑选收音机频道燃烧卡路里要多得多。乘坐地铁、公交车、电车、火车的人需要步行走到车站，这可能意味着要走更多的路。考特曼彻说，油价每增长 1 美元，患肥胖症等相关疾病的人就会减少 11 000 人，每年在医疗保健成本上将节省 110 亿美元。

考特曼彻认为，当油价攀升到每加仑 5 美元、6 美元甚至更高时，可能会发生一些更有趣的事。"当油价从每加仑 4 美元开始上涨时，它对肥胖率的影响很可能会加速，"他说，"这将不再只是骑车和走路的问题，而会涉及人们居住地的改变，更多的人会搬进城里居住。"

考特曼彻就在城里安了家。他和妻子已决定在格林波若市中心买一套房子，而不是在偏远的地方买别墅了。"我们希望去商店和餐馆走路和骑车都比较近，"他说，"我想这是我们都要前行的方向。"

让我们的肺心存感激

很少有像加利福尼亚州圣莫尼卡市那样恰到好处的都市风格，给人一种洁净丰饶的感觉。驾车沿着太平洋海岸高速公路一路北上，就像横跨海滩、好莱坞和法国里维埃拉一样。这里是一个充满绿色、草木葱茏的地方，阳光充沛，看起来总是温热暖和的样子。汽车都是上过蜡的，人们的发型很时尚，海水看起来也灿烂夺目。冲浪者从海滩爬上海崖阶梯，慢跑者在蜿蜒的便道上疾步行走，这便道在两个完美的长满绿草的跑道间曲折前行。几乎没有比风景与人类栖居和谐融为一体更美好的事了。这里流淌着欢快的旋律。直到你看见绵延至北部和东部的高达 6 000 英尺的圣加布里埃尔山脉（San Gabriel Mountain），这就是奇迹终止的地方。很难看见这些山脉，正如在高架火车上试图通过一个斑驳残旧的窗口看纽约地平线一样。这种壮观若隐若现，一点也无法满足人们的心意。

我们给各种与工业、火和汽车有关的物件增设了排烟装置，而这只有当高企的油价使污染减少时才有意义，这意味着上路的车更少，行驶的里程也更少。与喷吐烟雾的煤电厂、钢铁厂和陈旧的工厂相比，我们的汽车发动机对空气质量的破坏有多大呢？有多少遮挡了世界上最美风景的城市的烟雾是来自汽车呢？非常多，加州大学戴维斯分校的健康经济学教授保罗·雷（J. Paul Leigh）说。这种黑烟雾不仅仅会阻碍我们的视野。

一些最糟糕的、对人类健康损害最大的空气污染来自 10 微米到 2.5 微米之间的颗粒物质和浮游粒子，它们到底有多小？人的头发一般是 70 微米厚，是我们呼吸的最小颗粒物质的 30 倍。汽车会在空气中喷出大约 50% 的颗粒物质，这个量相当令人震惊。颗粒物质之所以杀伤力巨大，是因为当人们吸入它们时，它们会因体积微小而极易留在人的肺壁上，甚至进入血液。颗粒物质可导致一系列的健康问题，如咳嗽、慢性支气管炎、心律不齐、非致命性心脏病等，还可能导致有心脏病或肺病的人过早死亡。

> 微粒，那些小于 2.5 微米的颗粒物质，对人来说也是最致命的，这也是许多地区烟雾的主要成因。例如，遮掩住洛杉矶山景的烟雾就是由很多微粒构成的。这些颗粒污染物还导致我们的溪流湖泊含有了过量的酸性物质，改变了沿海水域的营养平衡，也改变了生态系统的多样性。然而，最具毁灭性的灾难是它们对人类生命的威胁：据估计每年大约有 25 000 个美国人死于微尘污染。

雷于 2008 年做了一项研究。这项研究试图明确指出油价增长 20% 时，对空气污染的影响，特别是对微粒污染物的影响。"高油价对公众健康的影响是很显然的，"雷说，"有大量流行病学原理证明空气污染可导致心脏病和其他疾病。当你发现空气中的污染物增加时，你将看到在未来几天内患心脏病的老人会增多，通常是有心脏病史的人。"

雷发现油价增长 20%，这样的情况持续一年，保守地说将会挽救 694

个生命，因为空气质量得到了改善。雷的研究使用的数据，都是早年油价比现在更温和适度的时候获取的。但我们知道，随着汽油临近每加仑 4 美元，人们也已大大改变了行为方式。雷推测当汽油价格越过 4 美元至 6 美元甚至更高时，将有更多的生命得到挽救。

此外，雷说他的研究只聚焦在由汽车带来的污染的近期影响上，这是衡量事物唯一可行的方法。"但长期来看，空气污染的真正危害将日渐增加，"雷指出，"这些研究推断都是保守的，因为很难追踪到长期的影响。"

每加仑 6 美元的油价将引领人们进入一个新的保守期，是对现金的保守，而不是对生态环境而言。没有什么东西比金钱更能驱动变化了，但羊毛出在羊身上。更昂贵的油价意味着燃烧更少的汽油，意味着能更好地欣赏洛杉矶圣加布里埃尔山脉、盐湖城瓦萨奇山脉（Wasatch Range）、西雅图卡斯克德山脉（Cascade）以及丹佛落基山脉的美景。然而，比能够清晰欣赏山景更重要的是，少吸入空气中的微粒污染物将挽救成千上万人的生命。油价在较高的水平时，我们的排气管也终将理智地排放，而不在任意所为。因此，连我们的肺也会心存感激。

基础设施改建和通行税费的增加

当油价达到每加仑 6 美元时，我们减少使用汽油将会导致一些其他费用产生。其中一个最想不到的就是：使基础设施可持续发展的维护费用。随着驾驶次数的减少，汽油消费量的降低，我们所付的燃油税也会随之减少。2008 年油价在每加仑 4 美元时，由于美国人驾驶得少了，购买的汽油少了，政府征收的道路税也就少了。当油价超过每加仑 6 美元，并且还将继续上涨时，联邦政府征收的道路税会更少。汽油税是当前维护高速公路和公共交通系统的主要资金来源。

美国四分之一的桥不是"功能性作废"，就是"结构上有缺陷"。据美国国家道路运输政策和税收研究协会称，每11公里就会有一个人行道被认为不合格。该协会负责评估基础设施并为修缮提出建议。美国土木工程协会称，将美国所有的道路、桥、隧道修整为安全和可接受的状态将需耗资1.6万亿美元。基于当前的衰落现状，伴随着较低的油价我们甚至不能获得足够的税收来维护公路；高企的油价和减少的驾驶里程将使情况更加恶化。这是一个不比离你最近的高架桥、道路桥或过街天桥更远的难题。

"看看这里，至少15%的混凝土已经脱落。"约瑟夫·舍弗（Joseph Schofer）指着横贯芝加哥北部好莱坞大道的铁路立交桥下面关键的拱形支架说，"大量混凝土已经剥落。"他说，"但脱落不一定就很糟糕，这对混凝土来说是很常见的。人们不想看见的是脱落如此严重，致使混凝土的加固钢筋都暴露在外，"他说着然后张开手指摇了摇那些钢筋，"钢筋就赤裸裸地呈现在我们面前。"桥身几处最破旧的拱形支架处的钢筋已形成了一组生锈的纹路。露在外面的钢筋大约有25厘米厚，并已严重腐蚀。

舍弗教授在美国西北大学土木工程和环境工程系执教多年。他说，国家基础设施的一般使用年限使美国势必面临诸多问题，而目前油价上涨会促使这些问题更快浮出水面。"我们的基础设施正在老化，我们必须行动起来为其提供修缮资金。我们即将要花光所有的钱了，这是一个危险的信号，千万不能出现任何错误。"

没有上万亿，也要有数十亿美元需要花费在修缮像横跨芝加哥好莱坞大道这样的桥上。这个桥下积聚着碎石，桥身看来就像正一层一层剥落的古代石灰岩，其上的混凝土正以最快的速度恶化变质。芝加哥交通管理局（Chicago Transportation Authority，简称 CTA）营运的高架车系统（芝加哥人称之为 L 系统），是以钢梁加固了桥的拱形结构，将其支撑起来以防混凝土坍塌。"通常我们谈到支撑和桥时，提到的都是暂时的支撑，"舍弗解释道，一边用手指着被漆成黄色的桁架，"这不是暂时的支撑，而是耐受力很强的材料。这可能就是他们永久的解决办法。"

在富裕丰饶的年代，CTA 可能会重新建桥，把损坏最严重的部分全部换掉，重新浇灌结构性混凝土。桥面，也就是车道依附的水平结构，同样由加固的混凝土构成。桥面内侧有几块大面积区域已经恶化，每块区域大约有 5 平方米，钢筋横条已经露出，上面锈迹斑斑。

"他们尚未对此采取任何措施，因为这个桥面上的钢筋可能多于其实际需要的——这些桥在修建过程中有很多冗余钢筋，"舍弗说，"但这应该在某些人的清单上，我不禁疑惑他们到底多长时间才来这里看一次。"

当资金不足时，在清单里添加东西是很难的，这就解释了为什么快速而廉价的修缮能够迅速被通过，比如，混凝土结构的芝加哥大桥的底面钢筋就是压紧塞满后被卡住的。我们对基础设施征税的方式必须改变。从根本上来说，油价越快地上涨到每加仑 6 美元，我们当前的基础设施成规将会越快崩溃。"我认为在接下来五年里，我们将目睹道路税支付方式的巨大变化，"舍弗说，"这个问题不会太遥远。"

关于如何筹集必要资金存在着很多理论，比如，从现在起二十年内不开车，不走路，蹬骑自行车走夯实的土路。然而没有一个主意是受欢迎的。立即让人们为以前是便宜的东西多付费是非常困难的。解决这个问题最简单的方法之一就是将征收固定费用的汽油税改为按比例收费。联邦政府对每加仑汽油统一收费 18.4 美分，无论油价在 2.70 美元还是 4.50 美元。即使飙升的油价影响到了修路的方方面面，修路的成本基本上与油价以相同的速度上涨时，政府还是征收同样多的税金，根本无视需要修缮的桥和路已多得数不清了。打个比方，如果对每加仑汽油政府征收 10% 税金，那么 2 加仑汽油则征收 20 美分，4 加仑征收 40 美分。这是一个简单却必需的解决办法，因为随着油价在 2008 年直线上涨，人们买的汽油也少了。但从政治角度而言，实施此项措施又几乎不可能，因为没有现任政客愿意把提高汽油税的靶心装在自己背上。

舍弗认为最可能的解决办法是在我们的主要路段征收使用税，与（路、桥、隧道等的）通行费相似，收费广泛但要有差异，对在高峰时段出行的司机收费会更高。"必须用高收费来提醒人们某些行为，在非高峰驾车出行更有益于社会。"他说。这是可以做到的。伦敦和斯德哥尔摩的中心市区已成功地实施了这种方式。"这些制度的成功实施离不开高层领导的有力支持，"舍弗说，"我不知道我们是否有这样的领导。"

当然，并非每个美国的城市都受到了这种拥挤的困扰，但向司机征收公路使用费，并且在一天不同的时段收取不同的费用是非常可行的。纽约市长迈克尔·布隆伯格（Michael Bloomberg）为下曼哈顿区提出了类似的举措，希望向进入下曼哈顿区的司机征收 8 美元或高于 8 美元的通行费，因为这里的交通状况最糟糕。但他的提案没有被纽约的政界人士通过，也不受当地生意人的欢迎和支持，因为他们的车每天都要出入城市。然而这类措施最终将在美国萌芽发展，而纽约很可能会成为领头羊。其他有可能征收通行费的地方是：芝加哥中环区、华盛顿商业中心区、旧金山金融区和波士顿商业中心区。

一个与该系统相似但规模更宏大的系统在未来油价更高时将被采用。实施这个系统不仅仅是因为目前的道路过于拥挤，更是为了道路的可持续发展。舍弗描绘的电子收费系统，与现在一些道路上的全速收费系统相似。基本上，人们要为行驶的每一公里付钱。"如果开始这样收费，我们必须得向人们解释情况是多么可怕。"舍弗说。

当油价涨至每加仑6美元时，铺路所用主要材料沥青将比以往更加昂贵。黑色沥青直接来自炼油厂，它是从原油中分离出喷气燃料、汽油、柴油和丙烷之后，残留在炼油罐底部的粘性物质。因此，沥青价格的起伏几乎与油价的起伏是一致的。高企的油价意味着沥青价格也会居高不下。即使油价在每加仑4美元，政府还是会减少铺路，使道路陷入一种不可想象的失修状态，因为沥青价格过于昂贵。铺路材料的费用加上汽油税收的严重缺失，导致完成的道路项目越来越少，而保持良好状态的道路也越来越少。"我们必须做些什么，但这不会在大选年发生。"舍弗说。

高企的油价会执拗地带动汽油税收上涨，以确保我们有足够的资金修缮基础设施，避免像在2007年明尼阿波利斯市发生的密西西比河大桥坍塌造成13人死亡这样的灾难。

如果不改变我们支付道路税的方式，当油价触及每加仑5美元和6美元时，很多路桥将面临永久性关闭。"任何国家的交通部门都不希望在本国电视上看到又一起大桥坍塌事故的报道，"密歇根安娜堡汽车研究中心资深项目经理理查德·沃勒斯（Richard Wallace）说，"所以如果没有钱修缮道路，你将怎么做呢？只能将它关闭。"

随着油价朝每加仑6美元的方向上涨，沃勒斯说，各州将会拿出

25%～30% 的资金来修路，"离整个道路系统质量低于道路一般标准的时间不会太远了。现在他们正试图用打包钢丝将所有东西固定在一起。"

减少驾驶次数、提高汽油税和公路状况变糟的这种迂回循环的一个结果就是：道路和桥梁将会越来越多地由私人运营。美国一半州的立法都允许由私人组织来经营道路和桥梁，并收取通行费以及对其进行维护。通常，立法会对私人经营者的通行费收取额设限，而小道的路况和结构则受公众意见的支配，至少会满足最低标准。

芝加哥高架路是连接印第安纳西北部和芝加哥南部的一系列巨大桥梁，自从澳大利亚麦考里基础设施集团（Macquarie Infrastructure Group）和西班牙辛特拉公司（Cintra）于 2005 年接管该道路起，芝加哥高架桥已改善很多。麦考里基础设施集团和辛特拉公司以 18 亿美元的价格向芝加哥租借该道路 99 年。它们对过往车辆收取 2.5 美元通行费。沿途可以看到密歇根湖区和昔日利维坦钢铁厂（leviathan）残破的废墟。

关于公路，政府在未来几年内将面临艰难选择。华盛顿的政客将拖延做出选择，直到出现一些重大的变化，比如 6 美元的油价和无数道路设施面临关闭，迫使他们找到解决方案。税法将会大幅改革，通行费也将翻一番或两番。"吞食"轮胎的路面凹坑和死胡同将永远成为美国驾车史的一部分。解决方案终将出台。不管是增加通行费、汽油税还是采取其他方式也好，都将需要一个很大的诱因：每加仑 6 美元的油价。

治堵的成功案例

　　伦敦的交通问题一度非常棘手。2002 年，每天大约有 25 万辆汽车驶入伦敦中心商业区。据估计，这些司机 50% 的时间被堵在路上，哪儿也去不了。伦敦的公交系统同样也是造成路面拥堵的一部分因素，人们认为出行高峰期，在市区附近乘坐公交车比走路还慢。伦敦市长肯·利文斯通（Ken Livingstone）在 2000 年的大选中曾以交通拥堵问题为选战议题，于 2003 年在伦敦商业区所有 174 个入口点安装了摄像系统以采集车牌号，对进入入口点的司机收费 9 美元。在 2005 年，通行费增至 14 美元。

　　伦敦的实验方法中几乎每个措施都被证明是成功的。拥堵率下降了 30%，市区内通行车辆的平均速度增加了 25%。该系统净利润创收大约在 2 亿美元，这些钱被用于改良该系统和支付其他公共交通费用。公交系统得到了改善，现在，出行高峰期在不太拥挤的路段能运载高于 37% 的人进入市中心商业区。在全市范围内等公交车的人数减少了 24%。85% 在出行高峰期进入市区的旅客现在已改用公共交通工具了。

　　这项方案还使伦敦市中心的空气污染大幅减少。氧化氮导致的烟雾污染已经下降了 18%，致病的颗粒物质下降了 22%。市区内化石燃料的使用和二氧化碳的排放下降了 20%。公众对此反应良好，尽管此前他们还持猜疑和愤怒的态度。因通行时间缩短，很多商铺和企业大大受益。市区 71% 的业主表示，无论如何，该系统还未损害到他们的生意。

斯德哥尔摩在 2006 年仿效了伦敦的这个系统，当时只有 31% 的人支持这一举措。经过 6 个月的试运行后，该系统通过全民公决而获得了永久性的地位。现在，整个城市里有三分之二的人都认为该系统带来了积极的变化，交通拥堵率下降 15%，二氧化碳的排放量则减少了 14%。

黄色校车将从公路上消失

很少有事物像道路一样，与人们的生活密切相关。高能源价格不会改变我们教育孩子的方式，但这笔新增加的支出一定会影响到学生们每天早晨如何去学校。

马里兰州蒙哥马利县是华盛顿商业区外围热闹繁华的环城通道，它俯瞰一个巨大的校区，这个校区每天要用校车送 96 000 名孩子上学。单送这些孩子上学，校区的黄色校车一年也要消耗 330 万加仑柴油。柴油价格每上涨一美分，蒙哥马利县就必须多花费 3.3 万美元来维持校车的正常运营。在过去几年中，当油价每加仑上涨 2 美元时，蒙哥马利县则必须多准备 700 万美元来填补校车增加的费用。在年度教育预算上，油价会作为一个固定项目来考虑，但实际上油价并非如此。这使事情变得更加艰难。

校董事会成员授权蒙哥马利县学监为学生设制更长的步行距离。一般来说，学校期望住在步行范围之内的学生步行往返学校。当前的限制是：中学生 2.5 公里，高中生 3.2 公里。该校区最近一次提高限制是在 1996 年，当时高中生的受限范围从 2.8 公里增加到了 3.2 公里。当油价超过每加仑 1 美元时，该校区每年可节约 25 万美元。现在采取相似的举措将会节约四五倍的费用。当油价不可避免地再次升至每加仑 4 美元并冲向 8 美元时，整个国家的步行距离必将扩大。

佛吉尼亚州费尔法克斯郡公学是纽约市外输送学生最多的学校，该校在 2009 年财政年度的燃油预算是 840 万美元，这个数字比 2005 年的燃油预算多了一倍。面对类似的成本增加，学校将面临艰难选择。当油价上涨到每加仑 6 美元时，危机将在全国普遍爆发。家长们将对孩子们失去校车服务深感愤怒，但学校不得不在一些方面削减支出，可能就得缩减校车、路线、司机和汽油消耗，而不是减少教师、教室和运动项目。

至少有一段时间，很多学校将放弃用校车接送学生，偏远郊区除外，直到科学技术可以带给我们能够廉价运行的校车为止。事实上，很多州将不再需要学校为学生提供交通工具，包括加利福尼亚州。该州的卡皮斯特拉诺联合校区（Capistrano United School District）最近取消了 62 条校车线路中的 44 条，为该校节省资金达 350 万美元。但此举影响到了 5 000 个学生的上学问题，给很多家长带来了烦恼，他们扬言要诉诸法律。有人称减少校车路线意味着会有更多的车上路，因为家长不得不开车送孩子上学了。那些家长的汽油开支会因此增加，且通勤路上绕行增加的路程更加让他们感到不悦。其实，在气候宜人、适合居住，优雅如加州橙这样的地方，孩子们大可以沐浴在加利福尼亚南部的阳光中骑自行车或走路去上学。

青年体育运动上的旅行开支将会减少

学校的田径运动，非常靠近许多家长梦想的一块领地，也将经历巨大变化。今天的孩子们，无论他们是否怀有成为一名体育精英的梦想——成为另一个菲尔普斯，或是篮球场上表现不俗的跳投者，又或是足球场上一名普通的中场球员，都像职业运动员一样，要比过去的运动员旅行得多。他们要在东西两个海岸来回参加锦标赛，有时会为了参加排得紧凑的比赛而翘课赶夜间航班，在三个不同的时区来回切换。家长一般会完全支持孩子们。许多家长会陪同孩子旅行，在看台上给他们鼓劲。加州莱克伍德阿蒂西亚高中的一支球队最近在美国东部于六天内打了五场比赛，他们乘坐的连飞六小时的夜间航班因故障卡在了途中，而这一切都发生在期末考试周。促成这种情况的因素有两个：一，廉价的石油；二，过分热心的家长倾向于将自己的孩子打造成体育明星。家长们可能不会改变，但油价势必会变。

交通成本在任何高中的体育预算中都会占很大的一部分，当油价触及 6 美元时，这一状况将得到调整。大多数校车每加仑柴油行驶 9.5 公里，所以要想行驶自如，就得支付昂贵的柴油燃料费用。各州将实施一些变革，这些变革比区区几场比赛和从其他州一路赶来打精英队比赛的意义更大，它将改变各州处理季后赛的方式，在有些情况下，甚至会影响竞赛、区域赛和季后赛的公平性。

在 2008 年，伊利诺伊州高中联合会做出了调整，要求参赛队员和粉丝在州季后赛首轮比赛中减少旅行。这样的变革影响了伊利诺伊南部和人口不太稠密的芝加哥西部各学校的一些体育运动，如篮球、棒球和足球项目都受到了影响。以前，季后赛的首轮比赛，被称做区域赛，通过参赛队的表现进行筛选，通常可以确保最好的队伍在比赛后期才能相遇，这叫做"分区"（sectionals）。现在，在首轮比赛中相互比赛的学校纯粹是因为区域相近，即使大家一致认为这两个学校就是第一名和第二名。"很显然，我们必须做些什么来降低学校的能源成本。"伊利诺伊州高中联合会执行董事马蒂·希克曼（Marty Hickman）说。

这些变革受到了各学校和粉丝们的欢迎，他们有时需要一直开两个小时的车去观看季后赛首轮比赛。"我们知道能源价格会影响人们花钱的方式，我们更希望让家长们可以更方便地看他们的孩子打比赛，而不是像过去一样把比赛的场地安排到各个地方。"希克曼说。"甚至对比赛不怎么狂热的人都知道我们必须做些什么了，"他说，"我认为像这样的变化将会越来越普遍。"确实如此。

田纳西州实施了与伊利诺伊州类似的变革措施，同样反应也不一。密西西比学院校董会直接删减了 10% 的体育活动计划。加利福尼亚州南部米尔堡（Fort Mill）校区最近开始对高中和初中的运动员收取 50 美元汽油费。佛罗里达校区则禁止资浅代表队去国外旅游。另一个校区取消了该中学所有的体育项目，这与纽约兰欣校区的举措相似，该校取消其资浅橄榄球队和资浅女子足球队。全美很多学校都试着协调几个体育项目的日程，比如足球和曲棍球，以便于学生们能挤上同一辆校车。这些都是油价仅仅触及每加仑 4 美元时发生的变化；当油价攀升至每加仑 6 美元时，发生的变化将会更大，而且是永恒的。

这些变革带来的其中一个好处是，使体育运动保持合理的发展。"少一点关注输赢，更多关注本地比赛，保持社区团结，保证学校和粉丝们都支付得起各项费用，"希克曼解释说，"当然，教练们可能不赞同我的观点"。

甲级水平的团队，感受不到剧烈的痛苦。他们像有职业特权似的一如既往地运作着，但是乙级和丙级团队的旅行将被无法避免地改变，在这两个水平段的学校不会也不应该继续提供资金维持运动员复杂的旅行计划开销。

警察回归步行巡逻

要应对高企的油价，拥有大型车队的公司和政府应是第一批调整自己行为的人。当你拥有一千辆车，而不是一辆时，那么每辆车多消费 1 000 美元汽油将意味着要多支出 100 万美元。

只有邮局有成千上万辆车夜以继日地运行着。但邮局可以给邮票提价，随着邮件和包裹收费的攀升，在过去几年中邮局已经数次提价。然而，警察局却无价可提，只能要求市政当局拨更多款项，实际上市政当局的预算已经放宽了。如果有新的资金预算，那么分配也需要时间。警察局当前也在削减支出，所以很多警察局已经开始减少汽油使用了。

人们看见的警车会更少，但警力保护却未减少。警察们开始重新走上人行道巡逻，很像一个世纪以前在美国拥挤熙攘的城市大道上执勤的感觉。佐治亚州萨沃尼的普通警察局的汽油预算连年飙升。萨沃尼警察局有 36 位警员，局长迈克尔·琼斯（Michael Jones）说，上涨的油价使他改变了巡逻方式，令萨沃尼的治安变得更好了。

　　"五十年前，当我父亲在佐治亚州罗马辖区时，就是步行巡逻。每个人都知道他。在他巡逻的区域，每个人都在圣诞节送他礼物。人们给他礼物不是因为他是一名警员，而是因为他是社区的一部分，是他们的朋友。这就是我们希望恢复的景象，"琼斯操着南部口音慢条斯理地说，"多年以前，没有人想过要节约汽油，但现在我们不得不以相反的态度对待这件事了。当我们所做的事就是开车到处溜达时，我们被人们称做无腿警察，因为人们只看见了警车疾驰而过。现在，我们会把警察安排在需要的位置上，而不是让他们开着车随意乱转。以前，人们只能在出了状况的情境下看见警察；现在，人们在正常环境下也可以天天看见警察了。即使油价一跃而下，我也希望我的警员们走出车门，与社区融为一体。"

　　这样的变化已经出现在整个国家。伊利诺伊州库克县的一些治安官已经开始摆脱警察巡逻车，改骑自行车穿行于芝加哥。芝加哥警察局有一个大型的分遣队，队员们脚踏赛格威（Segway）动力滑板车或骑马在街上巡逻。纽约市已经开始执行步行巡逻计划，并购入了20辆混合动力警车。北卡罗来纳州谢尔比地区的警察也得到了命令，必须每两个小时停车15分钟；该地区的警察还被要求不得开着巡逻车去吃午餐。

　　"如果增加了更多的步行巡逻，市民们马上就会注意到。他们会感到更加安全自在，即使总共也没有太多警员在街上巡逻。"罗格斯大学（Rutgers University）犯罪学教授乔治·凯林（George Kelling）说。步行巡逻的警员能够获得各种无法在警车上了解的情况，他们会躲进商店、饭店和酒吧，了解经理的名字和他们所关注的事物。"我想，警察坐在有空调的车里远远观察社会的日子已经结束了，人们希望警察就在身边，而高油价将使其成为可能，"凯林说，"开车巡逻非常糟糕，它起不了什么作用。"

最近，凯林用了一天时间和波士顿的警察一起骑自行车去波士顿公园巡逻。"只要天气允许，他们都骑自行车，市民们能够充分感觉到他们的存在，"凯林说，"一旦看到警察在周围行走或骑车，市民的感激之情就会油然而生，对犯罪的恐惧感也会随之下降。当对犯罪的恐惧感降低时，人们会重新获得对财产的所有权意识。毒贩会被迫离开，想要干坏事的人也会被迫离开，人们，尤其是孩子们会更多地出现在街上。"

凯林说有研究显示，当警察局增加或减少到处乱转的巡逻车时，人们未必会注意到，但人们马上就会注意到步行巡逻。"很多警察局都了解让警员走上街道、离开巡逻车的好处。我期待能看见更多这样的事情，"凯林解释说，"节约汽油大有好处，还有利于警员保持良好的体型。"

第 **2** 章

让我们和亲人更亲密

麦克·波特（Mike Potter）勉强称得上"丧葬承办者"，他的"坟场"在加利福尼亚内陆高温干燥的沙地上蔓延开来。这里到处都是飞机，至少人们一直认为它们比嗜油的汽车更有价值，可以在天空翱翔且运送乘客。沙漠地面留下了飞机起落时轻微的痕迹，许多昔日的空中巨鸟，现在看起来破旧而多余，它们或因资金短缺而被废弃，或被更新更闪亮的款型取代了。波特给了这些废弃的大鸟一个家。他收藏这些废弃物的生意是伴随某航线的衰落应运而生的。但当航线恢复并弃旧换新时，波特也可从中获利。这些旧飞机必须被放置在什么地方，而波特就是这个收藏它们的人。航空业人士认为波特经营的是一个"坟场"。

在"坟场"的一边，波特排列了 12 架 DC-9 型客机，这阵势看起来就像充满没落贵族气质的老兵将奔赴战场进行最后一搏。但这些 DC-9 型客机可能永远也不会再起飞了。它们矗立着，等待着被刮走零部件；或者当最后剥落得只剩螺栓和船舷上缘时，交由铲土机来处理，它们的铝制外壳比他们在航空舰队中的作用更有价值。波特还收藏了7架波音767飞机——横跨大西洋的飞行之王和宽体客机的传奇。它们属于加拿大航空公司。波特说,加拿大航空公司不知道该如何处理这些飞机,所以就把它们留给了波特,放置在这个沙漠偏远地区。他很乐意拥有这些飞机,他有足够的空间,而且他还可以收取地租。

波特拥有P&M飞机,这架落满灰尘的荒凉旧物就安放在洛杉矶以北75英里处的莫哈韦机场(Mojave Airport)一隅。当航空业受到灾难打击时,波特确保每一架废弃的飞机都将有一块地安放其起落装置。在64岁时,波特仍喜欢与老朋友迈克机长一起出行,这使他回忆起曾在美国环球航空公司(以下称TWA)引航驾驶的那段光辉岁月。20岁时,他是飞美国航线最年轻的飞行员。23岁时,TWA任命他为最年轻的机长,并奖励他亲自指挥TWA肯韦尔880和后来的波音707飞机。波特经历丰富,他喜欢谈论那段在霍华德休斯航空公司(Howard Hughes)飞行的日子,当时该航空巨头持有TWA一大部分股份。检查P&M飞机时,他经常会戴着机长帽。波特于1981年被诊断出患糖尿病后就从这家航空公司辞职了。他是个大块头,留着浓密的灰色胡须,如果圣诞老人喜欢在加利福尼亚沙漠过夏天和驾驶喷气式飞机,而不是乘坐驯鹿雪橇,那么波特和圣诞老人还真像呢。

现在,波特以存贮、购买和出售各式各样的废弃飞机谋生,过着令人好奇的另类生活。他廉价出售这些飞机,但购买的时候更是廉价。他买一个旧的737飞机可能要花10万美元,他说,"按今天的标准,这是一个绝对的油老虎。我们会摘除引擎(每个引擎价值7万美元),再按客人的要求去除一些部件。这需要时间,但如果你有足够的耐心,做完这一切就可以赚到30万美元。"

波特初次走上拯救飞机这条道是在 1978 年，当时他把一架 TWA 肯韦尔 880 飞机驾驶到沙漠上去封存。后来，他在莫哈韦机场得到了一块空地，从那时起就开始接收废弃闲置的飞机。在他的地盘上停着各种型号的飞机：福克 100，肯韦尔 880，波音 707、727、737、747、757、767，MD-80、DC-9 和 DC-10。他出售与之相关的一切零部件：座位、襟翼、引擎、机舱门和控制面板。当他将一架飞机彻底地打扫完之后，会请附近爱德华兹空军基地的突击队员把拯救人质的技术用在飞机上。"他们会把四扇机门都炸掉，有时使用火箭，有时使用 C-4 塑胶炸药，有时会用一些不允许外人看见的东西，"波特笑着说，"他们会告诉我'去吃一顿长时间的午餐吧，伙计'。"

波特经常把一些破损的飞机残骸租借给好莱坞制片人，供他们制造一场面壮观的飞机爆炸或机身被机枪扫射得满是枪眼的场景。他曾提供过道具的电影有《生死时速》、《空中塞车》和《龙卷风》。由基弗·萨瑟兰（Kiefer Sutherland）出演、福克斯广播公司出品的《24 小时》系列第六季中有在 P&M 飞机上拍摄的镜头。有西海岸说唱音乐教父之称的安德烈·扬（Dr. Dre）带领一帮饮酒狂欢者在波特的肯韦尔 880 飞机上开办舞会，录制了视频《摇头晃脑》（*Keep Their Heads Ringin*）。波特备感自豪地在他的网站上公布了这段视频。

波特在电影业和航空业都久负盛名，因为他可以提供他们所需要的东西。为好莱坞提供道具或废弃飞机这种怪诞的交易对波特来说很不错。他在圣塔芭芭拉（Santa Barbara）有一艘帆船，可以随时出海。当波特驾驶这艘帆船时，他一般会带着船长帽，上面印有熟悉的名号"环球第一"。

他使用很久以前的航空呼叫信号，在漫游大海的时候收听广播。

波特的经营构成了松散的飞机坟场的一部分，这些坟场分布在美国西部干燥的环境中。在所有令人陶醉的事物中，最突出的是可以让我们凝视的卫星影像，而且还存在着很多这样美好的东西。在整个美国西部，一些最令人匪夷所思的地方有六个左右类似的飞机坟场。一个当然是波特的莫哈韦机场，另一个则是在图森市外的皮纳尔飞机坟场（Pinal Airpark）；还有一个在加利福尼亚维克多维尔。超过半打 747 飞机的残骸都聚集在亚利桑那州的皮纳尔飞机坟场。它们的体积很大，加上机身顶部漆成红色的"西北航空"字样，看起来就像一个摆满了意大利巨型香肠的烧烤架，而其余空间则被较小的 737 飞机和 DC-9 飞机所占据。然而，最吸引眼球的坟场是位于图森东南部戴维斯-蒙森空军基地（Davis Monthan Air Force Base）的美国军事机坟场。如果你在地址栏输入"Davis Monthan AFB"，谷歌地图将直接搜索到准确的位置。

在戴维斯-蒙森特空军基地，你可以看到成千上万个退役的喷气式战斗机、炸弹、坦克和货运飞机。从 F-4 鬼怪式战斗机（F-4 Phantom）、C5 飞机、海鸥式喷气战斗机、AWACS 雷达飞机到巨大庄严的 B-52 飞机，美国飞过的所有飞机几乎都永久地栖息在这空气干燥的亚利桑那沙漠盐碱地上。看起来更像铺在棕色毛皮地毯上的一地玩具或塑料模型：一场精心混排的国家航空军事史。甚至可以见到在 1985 年就开始飞行的超音速轰炸机 B-1B "枪骑兵"（Lancer）。这些轰炸机中至少有 15 台可被明显地挑选出来，每台要花掉纳税人 3 亿美元，它们的引擎在可收放的机翼下向外探出，注定不会再起飞了。究竟有多少财富被浪费在这个坟场？答案是数千亿美元。

世界商业航班的露天坟场也坐拥价值数十亿的金属、技术和历史。随着油价接近每加仑 8 美元①，坟场的围墙也会越扩越大。看着这些坟场里摆放的物件，你会觉得当油价固定在 8 美元或更高时，发生的事情将会越来越有趣。在此希望谷歌可以及时更新图片，以便于我们可以看到美国航空巨头一架接一架飞机的变相拆解。

让我们把话题再回到波特。他在 20 世纪 90 年代早期看到了有生以来所经手的最大的飞机，当时他的坟场挤满了上岸搁浅的"鲸鱼"，其中两架曾是非常有名的有航空公司航徽标志的飞机。在 1991 年，美国东方航空和泛美航空公司因无力应对日益上涨的油价和低成本的竞争者而倒闭。在陈旧的商业模式和飞行网络使其最终倒闭之前，这两家公司曾挣扎多年。飞机售后市场在廉价飞机中变得颇受欢迎。"对我们而言，这无疑是个好时机，"他说，"对于我们的零部件和转销业务，这可能是最好的时候。"

波特知道兴隆的日子还会回来，他可能会有找寻买主的问题，但他的沙漠停机场将很快停满着随廉价石油资本主义而来的有翼飞机。现在，波特有大约 50 架飞机，"但很快会有更多的飞机到来。"他胸有成竹地说。

当汽油价格不可避免地攀升到每加仑 8 美元时，将有大批飞机绝迹于空中，而且这将很快到来。正如每个飞机坟场一样，波特的飞机坟场也将被熟悉的航空航徽和飞机所淹没。因此，波特必须扩建坟场。

为了展现人类能够在 12 千米的上空每小时飞行 800 公里的

① 油价每加仑 8 美元相当于每升 13.3 元人民币。——编者注

能力，航空公司使用了喷气 A-1 燃料。喷气燃料主要是煤油，喷气发动机燃烧煤油的速度惊人。737 飞机一分钟，燃烧大约 13 加仑煤油，航空人士谈到燃料都用"磅"作单位，而不用加仑，因此，大概每分钟燃烧 91 磅。一架 737 飞机从芝加哥飞到洛杉矶可燃烧大约 2.5 万磅煤油；一架 747 飞机飞行同样的航线将燃烧超过 10 万磅煤油。喷气燃料和汽油、柴油、沥青一样，都是从原油中提炼出来的，所以价格也和汽油一样变化无常。

全球航空公司的行政长官们每天都在关注着灾难发生的可能性。在过去五年中航空公司所做的每件事——裁员、对托运行李收费、减免行程中的餐饮、在奖励的飞行航线中增加里程要求以及一小包奥利奥饼干收费 4 美元，总之，尽可能地收费，都是为了抵消燃油价格变化所带来的收益偏差。当加油站的字幕上写着 8 美元时，航空公司也将涨价。航空公司恰似政府机构与联盟所倚靠的大树，不会在一个月内全部倒闭。届时，美国国会山将义不容辞地公布解决措施，甚至可能采取一些不明智的措施，比如，提供联邦贷款保证。但最终，上涨的油价将掏空我们的航空系统，当油价挺近每加仑 8 美元时，能够生存下去的航空公司将会越来越少。

继东方航空和泛美航空被渐渐淡忘之后，我们一直熟悉并与航空飞行和休闲联系在一起的名字也将永远消失。当然，航空飞行是一定存在的。**仍然会有航空公司，但会越来越少，而且那些生存下来的航空公司将会收昂贵的费用，大多数人在通常情况下是不会支付的。**游荡到西海岸去看"乔伦娜阿姨"和"汤姆叔叔"，或临时兴起飞回家过感恩节，这样的日子将一去不复返，除了那些爱烧钱的人例外。对他们而言，喷气式发动机总是受欢迎的；但对大多数人而言，坐飞机旅行将会成为一两年一次的奢侈消费。飞遍整个国家，最后在迪士尼乐园落下，以此确保更多的孩子经历消费主义价值观的洗礼以及培养市场营销天才，这在经济学上是不可能的。

在世界历史上，没有任何行业像航空业这样长时间地对抗着简单的经济规律。美国传统上主要的航空公司——联合航空公司、美国航空公司、全美航空、美国达美航空公司、美国西北航空和美国大陆航空公司将如何年复一年地生存下去？美国股票投资者对航空公司青睐有加。航空公司的典范即使在其发展最兴盛的时代，利润率也很小，随着汽油价格的上涨，显然会失去可取性。然而，人们被航空股和航空有价证券吸引着，似乎持有联合航空公司的股票比持有卡夫或可口可乐的股票多少要性感一些。这没道理可言。在过去八年中，所有这些航空公司努力去做的就是：赔钱。赔了很多钱。自从2001年起，这些航空公司已经损失了几百亿美元。它们的命运在2007年得到了改观，实际上这一年它们的利润额达到了56亿美元。但是燃油价格很快给予了新的打击，2008年航空业再次折翼，它们在喷气燃料上花费高达1 860亿美元。通常来讲，一个行业在如此长的时间里表现持续糟糕，要么会消失，要么就要快速变革。大多数人都没有意识到整个苍穹将发生彻底的变化，而这一刻离我们又是如此接近。

在2003年，喷气燃料在航空公司成本中所占比例不足13%。当汽油价格如2008年一段时间内达到每加仑4美元时，喷气燃料占到航空公司成本的40%。这是一个惊人的数字。几乎一半的航空公司成本都来自这种使我们线条流畅造型优美的飞机可以高高飞行在空中的碳氢化合物。**当油价涨至每加仑8美元时，航空公司将为燃料留出60%的运营成本，这是无法维持的，最终将导致整个航空行业缩水。**

航空公司了解这一点。"这种危机以一种比SARS或'9·11'更严峻的方式重塑着航空业，"国际航空运输协会（International Air Transport

Association，以下简称 IATA）首席执行官吉奥瓦尼·比西格纳尼（Giovanni Bisignani）说，IATA 代表着世界大部分航空公司。"当燃油成本在七年之内从 13% 上升到 40% 时，你根本无法继续以相同的方式做生意。你需要从根本上进行改变。"

九十年代末期的失败先例及廉价石油

对于那些从 1998 年至 2000 年走出大学校门的莘莘学子们来说，世界赐予他们的无限且简单的出路是丰厚的薪水和滋润的生活。每件事都得来不费功夫。历史赋予 20 世纪 90 年代后几年空前绝后的热情、轻松赚取的金钱或普遍存在的狂妄。在 1999 年，旧金山无疑是互联网狂热的中心。几乎每个住在这里的人都认识一些想发财的人，这些人会拿笔在日历上勾出某个特别的日期，这个日期就是他们认为会发迹的日子。任何有喷墨打印机和几个工程师的公司都在制订商业计划，以吸引外面的投资者获取数百万美元融资。

随着技术爆炸的实力支撑股市全线大涨，其他行业也兴盛起来。整个国家都在我们这个时代最伟大的经济扩张中大获全胜，欣欣向荣。人们薪水丰厚，福利诱人。当然，这个时代分身乏术的商人必须旅行出差，以资本主义为名创造神话般美好的明天。经济舱？不可能。当你出去办业务时，显然需要商务舱。大小公司都经常为员工抢购最后一秒的商务舱或头等舱机票，送他们去参加会议、拜见客户或突发奇想去诊所看医生，以及去很多很多其他场合。如果一个航空公司有一架飞机不盈利，那真是经营不善。航空公司一般都有一半以上的头等舱和商务舱坐席，乘客支付的票价都超过 1 000 美元以上，不管是从洛杉矶到芝加哥，还是从旧金山到亚特兰大。

　　航空公司制订了未来的计划并推测整个行业将良性发展。它们扩充容量，购买新飞机，修建机场，为频繁飞行的高端旅客设立俱乐部，而且给工会员工非常优厚的待遇。航空业这些快乐的时光碰巧发生在现代世界石油最廉价的年代，这绝非巧合。在 1998 年，美国很多地方的油价低于每加仑 1 美元。喷气燃料价格也不例外。因此，即使加上公司随心所欲的支出，美国航空公司在 1998 年营业利润也达 93 亿美元；1999 年达 84 亿美元；2000 年达 70 亿美元。这是意外的成功！在这段时期，航空公司只有 71% 的座位是满载的。在行业术语中，这被称做负载系数。如今，负载系数已接近 85%，航空公司正竭力使其更高，以避免倒闭。

　　空荡荡的坐席和随意的商务支出对于普通人和休闲的旅客而言，是个恩惠。从 20 世纪 90 年代末期至 21 世纪初期这段时期，因为机票价格相对较低，我们可以在任何时候飞到任何想去的地方。我们享受的那些廉价机票，是美国企业肆意抢购定价过高的商务舱的直接结果。当你从行政秘书乔那里拿到 15 张机票，每张价值两千美元，但其中一些能卖到 178 美元就不错了。在那个时候，一年有 8 000 万个乘客要以正常票价的 3～4 倍购买国内机票，有时甚至更高。这个数字现在已经减半，并且还在下降。

　　随着 .com 域名在 2000 年晚些时候的繁荣兴起，经济在此时崩溃。2001 年 "9·11" 事件加剧了航空业已经悲惨的境地，因为在 "9·11" 事件发生之前避开出行的商务旅客在恐怖袭击发生之后则选择宅在家里，另一些休闲旅客因害怕或破产也没有出行。美国很多国际航班只有不到半数的座位被坐满了。这样的负载率持续着，而美国在享受了其航空史上最获利的一段时光之后，在2001年损失额达103亿美元，而辉煌的时候五年之内盈利曾达500亿美元。

然而，航空公司几乎未从2001—2004年这段黑暗时光中学到什么。本应有航空公司倒闭和清算这种现象，但政府支持的贷款和联邦破产法允许航空公司法律上的权力或权限大体上不受影响，还允许航空公司用曾经的低价去吸引客户，不要只盯着利润。在2005—2007年经济扩张期间，航空公司重塑了具有偿债能力的表象。经济扩张是由低利率和火爆的房地产市场引起的，在2008年最后的几个月里，同样的因素使得国家走上了金融混乱的边缘。航空公司的情况还将继续恶化，它们的复兴将被经济衰退人为地延迟，唯一可知的就是未来油价还将持续上涨。这样一来，航空业难免被肢解，一些航空公司将被淘汰。

航空恐龙遭遇死亡之星

所有生存下来的航空公司都是在20世纪70年代放宽管制时崛起的航空公司——联合航空公司、西北航空公司、达美航空公司、美国航空公司、大陆航空公司和全美航空公司，它们在能源成本高企的新世界将处于损失最多最快的境地。这些航空公司在"9·11"事件之后也损失惨重，因为微薄的利润使其无法继续前行。资金紧张的情况下，公司还要为老员工、工会合同、昂贵的中枢机场和昂贵的飞机支付巨额费用。它们的债务负担是如此沉重，即使竭力经营稍有赢利，也必须是先分期偿付贷款，而不是购买更多的新飞机、升级机场或将飞机整修翻新。

"很显然，一些航空公司将被迫面临倒闭。"沃恩·科德尔
（Vaughn Cordle）说。科德尔不是普通的华尔街保守派人士。他
是飞行员出身，曾在一家大型航空公司驾驶波音 777 飞机，一
直为其效力了 25 年，而这家公司是美国最大的航空公司之一。
科德尔还是一名注册会计师，于 20 世纪 90 年代末进入复杂的
航空业经济学领域。他对此深深着迷，将自己沉浸在计量数据
和为大型航空公司解决复杂难题的欣喜中。他的专业技能在咨
询业务和航空预测方面得到了充分展现，主要为银行和其他大
型投资者提供建议，检查它们的航空控股。科德尔最近辞去了
飞行员的职务，转而专注于咨询工作。

随着美国航空公司面临着日益动荡的局势，咨询业迅速地发展了起来，
而且获利前景良好。如果你经常看美国有线电视新闻网、福克斯新闻、美
国第四大有线新闻频道或消费者新闻与商业频道上关于航空业的分析，可
能会经常看见科德尔的评论。科德尔赞同他前任老板的观点，即不要特意
指出公司的名字来讨论，以避免与该公司产生任何法律上的麻烦。

然而，这并未阻止科德尔抨击他以前所在的行业。"现在竞争者太多。"
他说。至于生存下来的那些航空公司，他的可怕展望是："它们都是恐龙。
它们有企业文化上的弱点。如果你的工会还像昔日一样寄望得到补偿，将
是非常费劲的，这就是它们的现状。银行和投资者一直在帮助这些航空公
司摆脱困境，但从某个角度看，最好是能让它们脱离苦海。"

科德尔的公司对航空公司和 2008 年末的油价做了详尽的研究。他的

研究预测了当油价超过每加仑 8 美元时哪些公司还可以存活下去。科德尔完全相信他的研究是切题而且有价值的；他说，在三至四年之内，油价一定会达到这个高度。油价上涨到每加仑 8 美元时，如科德尔所预测，航空公司当前的负载系数会下降一半，不少品牌将会从此消失。

第一个被永久踢出历史舞台的大航空公司将会是全美航空公司。 全美航空公司由驻亚利桑那的美国西部航空公司和东北的全美航空公司合并而成，该公司在夏洛特、费城和凤凰城都有蹩脚的机场枢纽。"全美航空公司已经进入缓慢的清算过程了。"科德尔说。

全美航空仍在全程飞行，但在不久的某一天，该公司可能就要寻求破产保护了。多年以来，全美航空公司一直在用别人的钱玩自己的游戏，它用很多外部投资者筹集来的钱偿付从 2002 年起所欠的政府贷款。随着全美航空的消失，夏洛特、费城、凤凰城和拉斯维加斯将看见它们的旅游选择日渐缩小。美国西南航空公司在这些城市里也有航线，它无疑将会趁虚而入并增加航班。但西南航空公司的负荷系数也不是百分百的，甚至都无法接近这个比例。在这些市场上，旅客将需立即支付更多的钱飞行。

下一个轮到的是美国联合航空公司。 由于该公司行政领导层管理不善，将会浪费可以称得上设置最好的枢纽机场和北美航线。联合航空公司的枢纽机场将 48 个州沿着它们的中心平均划分，从华盛顿开始，到芝加哥、丹佛，然后再到旧金山，旧金山是联合航空通向亚洲航线的盈利大门之一。尽管有这些设置上的优势，联合航空还是无法避免命运戏剧性的捉弄，于 2002 年 12 月份申请联邦破产保护，直到 2006 年 2 月份才结束。联合航空是最大的公司，也是申请联邦破产法延展时间最长的公司。

一桶石油每增长 10 美元，联合航空公司就将损失 5 ～ 6 亿美元。 该公司管理层曾经号召航空业合并，但美国大陆航空公司在 2008 年早些时候考虑过与其合并的前景之后，拒绝了联合航空公司的邀约，决定不做任何改变，继续独立发展。联合航空公司已经在沙漠中废弃了100架飞机，因为它知道必须缩减才能生存。这个行业确实在缩水，部分缩减将是联合航空公司未来命运的缩影。联合航空公司的投降将使下一个新东家坐收渔利，它的一些华盛顿商业区航线将被美国西南航空公司趁机获得。但是联合航空公司真正值得称赞的作品——从旧金山和芝加哥奥黑尔出发的亚洲航线，将属于不同的主人。

美国达美航空公司和美国西北航空公司在2008年4月宣布合并，合并后的新公司被命名为美国达美航空公司，从此以前的两个航空公司开始同生死共命运。这次合并使其成为世界上最大的航空公司，拥有一组令人好奇的机场枢纽：亚特兰大机场、辛辛那提机场、纽约肯尼迪机场、原达美航空的盐湖城机场、底特律机场、明尼阿波利斯机场、孟菲斯机场和西北航空公司的东京机场。

达美航空公司在合并前就已境况不佳，已在2005年申请破产保护，在2007年摆脱困境幸存下来。西北航空公司也在2007年逃脱了破产的命运。合并后，美国达美航空公司背负着将近200亿债务，而现金流几乎为零。如果不盈利的话，根本无力支付巨额债务。油价达每加仑8美元时，原达美航空公司的中西部机场枢纽甚至将会处在拮据而歉收的状况下，将永远地毁掉。

这样一来，只有两个航空公司会幸存下来：美国航空公司和美国大陆航空公司。令人惊讶的是，这两个公司是在现代避开破产命运时间最久的美国大型航空公司。但美国航空公司也背负了债务，借款高达100亿美元。

该公司对高油价弊端的敏感性是行业中最强的。美国有很多效率低下的喷气飞机，包括300架很费喷气燃料的MD-80飞机，这在美国的飞机中占了一半。尽管不随意购买飞机是使美国航空公司免于破产的主要因素，但当未来油价在每加仑8美元或更高时，飞机陈旧过时将会是一个确定无疑的劣势。

汽油价格在每加仑4美元时，美国航空公司一季度会损失超过10亿美元；当石油价格增长至每桶超过200美元而汽油价格高达每加仑8美元时，美国航空公司将崩溃。若没有人愿意为美国航空公司融资，它还是需要完成申请联邦破产的程序。对一个永远不会出现的借贷者心存期待，航空公司将会低迷不振并最终破产。美国国内航空网络将消失。得克萨斯州东北部城市达拉斯损失最重，因为美国航空公司占有拉斯市航线的份额最大。圣路易斯，同样是美国航空公司的机场枢纽，服务也将永久大幅减少。美国西南航空公司和美国捷蓝航空公司（JetBlue）将分割从芝加哥、纽约和洛杉矶出发的有吸引力的国内航线。美国航空公司的迈阿密机场枢纽——该公司最赚钱的关口，拥有大量广阔的拉美路线，将被美国大陆航空公司刮走。美国大陆航空公司将优选最好的南美和中美洲路线，并将在美国航空业中占主导地位。

科德尔说，在这些遗留下来的公司中，美国大陆航空公司拥有最好的机遇使其能够在每加仑8美元的油价环境下屹立不倒。"它的员工士气是最棒的，管理团队也是行业中最优秀的，他们懂得如何将价值最大化的。"科德尔解释说。

美国大陆航空公司同样背有债务，但只有50亿美元，这个数字只是其大部分美国同行业竞争者的一半。它的拉丁美洲线路比美国航空公司盈利还多，即使其规模只有美国航空公司的一半。美国大陆航空公司与美国

航空公司的欧洲路线规模相同，但却比美国航空公司多挣一倍的钱。美国
大陆航空公司的太平洋路线也获利颇丰，尽管与美国联合航空公司或美国
西北航空公司相比起来规模较小。美国大陆航空公司经历了 20 世纪 80 年
代和 90 年代的破产重组之后，一直着眼于稳健而高效的运作。这是一个
15 年来一直比同行业竞争者更加谨慎、节约且在经济上更精明运作的航空
公司。

　　很多聪明才智要归功于戈登·贝休恩（Gordon Bethune），美国大陆航
空公司前任首席执行官。他于 1994 年来到美国大陆航空公司，当时该公
司摇摇欲坠，在国内同行业中排名第三，很可能陷入致命的破产倒闭，贝
休恩力挽狂澜使公司免于破产，然后逐步走向辉煌。美国大陆航空公司
曾经一度在每一个你可以想象到的客户满意度调查问卷中的排名都几乎触
底，而贝休恩对客户满意度非常关注，领导大陆航空公司获得了比全球任
何其他航空公司都多的由美国权威市场调研机构 J. D. Power & Associates
颁发的奖项。贝休恩和他的副手们还优化了大陆航空公司的路线结构，剔
除了没有盈利前景的路线和目的地，而将重点放在纽瓦克和休斯敦机场枢
纽。贝休恩彻底革新了公司的飞机阵容，以他亲自谈判的最优惠的价格购
进了一批新的波音飞机。贝休恩于 2004 年退休，因奇迹般地扭转了美国
大陆航空公司坐以待毙的局面而为人们所熟知，在华尔街和全美商业学校
都堪称传奇。他的光环和他的价值观将永存于美国大陆航空公司。

美国航空公司的未来展望

　　油价在每加仑 8 美元时，美国国内的航空网络将缩减至目前规模的

50%。目前具有像样航空服务的中等城镇，比如大急流城、密歇根、代顿和俄亥俄州，都将失去大部分航班。东海岸到西海岸的机票价格将会接近1 000美元，而以前只需200美元。在油价为每加仑8美元时，美国西南航空公司和捷蓝航空公司将成为主要的国内航班。它们优雅而高效的运营方式将使其在高企的石油成本下坚韧不拔地生存下来。没有同行业那些损失巨大的航空巨头与之竞争，西南航空和捷蓝航空就有可能收取附加保险费，以确保在每加仑8美元的油价下公司能够赢利。

那些有30个座位数的地区性喷气飞机将消失。一天之内再也不会有25个航班从芝加哥飞到克里夫兰，将只会有2个航班，而且是大飞机。航程在350英里左右的航班将是最短程的商业航班。如果想从纽约飞到波士顿、从芝加哥到印第安纳波利斯或从西雅图到波特兰，你最好自己拥有一架飞机，因为这种短程商业飞机将不复存在。像视频电话和卫星电话会议这样的技术会进一步加速短程商业旅行的消亡。到达一定的巡航高度飞机需要燃烧大量的燃料，因此航程越短平均每英里越耗油。几乎没有人愿意花750美元却只飞320公里，于是同一地区城市间的主要航空服务就会被终止。

地区性航班的缺乏可能会为小型企业开辟市场，比如驾驶可乘坐十至二十人的喷气飞机，一天往返两次于像纽约和波士顿这样的城市之间，单次飞行的票价在900美元左右。而大型航空公司，如西南航空公司和捷蓝航空公司则不会这样操作。**随着油价增长，航班的有效航程都会越来越长。油价在每加仑12美元时，不足800公里的旅程都将由小汽车、大巴或铁路代劳。**

油价在每加仑8美元时，美国大陆航空公司也只能勉强生存。这家唯一存活下来的航空公司将缩减其国内航线，留给捷蓝航空和西南航空去竞争美国的阵地。而大陆航空公司的重点是使自己成为罕有的拥有国际航线的美国航空公司。它将开放国际机场枢纽，正如上文所提到的，除了现有的在纽瓦克纽约区域的机场枢纽，还将开放迈阿密、旧金山、洛杉矶和芝加哥的机场枢纽。美国大陆航空公司将使美国航空公司和美国联合航空公司去往伦敦、巴黎，布鲁塞尔和其他主要欧洲城市的航线重新活跃起来。然而，由于消费者的因素，美国大陆航空公司将不太可能对北美国际航线形成垄断。

一些国外航空公司将在暴风雨中顽强地存活下来，并在国际航班的诚信方面继续保持竞争力。可以预料到生存下来的航空公司将包括：德国汉莎航空集团、英国航空公司、法国航空—荷兰皇家航空集团，以及日本全日航空公司。很多国外的航空公司都比美国的航空公司有更好的金融定位，有利于其在高油价环境中生存。它们中有很多公司在每加仑4美元的油价下也一直是赢利的，而所有生存下来的美国航空公司却无不亏损。所有这些国外航空公司，没有一个像美国的航空公司一样，在本国要面对五到六个同行业巨头的竞争。国际航线的获利前景原本就更好，与美国航空公司的国际业务相比，国际航线在国外航空公司的业务比例中所占百分比较高。美国航空公司花费很多金钱和精力使旅客往返于像巴尔的摩和达拉斯这样的地方，机票的价格是300美元。

一些国家，比如，比利时、荷兰、瑞士、奥地利、爱尔兰和意大利，将一起失去它们本国的航空公司，因为外国航空公司将接管跨大西洋的业务，它们是美国大陆航空公司、法国航空公司、英国航空公司和德国汉莎航空公司。预计同样的情形也将发生在环太平洋地区，大韩航空公司、韩亚航空公司和泰国航空公司将全部消失。

随着油价持续上涨至每加仑 8 美元，美国飞往欧洲航线的标准经济舱票价将至少在 2 000 美元。这样的价格即使对中上阶层的家庭而言，携带家人去巴黎、伦敦和罗马旅游一圈也不再是那么轻松的事了。**如果油价从每加仑 8 美元向上挺进，跨大西洋航班将越来越多地变成精英人士和富人享用的专利。**一次欧洲之旅将成为辛苦劳作的人们十年才能享受一次的盛宴。这里唯一的好消息就是欧洲广泛使用的电动火车系统使去欧洲大陆的旅行费多少还是可以承受的。但穿越大西洋的费用将会占去任何度假费用支出的一半。当油价从每加仑 8 美元开始上涨，航空公司的产能将持续下降。很多飞机将被搁置停飞，很多二线城市的航线将被取消。

从大型机场延伸出的航站楼像一个巨大的花瓣，但它也终将关闭。对于未来高企的油价而言，目前的机场都过于庞大。丹佛、达拉斯、底特律、亚特兰大和休斯敦的巨型机场都将关闭半数以上的出口。不止一个大型机场的地铁将成为通往机场的主要交通方式，比如，纽约（肯尼迪机场、拉瓜迪亚机场和纽瓦克机场）、芝加哥（奥黑尔机场和米德韦机场）和旧金山（圣弗朗西斯科机场、奥克兰机场和圣荷西机场）。在机场泊车不再是件荒唐可笑的事了。离机场较远的内部停车场将被关闭，而昔日的短期停车场将用来停放我们的小汽车。

随着油价的增长和传统航空巨头的灭亡，我们将看到航空业各种各样的巧妙新举措和娱乐性十足的创新。我们都在期待着一件事：按体重收费的机票。这个主意原本是《费城问询报》和《费城每日新闻》这两家报纸为一家名为德瑞航空（Derrie-Air）

的虚拟航空公司刊登的广告，因其颇具讽刺意味而为人们所熟知，广告上写着："体重越重，付钱越多。"该报纸的东家费城媒体控股公司和陀螺广告公司（Gyro Ad Agency）把这则广告看做一个公开的玩笑，大多数人对此也只是会心一笑。但有些企业家却在考虑以这种方式运营航空公司的可能性。显然，块头大的人将避免乘坐德瑞航空的飞机，这正是这则广告的意义所在。当涉及燃油经济学时，到处都是关于削减重量的说法。如果德瑞航空乘载的旅客都是瘦骨嶙峋的人，在运营上真是个极大的优势。政治上准确的迎合显然对未来的德瑞航空不起作用，对那些苗条的乘客也无关紧要。谁会如此敏感呢？这个主意的所有需求来自每加仑 8 美元的油价、有限的资金和一些不难找到的廉价飞机。去问问那个在莫哈韦沙漠名叫波特的人吧。

航空业，不堪一击的坍塌

美国航空业是一大块。当一半航空公司都倒闭消失了，将留下一个弹坑。西南航空、捷蓝航空、大陆航空，可能还有一些其他成本低廉的航空公司将扭转这萧条的行业态势并重振一些感觉迷茫的员工的士气。但这将是一场经济上的大火，最终也会将自己燃烧殆尽。幸存下来的航空公司需要维护航空部件和航空路线，而上文所提到的航空公司的损失累计如下：2 800架飞机被搁置停飞；失去 20 万份工作机会；取消 1.3 万个航班；损失 670 亿美元财政收入。随着油价从每加仑 8 美元开始增长，情况将变得更糟。

飞行员将何去何从？机组乘务员、机组行李员和机械师将何去何从？他们全都需要重新择业。一些幸运的飞行员还能够继续从事飞行员职业来谋生，但大多数都不能。喷气飞机需要石油，几乎没有其他方式还能使它们在天空高高飞行。随着机票价格翻一倍两倍甚至不断飙升，人们将改变生活方式，减少飞行。航空业与其众多员工，面临着无法改变的将被大幅压缩的命运。在整个支持航空系统的结构中，还有数以千计的人将失业，包括：在机场、维修商店、飞机餐饮间、租车公司、旅行社、飞机租借公司工作的人甚至机场外围的人员，比如，出租车司机。

经济上的危害是深刻而明显的，这将是我们经济的主要活塞遭受损害的开始。一大批人将失业，并失去在本行业重新就业的希望。

空客和波音都将遇到麻烦

当航空公司开始减少航班和产能，半数以上的航空公司会纷纷求助联邦破产保护，但最终会消亡，世界二级市场将四处充斥着飞机。波特期望大量的廉价飞机不断出现来填满他场地的空隙，原因很简单，骤然运营航空公司需要较低的启动成本。"你愿意花 70 万美元买一架活力犹存的 737

飞机吗？"他用怀疑的语气提到一架飞机标价在 5 000 万美元，"这些钱一点也不多。先买一架廉价的飞机，加上燃料，再加上安全证明，你就可以上路了。"

燃油价格不会停止在每加仑 8 美元不上涨了，很多飞机被这些新兴的直升飞机买主购买之后，将很快进入二级市场，因为它们的新主人承受不了喷气燃料的成本。像波特这样的经销商可能甚至会把同一架飞机倒卖两至三次。所以当大树开始倒下的时候，拥有最昂贵豪华飞机的老牌航空公司会被迫将这些飞机推向市场。像 777 这种价高质优的飞机和新型 737 飞机将会以低廉的价格流向市场。这些飞机要放在现在来讲，都必须排队才能获得订单，它们属于热销产品。等待 777 和 787 的时间要长达六年之久。

因此，当二级市场到处都是一架架较新的飞机，这对空客和波音飞机的业务会有什么影响呢？这两家公司都将失去商业飞机业务的巨大份额，而且两家公司都必须关注下一代燃油以及维护成本都超级节约的飞机。

最终，波音和空客两家公司都将放弃销售商业飞机。全球已没有足够的业务支撑这两个商业喷气飞机制造商继续前行。波音公司有防务合同，还有卫星和导弹业务，可能会把喷气飞机这一块业务让给空客公司独揽。而空客公司，由于有欧洲政府的补助，能够轻易地在残破的商用飞机市场得以生存。表面上，这情形看起来似乎合情合理，但却忽略了波音飞机公司为缺油时代量身打造了第一架飞机这样巨大的优势。

波音公司的巨大赌注

当工作人员来回疾步行走、取工具、攀爬高耸而复杂的脚手架，还不时认真地审查计划书时，你可以很明显地感觉到他们的决心。这些人不是在建造一栋大厦，他们是在一个完全建好的大厦里。事实上，这是世界上最大的摩天大楼，空间面积达 13 万立方米，是芝加哥希尔斯摩天大楼（Sears Tower）的 9 倍。这蔓延开来的结构只是普莱顺海湾（Possesion Sound）一堆最大劈木长度的总和而已，普莱顺海湾是华盛顿州太平洋入口普吉特海湾（Puget Sound）的后湾。

正是在这里，离西雅图以北 45 分钟的路程，波音飞机公司制造了其最大的 747、767 和 777 飞机。最近，该公司开始生产一种不同类型的飞机：787 飞机。这款飞机是位于芝加哥的波音飞机公司复苏的一大部分。在这个世界上最好的摩天大楼里工作的人们知道他们正在致力于一些特别的、与众不同的事，而这件事将有可能重新定义航空业的规则。

脚手架悬挂在机翼上，并游走在机身各个需要的位置，试图模拟飞机在一个编制精巧的有支架或托架悬置的蜘蛛网中。工人们沿着脚手架行走在厚木板上，检查飞机的布线工程和紧固件。飞机内部巨大的空间非常引人注目，这是一个骸骨状机身结构，骨头般的钢铁和含钛结构还露在外面，中间填满了隔热衬垫。内部缺少的是感觉舒适的乘客，在此一个旁观者可以真正地欣赏一架宽体飞机的容量。它看起来就像把具有两个三人床的家放在了一组机翼和轮子上。

帕特·沙纳汉（Pat Shanahan），领导制造 787 飞机的项目负责人，当他谈到建造工程并指着这架很多人认为是有史以来最大的客机轮廓时，就像一个摇滚巨星般光芒四射。沙纳汉的项目团队在装配这架飞机的过程中经历了从劳资冲突到供应商的不称职等无数挫折，而最终他们克服了重重困难大步向前走。"如果你 6 个月以前待在这儿的话，到处都是拉得很长的脸，真的很压抑。"沙纳汉说，"现在，他们是真的有动力了，他们看得见希望。瞧他们累得上气不接下气的。"

　　这些工人们可能和波音飞机公司的客户一样累得气喘吁吁，因为这些客户已在排队等待机会出手抢购一架价值 1.5 亿美元的 787 飞机。787 飞机还从未送过一位乘客，但荒谬的是波音飞机公司已经积累了 900 份订单！可以看到的一些前景是：在波音飞机公司的阵容中，787 将取代 767，而 767 飞机无论从任何标准来看都是一架成功的飞机，而且一直是最受欢迎的跨大西洋喷气飞机。波音飞机公司销售 767 飞机已经超过 25 年了，3 年以前该公司售出了其第一千架 767 飞机。"波音飞机公司在努力创造飞机 iPod，"行业分析师罗纳德·爱泼斯坦（Ronald Epstein）说，"每个人都感到自己必须拥有一个。"

　　　　我是少数幸运者之一，在 2008 年代表世界媒体有幸得到波音飞机公司的许可，成为第一批在 787 飞机上行走的人。当我看到记者们对此事件的多样化报道时，明显感觉到这架飞机给世界带来的兴奋感。北美人可能占了少数，欧洲的每个主要国家几乎都至少派出两个代表在现场。很多亚洲国家，包括泰国、新加坡、南韩和日本，甚至派出更多的代表。这款飞机，可能会超越航空史上的任何飞机，成为风靡全球的焦点。

　　什么能使一架飞机得到世界各国的如此青睐呢？答案很简单：它比较省油。事实上，这款 787 飞机比同类铝制外壳的飞机要节省 20% 的燃料，它在同类飞机中的杰出性就在于，这是一款大型商业客机，其机身不是由需要铆钉固定的金属制成，而是由碳化纤维和环氧树脂混合材料制成。浸泡在环氧树脂中的碳化纤维被封存在一个模子中，经过高温高压烘烤才变成一小片机身材料。如果同样的机身是由铝制的，则需要 1 500 块独立的金属板和 5 万个紧固件。复合结构是由钛做成的，钛是一种坚韧耐腐蚀、质地轻盈且价格昂贵的金属，占整个飞机的 15%。

波音 747 飞机的问世，开创了现代宽体飞机的时代，而 787 飞机则代表了商业飞机最大的进步。787 飞机的公差非常精密，其复合结构不会腐蚀，因此不怎么需要维护。总之，787 飞机比起运营一个同类铝制飞机使航空公司要少花费 35% 的费用。无论从哪个标准衡量，787 飞机都是令人敬畏的工程学奇观。

全世界的航空公司都了解这一点。它们知道 787 飞机所拥有的多种优势，这就是它们蜂拥而至并祈祷能获得订单的原因。但是 787 飞机无法拯救如我们所了解的航空旅行。在航空阵容中拥有 12 架这样的飞机并不能减弱每加仑 8 美元的油价带来的灾难性影响，而且目前任何其他创新也无法做到。将航空旅行恢复到我们所了解的可负担水平，在几十年内对我们而言都是一个挑战。经济状况是真实严酷而无法回避的。随着每加仑 8 美元的油价不再遥远，航空公司的倒闭也比大多数人想象的要快。

家人们将选择住在同一个地区

当在美国国内乘飞机至少要花费 1 000 美元时，很多商业会议都将受到影响。相距遥远的亲戚本质上也将更加遥远。现在，对年轻人来说，很容易去任何因工作需要或兴趣而去的地方。原来住在辛辛那提的年轻夫妻可以无忧无虑地搬到凤凰城，他们可以在感恩节、圣诞节再赶回来看望亲人，通常一年一两次。当然，他们还可以指望住在阳光充沛的中西部的亲戚冬日来拜访。那些非常思念亲人的人总是期待着下一个节日。"我们将在两个月后去看望爷爷奶奶。"他们说。这种态度对维持亲密的家庭关系大有帮助。

在未来将不会这么简单了。搬到别的地方就意味着要在那里留下来生活。当你一年只能见父母一次时，想在国内迁徙就变得比较困难了。在这种情况下，未来的高成本航空旅行将使更多的人坚持在一个地区生活。视频电话成为一个很好的媒介帮助关系亲密的亲戚保持联系，但它不能替代身体接触所传达出来的凝聚力。越来越多的人们将会和亲人们住得更近一些。家庭的完整，将成为未来每加仑8美元甚至更高油价的其中一个赢家。你将看见更多的西斯阿姨、堂兄里尔和孩子们比以往更享受与祖父母共度的时光。

青少年就近上大学

增加航空费用其中一个负面影响是彻底改变美国校园的地理多样性。一个来自芝加哥的聪明学生，在过去可能会在考虑本地区的学校，比如伊利诺伊大学、密歇根大学或西北大学的同时，还会考虑伯克利大学或弗吉尼亚大学，而以后这里的学生可能将不再认真考虑那些距离遥远的学校。如果选择这些学校，他们就不能回家度假，而且他们也不希望最终由父母来花路费去探望他们。显然，富人们基本不会受此影响。来自旧金山家境富裕的天才少年可以去上位于纽瓦克的普林斯顿大学，如果这是他的心之所向，而去纽瓦克的机票是很昂贵的。非精英私立学校将损失最大，因为它们依赖于高额学费。随着未来几代学生人数下降，中等资质的私立大学将面临一个不可预知的未来。全美几十个这样的学校都将毫无疑问地永远关闭。那些没有得到慷慨的捐赠基金维持运营的学校——往往是非主体的学校，将可能第一批就被淘汰出局。

但是，依靠外州学生生源的州立学校也会遭受损失，包括佛蒙特大学，其外州学生占学生总数的65%；北达科他大学非本州学生占48%。分布在各州的大型公立学校也将被迫缩减规模，这些学校的学生较少，超过四分之一的学生都来自外州。比如，艾奥瓦大学（The University of Iowa）34%的学生来自外州，它将精简规模；俄勒冈大学，28%的学生来自外州。这种关于大学的地区思维模式将标志着，有能力的学生在全国自由选择大学的时代难以置信地结束了。

偏远旅游城市将成富人专属

过去的二十年见证了度假旅游地在美国和全世界的空前盛行。新城镇如雨后春笋般涌现在曾经泥泞的狭长地带上。曾经小而遥远的城镇现在都变成了大都会或百万富翁的游乐场。怀俄明州的著名牛仔小镇杰克逊在不久以前是去黄石公园的游客中途休息之地。在过去十五年中，杰克逊小镇和附近的滑雪胜地——杰克逊山洞滑雪胜地已经发生了巨大的变化。该小镇现在拥有十二个菜式精致且营养丰富的餐馆。在滑雪胜地的南端，不足十年前还是遍地的矮灌木丛和美国黄松，现在则矗立着四季度假酒店和矿泉疗养中心。在滑雪季节，这里的房间价格一晚上会高达2 500多美元。

　　杰克逊小镇已经成为吸取财富的磁铁。在1999年此地价值15万美元的房子现在已升至100万美元。小镇最便宜的房产是20世纪70年代建造的带有一个卧室的破旧公寓。这些简陋且已不适于居住的小公寓每套价值50万美元。如果你不够富有，在杰克逊小镇安家简直不太可能（如果不是在十年前就已购买的话）。当地偏远地区的滑雪教练吉姆这样说道："我的孩子们将来不会在这里生活，除非我把自己的房子给他们。"

　　与把未来赌注在旅游度假业上的其他小镇一样，杰克逊小镇的情况并没什么特别之处。阿斯彭，平均房价超过400万美元，总是排在第一位。同样的火爆情形还发生在科罗拉多州王冠峰（Crested Butte）、犹他州的帕克城（Park City）、科罗拉多州韦尔（Vail）、加利福尼亚州太浩市（Tahoe City）以及科罗拉多州特路莱德（Telluride）。并不是这里的常住居民因旅游而致富，所以哄抬了当地的房价，是美国技术产业和华尔街拉动了付得起第二套高价房的美国人数的增长。杰克逊小镇房价疯涨的结果是，dot.com奇才和一位纽约银行家抬高价格竞购一套价值1 200万美元，面积900平方米的房子。事实上，这套房子很少使用。当地人把这个事件称做

"10-2-2"，意思是 900 平方米的房子两个人一年使用两周。

　　这种现象是由两件事促成的：美国富豪的增加和廉价的汽油。什么使得杰克逊山洞滑雪胜地、阿斯彭和韦尔对乘喷气客机到处旅游的富豪如此有吸引力？除了这些地方本身风景宜人外，还有一个重要原因就是飞机可以飞到这里。如果不是特顿山系（the Tetons）前的一片混凝土地带，杰克逊小镇堪称彻头彻尾的穷乡僻壤。在冬季，美国联合航空公司、美国航空公司和美国达美航空公司都有庞大的 757 喷气客机从芝加哥、丹佛和达拉斯飞到这里。科罗拉多州的韦尔－伊格尔机场（Vail-Eagle Airport）有类似航班。大多数情况下，度假胜地确保前往航班的座位——也就是说，杰克逊山洞滑雪胜地或韦尔度假胜地向美国航空公司保证，飞到度假胜地机场的每个航班座位至少收费 300 美元。如果航空公司未能实现这个收入水平，度假胜地将补足差额。当然，一般很少需要它们这样做。航班把滑雪爱好者送到杰克逊山洞滑雪胜地，相应地也使得当地的房地产能保持热度，四季度假酒店可以正常开放。

　　然而，当油价升到每加仑 8 美元时，对这些航班作担保将是一件冒险的事，因为航空公司很有可能对每个座位收费 800 美元甚至更高。一般来说，来韦尔、阿斯彭和杰克逊山洞滑雪胜地来玩的人无疑要比大多数美国人都要富有，但他们没有富裕到为五天的滑雪之行愿意一年两次给每个家庭成员的每次航班支付 1 000 美元。在度假胜地花钱最多的人一般来自美国东海岸、中西部或西海岸。丹佛地区的当地人都不光顾韦尔的高级餐厅和滑雪用品商店。当然，有很多有钱人驾驶自己的喷气飞机来到杰克逊小镇，并未明显地受到昂贵的航空票价的影响。但大多数人都是乘坐美国航空公司或联合航空公司的航班来杰克逊山洞滑雪胜地滑雪，或在四季度假酒店外享受烤药属葵的美味。航空公司的重新排序将会从根本上给度假胜地一记重击。度假胜地的经营状况将会缩水，它们周围的房地产也将萎靡不振，因为即使对富人来说去拜访他们第二个家的成本也已变成障碍。

　　滑雪胜地很好地阐释了此处的观点，而这同样适用于任何依靠航空飞机运送顾客的度假目的地，比如，墨西哥度假胜地卡波圣卢卡斯（Cabo San Lucas）、巴哈马群岛、墨西哥著名国际旅游城市坎昆和美国夏威夷。从积极的一面来看，对真正的本地人来说在这些地方拥有一套房子很容易，因为房地产市场外在的货币压力不是那么急剧尖锐。这些地方压力最大的就是就业市场，而旅游业也将适度压缩。

　　谈到度假胜地时我们不能忽略迪士尼乐园。很多人小时候就去过迪士尼乐园。但是在油价每加仑 8 美元的世界里，在航空系统支离破碎和机票价格过高的情况下，谁还会去迪士尼乐园旅行？佛罗里达州之外的短途旅行者吗？油价在每加仑 8 美元时，迪士尼乐园会做些什么？这是个令人困惑的问题。

　　但最终，**当油价超过每加仑 10 美元甚至更高时，迪士尼乐园势必关门倒闭，经济学在这个问题上有最后的决定权。**迪士尼仍将作为一个公司继续存在，地理上的距离阻止不了它的卡通、DVD 和电影的发行。经典动画电影《白雪公主》不会消失，但白雪公主的人物肖像——被七个小矮人环绕簇拥，她的迪士尼军团在温暖的热带背景下聚集在城堡里的景象，将永远消失。看见过迪士尼乐园的人们将凭着记忆对他们的子孙们生动地讲述它昔日的辉煌，孩子们一定会惊叹不已，却没有一丝羡慕。

地处沙漠的机会之城面临崩溃

拉斯维加斯。一旦人们不愿意花 300 美元飞过去，那么这座沙漠上的狂欢之城将会遭遇什么？几乎无人能拯救洛杉矶的赌徒们，他们会驾车去拉斯维加斯。从南加利福尼亚开始 5 个小时的路程并不让人感兴趣，而且还要加 150 美元的汽油。谁在推进拉斯维加斯的衰败，是喷泉、霓虹灯、铺着毡毯的桌子，还是免费的鸡尾酒？

在过去十五年中，拉斯维加斯已经变成了一个极尽荒诞奢侈的地方，在这里乔·诺蒙（Joe Normal）可以肆意挥霍自己的财富。但这一切将发生变化。这块地带经过多年的发展，像一种不停吃沙的病毒，必将衰退。周边的酒店和赌场将倒闭，只有最新最荒诞的旅游胜地可以生存下来。常规会议还将在拉斯维加斯举办，但不是以现在这种频率。公司将不再会为五十个员工支付每张价值一千美元的机票。事实上，我们所习惯的常规会议将会大受影响。举办年会的协会和团体可能会把聚会改为每两年或三年举办一次。

拉斯维加斯仍将存在，但其规模将不到现在的一半。世界上最大的 25 个酒店中，有 19 个酒店在拉斯维加斯，这些酒店都有超过 2 500 个房间。随着油价持续上涨超过每加仑 8 美元，一半这样的大型赌场都将关闭，而赢家将是最新最干净最豪华奢侈的度假胜地。如果可以支付得起住米高梅大酒店的房价，没有人愿意选择马戏团赌场酒店。马戏团赌场酒店将被拆毁，而且不会重建。具有十五年历史的弗朗明戈酒店和好莱坞星球饭店也将倒闭。皇宫赌场酒店也将陨落，新贵石中剑大酒店和标志性的拉斯维加斯希尔顿度假大酒店同样也会难逃破产厄运。

在一个真实的先兆中，拉斯维加斯的繁盛时期已走到尽头，而酒店赌场是今日拉斯维加斯的上帝，它们终将关闭。于 1989 年开放的梦幻金殿大酒店极尽奢华，堪称工程和建筑史上的奇迹，。酒店的飞瀑流泉和火山爆发的奇景令整个拉斯维加斯都沉醉在这份美轮美奂中。然而它作为顶级酒店赌场的地位却没有持续很长时间，酒店的奢华和魔术般的科技效果已被一些新兴的赌场模仿了无数次，比如，贝拉吉奥赌场酒店、卢克索酒店和最新的韦恩酒店。当梦幻金殿大酒店屈服于毁灭者的炸药时，它的碎石瓦砾将和这片土地上一半的残骸一起，永远也不会再站起来了。

20$
Per
Gallon

第 **3** 章

开启电动车时代

一年中总有那么几天，芝加哥的天气会变得非常诡异，时好时坏。既然无法改变，也就只能欣然接受了。美国人对交通工具的热爱和迷恋给我留下了非常深刻的印象。已经进入 11 月了，但叶子还恋恋不舍地粘在埃文斯顿的很多树枝上，气温稳定在绝好的 22 摄氏度。晴空万里。闻起来像秋天的味道，感觉上也像秋天，没有一点冬季寒冷的兆头。我坐在房后的小平台上，一边享受阳光一边完成一些编辑工作。我们的房子没有后院，我坐的那个小平台几乎连着小巷。

当有汽车从身边缓慢经过时，我通常会抬头看一眼，有时挥手示意，有时凝视，但经常是出于好奇地瞥一眼。这一天，我抬起头来，看见一辆陈旧的福特阿罗斯塔（Aerostar）从我身边经过。我认出了这辆车和它的司机。司机留着厚厚的灰色胡须，我每次看见他，他头上都戴着一个有图案的头巾。我不知道他的名字，但能感觉到他所从事的职业。他是个古玩赏金猎手，经常为那个与我隔着两扇门的邻居找东西。我的邻居做古玩倒卖生意，是个古玩鉴定师。我想，这辆福特阿罗斯塔的主人可能还是个赛马师，他的车牌上写着"THER OFF"字样。当他从我身边开过的时候，我对他挥了挥手，他也对我挥手示意。毫无疑问，他刚给我的邻居扔下了一些东西。他沿着小巷往前开了大约两栋房子的距离，忽然猛地把车转向左边停了下来。他走下车，几乎兴奋地看着一辆破旧的1960年福特野马，这辆车停在我的一个邻居的车库旁。平时这辆车是被罩起来的，但那一天没有。

这个赏金猎手的热情显然被点燃了，他从左侧到右侧凝神端详着这辆车。接着，他从车窗向车里窥视，观察车子的内部结构。很快他又蜷缩起身子看车子的底盘。

当时，我几乎放下了手里的活，我发现欣赏这个赏金猎手对车的探索精神远远比做自己的工作更有趣。我努力使自己的侦探情结不露形色，但当他打开自己汽车的后备箱开始取出工具时，我很难压抑自己的好奇，这家伙要干什么？

他向车的前部走去，在我的视线里消失了几分钟，但我能听到叮叮当当的响声。他正在对这辆车动手动脚。紧接着，他重新出现在自己的车上，取出了一条看上去非常精致的除尘刷——可能是擦古玩用的。很显然，他对这车有如对稀有的维多利亚式抽屉柜一般尊重。他拿着防尘刷拂去这辆福特野马发动机面罩和车窗沿上堆积的枫叶，清扫完所有的落叶后，他站在车后，感受着这款福特车特有的高贵，车身是闪耀着金属质感的灰蓝色。

他一定是感觉还不够完美，又在自己的车里搜刮了一番，回来时拿着一块亮闪闪的布，径直走上前去清洁车上的铬合金装饰物。当这辆福特野马的车主出现时，他已经全情沉醉于打扮这辆车至少 20 分钟了。车主可能已经透过后车窗玻璃看了他一会儿了，还奇怪这么一个嬉皮模样的老头为何要装饰她的车？如果在他们的碰面中曾有过紧张感，也不会持续超过半秒钟。我能听见他们在说话，但这个男人一定非常善于交际，他可能坦诚地说出他是如此为这辆福特野马着迷，以致于必须给它来个像样的修饰，而且是立刻。很快地，这两人就笑着进行了更深入的交谈。车主站在一边说着话，而那个老头则不断地用手中的布擦拭着车身。这样又过了 20 分钟，我妻子回来了，她过来吻了我一下，然后进屋去了。一般情况下，我会跟她一起进屋聊聊我们一天的生活，但那天我还坐在小平台上，看着这段与我完全不相干的事情。

最后，这个赏金猎手在没有缓冲液的情况下把这辆福特野马擦得锃亮。他站在车后，一边欣赏着车的外型构造，一边和车主又交谈了 5 分钟，气氛非常友好。后来，他把工具都放回车内，开着自己那辆生锈的福特阿罗斯塔微笑着翩然离开。福特野马的车主转身走向家门时也面露喜色。他们不知道的是，我也分享了他们的笑，自己也不禁笑了起来。还需要更多的东西来证明我们是真正热爱汽车的吗？这就是很久以前抓住美国人意识的真正力量。

要改变我们驾车的方式或者我们所喜爱的车型，需要巨大的决心和勇气。如果没有一个强悍的理由使人们否认掉对汽车最根本的忠诚度，美国人是不会放弃 SUV 和跑车的。**每加仑 10 美元**①**的油价将是一个高潮，它将拆毁进步和技术的壁垒，它将改变我们对待旅游的方式。**最重要的是，10 美元的油价将是一份拉开美国人和他们所钟爱的汽车之间亲密关系的强大力量——正如我在自家小巷所看到的那种关系，并使车朝着实用主义和

---

① 油价每加仑 10 美元相当于每升 16.63 元人民币。——编者注

节能的未来方向前行。大多数人知道变化就要来临，只是他们可能把自己的想法深深埋在心底。而事实上，另一些人已经为每加仑 10 美元的油价准备了很长时间。

未来的交通工具

我的裤子是棕色的，衬衫是棕色的，鞋是棕色的，短袜也是棕色的。我乘坐一辆大型卡车在清晨的曼哈顿 SOHO 社区疾驰而过。这是一个美丽的秋日。清晨的这个时候，走在破旧混凝土路上的只有那些在 SOHO 社区生活和工作的人。会在晚些时候来这里观光的游客们此时正在酒店房间里看 CNN，或正在困惑为什么纽约熟食店坚持把硬面包圈和咖啡都挤在一个袋子里。

当我们沿着王子街道一路向下朝第六大道方向开去的时候，在西百老汇街陡然将车头向左急转弯，靠我这边的车身在叉路口剧烈地摇摆了一下，车门在清晨的空气中大开着。街角的行人手上还拿着咖啡杯，当我在他们身边仓惶而过时，他们向我点头示意。我觉得很快乐，为什么乘车不可以有这么多乐趣？我们毫不费力就能找到停车位，因为西百老汇街大部分地方畅通无阻且泊车都免费。我们缓缓开到一家法国鳄鱼商店门前。法国鳄鱼商店，在多数地方都属于高档商店，但在这里的 SOHO 社区，则显得很普通。

我们停在路边，以一个礼貌的鸣笛提醒街边正在清空垃圾箱的清洁工注意，但他没有听到卡车停下来了。他笑着向我们挥了挥手——他对瑞尼·林登（Rene Lindain）非常熟悉，瑞尼是卡车司机。我们一起跳下车，环顾着这个社区，此时阳光正照耀着高高耸立的富豪们的住所。我们走向卡车后面，这是一辆美国联合包裹运输公司（以下简称UPS）的卡车。当时，我就在这家业务遍及全国的货运公司上班。

瑞尼每天都要走这条SOHO路线。当他向行人或街道工作者，比如向那个清洁工示意他的存在时都特别小心。瑞尼的手腕已形成条件反射，使他按喇叭的动作非常轻微——喇叭声足可以听到，却不会被误以为是惹人厌恶的恶意鸣笛，而这种恶意鸣笛在纽约大街上比比皆是。UPS所有的司机在开着闻名世界的棕色卡车上路之前，都要学习严格的安全入门课程；但瑞尼面对着更多的挑战，并不仅仅因为他开着卡车行驶在美国人口最稠密的城市，而是因为他总是静默穿行，几乎从不按喇叭，就像一个潜行的棕色巨物。这款卡车不是混合动力车——是辆纯电动车。电动卡车的推进力来自安装在驾驶室和货物区域底部的三块巨大电池。

夜间，卡车停泊在曼哈顿西南部的休斯敦大街和格林威治大街上由UPS设立的休息站里。清晨，栖息在此的150辆卡车在一个巨大的装货码头旁排好队列，码头工人们按照司机的路线顺序装载卡车。早晨7点半，配送中心已沸腾在热火朝天的安排送货过程中。到处是纸盒，人们四处飞奔，大部分员工都身着棕色，可能由于这个显眼的制服颜色与单调的硬纸板颜色比较协调。瑞尼的卡车和它旁边的另一辆卡车看上去与它们排成一排的柴油卡车一模一样，除了卡车侧面UPS标识下的一行金色小字：零排放电动车。还有一个不同之处——结实的绳索从大楼附近的柱子延伸到卡车引擎罩的下面，这辆卡车靠电力启动。

在路上，这辆卡车也和 UPS 其他棕色巨兽一样开起来会觉得颠簸不平，有时会忽然停下，但不会发出柴油机的爆震声。大多数 UPS 司机都必须换挡时踩离合器。电子动力传动系统就没有这样的担忧。瑞尼开这辆车就像开刚买的放在家里的奔驰 Smart 电动车一样，只要装上电池，车子就可以上路了。尽管大部分 UPS 卡车都需要手刹操作，但这辆卡车只有一个刹车踏板，总之，它相当于一辆具有一吨载货空间的高尔夫球车。甚至卡车的换挡机制也很像引领球道的高尔夫球车，它其实就是一个安装在钢线上的 5 厘米长的操作杆，带有三个设置选项：前进挡、空挡和倒挡。这辆卡车的加速能力也比柴油卡车要好很多。比如，红灯亮时，可能我们正和美国邮政总局的柴油卡车并排停在一起，并和对方司机插科打诨地聊了几句。当交通灯变绿时，这辆美国邮政总局的柴油卡车会啪嗒啪嗒地缓缓前进，而我们的电动卡车则会像离弦的箭一样发射出去，不会因燃料引擎的缺点而受到限制。

到下午两点，卡车上的货物就都已卸载完毕，这对皮卡货车来说速度是非常快的。瑞尼在这个社区工作已有 17 年，他在社区的声望是显而易见的。模特、导演、艺术家或演员在街上看见他时，都会大声呼喊他的名字，如果在门口遇见就会上前拥抱他。一天中我最喜欢的就是我们开着车在路上的那段时间，非常轻松。在电子发动机的推动下，卡车会飞快地向前行驶，推拉门在曼哈顿大街的车流中大敞着。

我在 UPS 工作的真实生活反映出这家公司在不断地演练着未来。这就是这家公司花时间和金钱使昂贵的交通工具行驶在纽约大街上的原因。当油价尘埃落定在每加仑 10 美元时，由于其具有的先见之明，UPS 将是赢家之一。电动卡车非常符合曼哈顿大街车辆停停走走的节奏，UPS 四年多来一直在曼哈顿主要路线测试两辆电动卡车。它们运行得非常漂亮——比起标准的 UPS 货运卡车，它们通常需要的维修保养费用更少，并且，它们与休斯敦大街配送中心系统实现了完美的无缝链接。电动卡车满负荷运转，路线上没有任何麻烦。

UPS 的业务依赖于便宜的油价，而该公司也敏感意识到了它的这种依赖性。这就是 UPS 如此深思熟虑地使用耗费其他能源，而非耗费汽油的卡车的真正原因。UPS 将这些电动卡车看做其整体阵容的一部分，该公司现有 1 600 辆可替换的燃油卡车——这是世界上最大的私有卡车阵容。这些卡车很多都用丙烷或天然气做燃料，而这些燃料也和汽油一样将面临短缺。UPS 还运营着混合动力车，最近又增添了一款令人兴奋的新型卡车，这款卡车通过配置带有加压液压箱的汽油发动机来驱动曲轴，使其比常规柴油卡车能多行驶一倍的路程。在 2008 年，UPS 购入 500 辆电动混合动力卡车以扩充其阵容。对于在全球拥有 9 万辆交通工具的 UPS 公司来说，这只是很小的一部分，但 UPS 正在塑造的商业形象就是依赖石油，而且是汽油价格飙涨的幕后推手。

2005 年，UPS 在燃油上花费了 21 亿美元，而到 2008 年，燃油上的花费增加了一倍。当油价涨至每加仑 10 美元时，冻结其业务模式对 UPS 来说并不是合适的选择。随着燃油成本的增加，UPS 很自然地就会像同行业竞争者联邦快递和美国邮政总局一样提高服务价格。但精明如 UPS，不会让变化的环境决定自己的命运。它抓住变化的关键部分，以其他人不曾想到的方式攫取财富。UPS 在 2007 年通过使用导航地图，取消了需要左转的运送路径，这样一来就少行驶 4 580 万公里，节约了 300 万加仑的汽油。UPS 将通过使用科学杠杆技术减少汽油流，当未来某一刻能够实现节能时，随时准备离开这个不断升高的汽油阶梯。

UPS 一直在欧洲的一些城市大量试运行电动卡车，欧洲的汽油成本是美国的三倍。目前，在伦敦市中心也有 UPS 的电动卡车行驶——伦敦部分路段的通行费是 16 美元。现在电动车的通行费已被撤销，因为英国也致力于推动公司使用可替代能源、节约汽油，为电动车做财政预算。是的，重要的是财政预算。"当油价迫近每加仑 6 美元和 8 美元时，这势必促使我们检查我们的车队阵容，考虑如何摆脱对汽油的依赖，"UPS 维修和汽车工程总监罗伯特·豪尔（Robert Hall）说，"油价在每加仑 10 美元时，可以打赌一定会发生真正的变化。"

典型的 UPS 货运卡车价值 5 万美元；混合动力卡车价值将近 10 万美元；而纯粹的电动卡车价值更高。造成这种价格偏差的第一个原因是，这种使用可替换能源的卡车配备有更昂贵的电子器件，比如，从锂电池到控制电子驱动系统的 CPU；第二个原因，也是更有力的因素，混合动力卡车和电动卡车的生产基地规模较小，而 UPS 和其他公司每年订购的成千上万辆柴油卡车却使供应商可以提高效率，获得规模效应。随着需求攀升，豪尔说，产量也会提高，这将促使那些技术先进的卡车价格下降。

当然，当汽油价格持续当前的涨势，所有这一切都会真正发生。
因此，那些有汽油替代燃料驱动的卡车的公司将面临巨大压力
和优势。

　　UPS 在其运营的 580 架大型喷气飞机的阵容中也一直在冷静地实施变革。这些飞机足以使 UPS 在全球最大航空公司中排名第九。大部分 UPS 的飞行时间都是在凌晨，在这段期间飞机运送货物以满足第二天的配送计划。晚上 10 点以后，UPS 设在肯塔基州的最大空运枢纽——路易斯维尔机场，几乎就成了 UPS 自己的机场一样。鉴于此，航空交通管制允许 UPS 飞行员着陆时采用持续下降模式，为该公司节约数百万加仑喷气燃料。通常情况下，飞机在一个较高的高度接近机场，在得到航空交通管制的许可后才能够逐渐下降到较低的高度。飞机一般都从 10 千米降到 9 千米，然后停在这个高度，直到得到许可才能继续下降到 7 千米。当天空中充满了飞机，航空管制控制员需要这种安全措施，这使追踪飞机的飞行轨迹更为容易，但持续的"下降 - 保持水平 - 再下降"的平稳下降模式使很多喷气飞机不断地发出鸣叫声。当油价在每加仑 10 美元时，世界上所有的主要机场都将允许飞机持续下降，而不是呈阶梯式下降，因为随着油价上升到每加仑 8 美元，航班会减少，我们的天空会变得更为广阔。

　　事实上，UPS 并不认为每加仑 10 美元的油价是件坏事。"在这一点上，我们认为电子商务将变得更加重要，它作为媒介能够进一步提升我们的地位，"UPS 投资关系总监诺曼·布莱克（Norman Black）说，"人们将不想钻进他们的汽车，在砖石和砂浆堆砌的商店前为汽油付费。高企的燃油价格可以制造出我们从来不曾想过的机会。"

　　高企的燃油价格将允许 UPS 制订已考虑多年的计划。很多计划将在油

价升至每加仑 6 美元和 8 美元时启动。当油价达到每加仑 10 美元时，UPS 将正式致力于把大部分车队转换成使用可替代能源。瑞尼那穿行在 SOHO 社区的电动货运卡车现在还是个未被注意到的新奇玩意，但在未来将变得非常普遍。

　　汽油价格达到每加仑 10 美元可能看起来很遥远，但如果你看看石油供应的基本情况和需求增长的必然性，就会相信未来十年之内一定会看见这个数字。当油价达到每加仑 10 美元时，公司和消费者都会充分意识到驾车的基本原理早已被永远地改变了。UPS 精心制订的计划将使亚特兰大受益。事实已经证明电动卡车可以取代柴油卡车，并且客户和公司业绩都不会遭受损失。唯一缺少的就是金融收益。当加油站字幕板上开始出现两位数的油价时，就是 UPS 电动卡车和我们自己的电动汽车到来的时刻。

进入电动车世界的桥梁

　　插电式混合动力车将引领我们进入一个电动车的时代。插电式混合动力车与目前的混合动力车的行驶方式比较相似，比如，丰田普瑞斯和本田思域。插电式混合动力车除了携带巨大的电池，车主还可以选择每天晚上在普通墙面的电插座上充电——这是我们都会选择的方式。插电式混合动力车经过夜间在车库充电后，如果纯粹靠电池能量以中等速度行驶，一般能够行驶 50 ～ 80 公里。当电池的电量不足时，混合动力车的汽油发动机就会生效，在汽车继续行驶时为电池补给电量。假如一天行驶不到 50 公里，这就意味着无需频繁去加油站加油。由于是汽油发动机，需要的话，混合动力车能够行驶较长的约 644 公里的行程。

插电式混合动力车将会以各种各样的形式出现在路上，但价格不会便宜。底特律热切期待的插电式混合动力车价格都在 4 万美元以上。当汽油价格在每加仑 6 美元左右时，很难证明这样的价格合理与否。但是随着尼桑、丰田、本田和福特都开始推出自己的插电式混合动力车，这种车价格将会下降。然而，由于插电式混合动力车除了汽油发动机之外，还配有昂贵的电池和电子元件系统，所以价格永远不会像只有一个汽油发动机的汽车那么廉价。但随着汽油价格从每加仑 6 美元开始上涨，插电式混合动力车的价值和实用性都会随之增长，它们将会出现在越来越多的车库里。插电式混合动力车和一些注定会出现的时髦且又富有个性的同业竞争者，将一起帮助我们迈向一个全是电动车的未来世界。

顺便提一下，那些在高速公路上行驶的半拖车卡车由于体积太大而无法由电池驱动。当汽油价格高达每加仑 10 美元时，半拖车卡车的数量势必会减少。一些物品的运输费用将变得过于昂贵。和以往相比，在全国穿行将成为一件特别烦恼和费钱的事。很多人与其费劲地携带很多东西从弗吉尼亚州赶到圣地亚哥，还不如直接把在弗吉尼亚的所有东西卖掉，然后到圣地亚哥重新添置，因为前者不仅需要支付 3 000 美元的汽油费，还需支付租赁卡车费。对于一些情感上依恋家人的人而言，这是个悲哀的现实；但对另一些人而言，这会带来一种解脱感。切断联系然后离开。每个新的生活地点将带来新的室内摆设和周遭环境。

电动车的新奇竞争者将出现

在 10 月份的某一天，我又乘上了 UPS 的运货卡车，这一天并不暖和。在亚特兰大的街上，人们已经穿上了用来抵御哈德孙湾寒冷的款式各异的夹克，这通常是在 1 月份才穿的。很多人以垂着绒毛的夹克衫搭配着人造毛皮的头巾、帽子、手套和披肩。我想这些人肯定不会搬到芝加哥。在 UPS 的卡车上，我依然坐在供乘客使用的折叠座位上，敞着车门。无论寒冷与否，乘坐开着车门的车是我不愿放弃的乐趣。目前这不是一辆运送货物的车，尽管这车完全可以拉货。我们穿过专门为 1996 年亚特兰大奥运会比赛所建造的百年奥林匹克公园的外围，经过一个右转弯来到了马利耶塔街，然后开始加速前进。唯一想说的是，这车没有一点声音，没有发动机，没有飞驰的嗖嗖声，什么都没有。这辆卡车没有电池。

但这辆卡车上确实有被 UPS 和美国环境保护署（U. S. Environment Protection Agency，以下简称 EPA）称做液压混合动力驱动系统的东西。EPA 开发了一项技术，将能源贮存在直径 3.66 米，长 1.52 米的圆柱形液压箱内。这个液压箱的功能就像电池一样，将液体以巨大的压力压缩，以此储存能源。当卡车向前开动，液压箱会释放压力并转动轴承，推动卡车前进。当使劲一推刹车，卡车前进的所有能量会被迅速压缩到液压箱系统。

与电动混合动力车原理相同——它们从刹车制动系统捕获能量,并将一些
能量返回至随车携带的电池上。但电池本身并不能忽然之间吸取大量能源,
它们只能一点一点吸收电子,就像在墙壁的插座上充电那样。

UPS 在密歇根东南部的一些路线上一直在试运行几辆这种卡车。"当
司机刚开始开这种电动混合动力卡车时,他们总是在想这卡车是否熄火了,
但实际上没熄火。"UPS 技术转让部主任约翰·卡古尔(John Kargul)笑着
说。 液压箱通常在运行时保持静默状态,完全不发出声音。液压混合动力
车比靠电池驱动的车更容易维修保养。"如今的汽车机械师了解液压技术,
他们会看着这些金属和轴承说'我了解这东西,我可以搞定。'液压技术
是一门很古老的技术。"卡古尔说。

在 20 世纪 80 年代的汽油危机期间,卡车制造商曾尝试过
制造液压混合动力车,但未能使其比普通的汽油卡车更高效。
原因在于他们钢制的蓄电池必须特别沉重才能承受液压流,而
那时,研究人员还没有开发出如今用来控制柴油机的廉价而微
小的计算技术,它需要花费一半卡车行驶的时间。当时,这全
都需要手动控制,非常低效。

随着材料重量和汽车技术的现代改良,新型的液压式卡车每加仑可行
驶 18 英里,而标准 UPS 卡车每加仑可行驶 10 英里。EPA 预计,当液压
技术得到完善,并且 UPS 能够一下订购几千辆混合动力卡车时,混合动力
卡车的价格将比普通货运卡车高大约 7 000 美元。如果汽油价格在每加仑
5 美元或更高时,这个成本一般在两年内就有可能赚回来。UPS 的液压混
合动力车会在公司形成桥梁作用,连接着以汽油引擎为基础和以充电锂电

池为基础的车队阵容。由于必需的液压箱体积过大，液压混合动力车难以走进普通家庭小汽车的行列。但实践证明它对于卡车和 UPS 驾驶的大型货车而言，是个非常重要的技术。

其他新技术将抓住人们对汽油替代物所持的恐慌心理。很多形式的推动力只需 15 秒，其中一种必然出现的是空气动力。法国人盖伊·尼格（Guy Negre）已经发明了一种车，运用压缩空气来推动引擎的活塞。如果这个理念没有俘获公众的想象力，就很难有更多的理念可以做到这一点。尼格的汽车发展国际公司（Motor Development International，以下简称 MDI）已在公司所在地尼斯近郊的法国蔚蓝海岸测试运行了空气驱动的汽车。这些空气动力汽车颜色鲜艳，每小时行驶 112 公里，在平坦路面一次可行驶 200 公里。这款车简单地使用稳定而有力的压缩空气流推动两个活塞上下活动。发动机排出的废气由无害的大气构成，大气的温度低到足够在天热时当做空调冷气使用。

尼格是一位 67 岁的机械工程师，他在 20 世纪 80 年代和 90 年代一直致力于设计雷诺集团的一级方程式赛车引擎，是开发镁制活塞，这在赛车设计上是个突破。在 80 年代做机械工程师期间，尼格对环保汽车产生了特殊的兴趣。在 1991 年，他仅用 3.6 万美元的风险基金成立了 MDI 公司，这些钱甚至不够建一间工厂，而尼格作为一个经验丰富的工程师，想方设法将这些年的一些测试模型拼凑到了一起。没有发动机，尼格使用精制的铝制引擎围壁。MDI 公司的引擎重 80 磅，是丰田卡罗拉小型发动机重量的三分之一。燃料是每平方英寸 4 350 磅的压缩空气，是我们呼吸时空气压力的 300 倍。尽管压力巨大，但气箱在碰撞中破裂后排出的是无害空气。

尼格能说英语，但不是很流利，他总爱说"未来的车都是空气动力车"。他是一个容易激动的工程师。运用空气作为能源存储媒介是聪明、清洁且廉价的方式。空气动力车行驶里程有限，因此需要在服务站充满足够的压缩空气，除非没有这样的服务站。当然，可以修建这样的服务站。司机也可以在家花四个小时用车载压气机充气，这也是个可行的方法，因为其所耗时间与电动汽车的充电时间相差无几。空气动力汽车在不加燃料的情况下仅重 1 873 磅，可能不符合美国的安全管理条例，但尼格说他可以升级安全装置，"如果想在美国开这款车，就必须通过美国的安全管理条例，这也是我们现在计划要做的事。"

MDI 公司计划给有吸引力的市场的制造商颁发产品许可证。尼格说这些特许经销商将购买配件，进行装配，最后在工厂的小型展览厅直接卖给公众。零污染汽车公司（Zero Pollution Motors）从 MDI 购得许可证，建了空气动力车厂。该公司驻纽约新帕尔兹市的首席执行官施瓦·本卡特（Shiva Vencat）说："我可以负责任地说，如果你拥有一辆相当于每加仑行驶 161 公里，却只需 1.8 万美元的车，你将拥有超过 2% 的市场份额，这还是保守估计。"本卡特的意思是每年 30 万辆的销售目标很容易就能实现。

本卡特正在做美梦，但很可能就是这样的。在未来将会有空气动力车的一席之地，甚至有数以万计的空气动力车上路，但我们不会变成一个空气动力车大国。与未来汽车业一路领跑的由锂电池驱动的车系相比，由空气推动的车系有严重的用户缺陷。当空气消散殆尽时，现在设计的这款空气动力车会使用一个小型的丙烷加热器给气箱中的空气增压，而加热的空气需要更大空间提升压力以及使车子行驶得更远。

即使运用化石燃料附加物，空气动力车也无法具备美国人所期望的一辆汽车所应具有的微妙细节，比如，取暖设置、音响、电动车窗、车锁等，更不用说最近流行的豪华配置，如 DVD 机和视频系统。空气动力擅长驱动小而轻的车型，若把任何真正的重物放在空气驱动的车上，你所能行驶的路程就会明显减少。空气动力车适合需要廉价汽车的家庭，在社区周围使用比较合适。而主力车型还是由电池驱动的小汽车或旅行车，其安全性、快速性、舒适性，都与我们今天拥有的汽车相似。

最终，我们的需求和能源稀缺的现实将推动我们进入一个驾驶电动汽车的时代。我们拥有的唯一相对宽裕的能源来自电厂——我们手中的王牌就是我们的电网。电池使我们能够泰然自若地打赢这副牌。

氢动力汽车并非近期的解决方案

随着汽油成本危机持续蔓延，氢动力很可能被再次提出来作为解决能源问题既清洁又无害的方案。为了把这个想法付诸实践，美国通用汽车公司已为此花费了超过 10 亿美元，然而他们很可能功亏一篑。制造氢动力交通工具的主意就像 20 世纪 50 年代美国公布的吸烟与健康的报告一样，是对美国人犯下的欺骗之举。我不想浪费时间阐述氢动力，因为并非只言片语就能说清楚。氢动力作为一种能源，可以发挥极高的效能。氢燃料电池运行起来清洁、安静且高效。它通过分离氢原子中的电子，迫使这些电子经过一个相关电路，从而开动汽车或点亮灯泡。当电子返回到燃料电池时，与剩余的氢离子和氧气结合在一起，形成燃料电池的无害排放物：水蒸气。

除了燃料电池成本高是事实之外，最终的问题是我们能从哪里获得氢能源。我们没有氢矿，也没有大量存储的氢能源。所以，我们使用的所有氢能源来自哪里呢？来自天然气或石油。工业上都是从天然气或甲烷中提取氢能源，剩下的碳则形成二氧化碳消散在大气中。**因此，从本质上来看，除非我们在获取氢能源方面有预料之外的突破，比如，从海水中提取，那么我们的氢能源储备才可能相当于化石燃料的储备。利用氢能源不太可能成为解决问题的方案，至少到目前为止它不是。**

电动汽车成为主流交通工具至少拖延了100年

人类摆弄电动汽车的历史已经超过了 150 年。很久以前，我们曾经试过用汽化器将汽油和空气在内燃机中混合，用铅酸蓄电池驱动原始的四轮平台。在 1834 年，美国新罕布什尔州的铁匠托马斯·达文波特（Thomas Davenport）运用电磁感应原理，发明了第一辆由直流电机驱动的电动三轮车，它由一组不可充电的干电池驱动，只能行驶一小段距离。然而，这一时刻消失于历史已有数十年，因为蒸汽发动机被证明运行起来更灵活更稳定。

然而，在 20 世纪早期，很多公司都开始生产电动汽车。1897 年，费城的电动客车和电动旅行车公司（Electric Carriage & Wagon Company）为纽约制造了一批电动出租车。有那么一段时间看起来我们的确要成为一个电动车大国了。但汽车奇才福特·亨利在 1908 年推出了天然气驱动的福特 T 型车，其成本只有电动车的一半，这毫无疑问地将人们引向了一个迥然不同的方向。由于福特提高了其装配线的效率，福特 T 型车的价格持续走低。

事实将证明，**福特的这一发明确实使在交通系统上实现电池驱动的电动车为主导的命运拖延了 100 多年**。这非常容易理解。电动车的插头插在墙壁，可在夜间充电，也可以在白天工作地点充电。电池驱动并不完美，但在石油稀缺日益敏感的今天，它是世界所能提供给我们最好且最划算的能源。

将一大块电池充满电，可驱动一辆中型轿车行驶 100 英里，以当前的电价计算只需花费不足 5 美元——与汽油相比，真是个巨大的折扣。一旦我们付得起购买电动汽车的经济负担，我们行驶里程上的花费将大大减少。我们的燃料是输送到汽车电池中的数千瓦电，与汽油相比，这种燃料非常实惠。即使是现代混合动力车，比如丰田普锐斯，每加仑行驶将近 50 英里，汽油驱动的话每千瓦时花费 40 美分。而在大部分地方，插座上运行的电量每千瓦时花费不足 20 美分，而非用电高峰期（晚上）每千瓦时只需 10 美分。我们从依赖汽油的交通工具转变到使用电动车拖延的时间越长，我们的痛苦就会越加剧。沙伊·阿加西（Shai Agassi）说，这种痛苦非常难受。

一个男人的电动车梦

阿加西创立的 Better Place 公司旨在建造和经营电动汽车及其所用能源

所需的基础设施。"我们没有选择，"阿加西说，"如果不这样做，我们就
要遭受经济衰退和全球变暖带来的灾难性后果。"

　　以色列人阿加西奇迹般地闯入了交通领域。阿加西和他的
父亲在 20 世纪 90 年代创立了一家软件公司。2001 年，这家公
司被德国商用软件巨头思爱普（SAP）公司以 4 亿美元兼并。从
那时起，阿加西加入了思爱普公司，出任产品总监，并成为最
有希望的下一任 CEO 候选人。但在 2007 年秋天，阿加西放弃
了在思爱普的美好未来，创办了 Better Place。他这样选择有自
己的理由。每次说话时，为了留出悬念，阿加西总会在即将谈
重点前停顿一下。他很享受挑战常规的智慧，经常在"扔出炸弹"
之前这样说："让我先刺激一下你的脑子。"他用自己的方式看
待问题。事实证明，他正确的时候居多。思爱普一位高层行政
主管告诉我说，"阿加西可能有时看上去非常傲慢，但他是我见
过的最好的销售精英。"确实如此，阿加西雄辩的口才和高智商
为他赢得了许多有影响力的粉丝。Better Place 筹集了 2 亿多美
元资金，目标是带来世界性的改变。

　　很显然，阿加西不是一个普通的 CEO，仅仅满足于执行普通的公司日
程计划。他是为理想和价值观工作，而不是单纯制作年度报告。然而，尽
管满怀理想主义，Better Place 仍是一个希望挣钱赢利的公司。在阿加西看
来，如果继续沿着现在的路走下去，西方社会即将面临一场资源灾难，而
Better Place 的赢利则意味着，西方社会完全能够摆脱这场灾难。对于一个
从汽油汽车转变到使用电动汽车的国家来说，存在着很多挑战。事情并不

像买一辆车、把它开回家，然后把电源接头连到车库墙壁上这么简单。当然，对于消费者和车主来说，这比较简单，但电动车面临着广大的消费群体，这关系着能否使电动车得以普及。之所以复杂是因为我们的公共事业管线无法应付三分之一的家庭同时插电，更不用说大部分家庭了，变压器有可能会爆炸，本地电网也可能熔化。此外，电池充电需要较长时间，每辆车的电池要花费超过 1 万美元。

因此，如果我们不想花费 1 万亿美元来重建电网，同时又要以电动车来实现更新换代，我们该怎么做呢？这就是 Better Place 想要解决的问题。它想成为电动车世界的埃克森美孚。埃克森美孚公司勘探石油并将汽油运送到加油服务站，而 Better Place 旨在成为电子世界的仲裁者。Better Place 希望推进目前尚不完善的电网，建立广泛的充电服务网络。Better Place 不是在销售汽车，因为任何人都可以销售汽车，它所解决的问题是看似难以对付的大问题，它希望在此过程中，成为锂电池版的埃克森美孚。

Better Place 希望人们买无需电池的电动车，它把电池和电池的动力等同于汽油。我们不希望买一部在未来十年内长期为汽油支付预付定金的车，那么，为何我们要为电池付出同样的代价呢？阿加西说，人们买车将像买手机一样，然后由 Better Place 这个无线运营商来经营，使汽车在可负担得起的范围内行驶，这完全基于你使用的电量。阿加西现在经营的事业与他之前就任软件公司的大部分职业生涯并非完全不相干。特殊设计的软件使人们能够解决之前完成起来特别棘手的难题，软件使曾被认为难以想象的复杂事情变得简单。就像文字处理软件为一首文法正确的散文诗作页面编辑，或电子制表软件了解方程式和许多数据功能一样，阿加西习惯于处理高难度的问题。所以，他是解决棘手问题的天才，没有软件，他也要开创电动车的世界。

正如之前提到的，潜在的电动车大潮席卷车市要面临三个主要问题。阿加西不太可能解决所有的难题，这需要在某位要人的领导下完善并协调电网供应不足，并且消除电动车本身的缺点。可阿加西是唯一有计划和经济实力来干这项事业的人。

第一个需要解决的问题，是电动车电池的成本问题。按照 Better Place 的计划，可让电动车用户每月支付电池预订费来缓解这个问题——这是我的措辞，不是公司的，Better Place 宣称油价在每加仑 4 美元时，这样做每月的花费要低。用户只使用电池，但所有权则归 Better Place。

这种方式基本上分摊了汽车整个寿命周期的电池能量贮存成本，也就是用户过去购买汽油的成本。用户将不需要更换电池，而且当汽车报废时也省去了处理电池的费用。置换一块电池的成本是 1 万美元，相当于重新组装变速器五次的成本。

第二个需要解决的问题，是一个简单的事实：电动车无法依靠一块电池开得很远，最多 160 公里，可能还会更少。对此，Better Place 的解决方案和问题本身一样简单。当汽油快用完时，我们会去加油站重新加满，当电池电量快要耗尽却还要行驶很多路程时，我们将去 Better Place 的充电站充电。没有办法在很短的时间内就将一个车用电池充满电，但这并不意味着无法换上一个已经充满电的电池。Better Place 将在 5 分钟之内把即将没电的电池暂时取出，换上充满电的电池，这样用户在中断路程后没多久便能继续上路，就像在加油站加满了汽油一样。

第三个需要解决的大问题，是一个对多数人来说有些神秘，却和前两个问题一样棘手的难题：地方电网无法承受同一个街区几家人在夜间同时插上电源为电动车充电。电厂可能会有备用电流，但是当地的电网无法一下子承受所有的电流强度。"你家里没有什么电器需要连续插电 6 个小时，

耗费 30 安培和 220 伏特电量，" Better Place 的电力工程师麦克·林德海姆
（Mike Lindheim）说，"几乎没有什么东西能耗费那么多的电量。想象一下，
如果一大堆人都这么用电，会有什么后果。"如果一个小街区有三四户人
家同时给汽车充电，当地的变压器很可能就会爆炸。我们的电力基础设施
最终将被置换，但这个过程可能会持续几十年，花费将达上万亿美元。

　　Better Place 有临时解决方案，那就是所有电动车都将安装车载计算
机，使汽车可与 Better Place 网络系统一直保持联系，传输相关数据，比如，
此刻车在哪里、还剩多少电量、是否处于插电模式等。当车主想去地点 A，
但认为目前电动车的电量不够开这么远的距离时，他可以告诉车载计算机
他将要去哪里，而计算机会告诉他是否可以去。如果他的电池电量不足而
且不想等待充电，计算机会把信息传输给 Better Place，并告诉车主最近的
充电服务站；随后计算机会向充电服务站发出警报，车主将在 15 分钟之
后到达更换新电池。对车主而言，这只不过相当于去加油站暂停片刻。

　　与此类似，车载计算机会了解汽车何时会将电源插入车库的插座，并
将此信息传输到 Better Place 的系统；Better Place 的系统同时也了解是否
在同一个街区已经有其他三辆车处在插电状态，随后与所有的充电汽车沟
通，测定出谁的电量最低就会准许谁第一个进行充电。为了使当地电网的
变压器不至于崩溃，Better Place 的计算机将在夜间为各个汽车轮番充电，
确保四辆车都能在早晨充满电。所以，你可能在回家后就把汽车插上电，
但这并不意味着非要在此时充电。电动车只需要 4 个小时就能将电池电量
完全充满，而大多数汽车在夜间插上电源的时候，电池并非是空的；很多
车还有一半或一半以上的电量，只需要一到两个小时的充电时间。这样一
来，夜间就留出了足够的时间让整个街区的电动车都充满电。

　　电动车所需的充电基础设施已经有了，阿加西说，只是需要强大的计

算机网络来管理电动车的充电模式。Better Place 已经与美国一些主管公共
事业设备的政要讨论过，就建立每个主要城市和社区的综合电容映射进行
调查。如果能够获得这些信息并将其数字化，Better Place 就可以顺利把电
动车用户纳入网络中。

　　但是，构建这个网络需要花费很多高于原始资本的费用。阿加西说：
"我们现在的汽车工业属于自我调节机制，这一机制作用不大。所有汽车
公司都缺乏动力改变他们当前正在做的事情——他们的产品规划和产品生
命周期太长。他们不想改变。唯一让他们改变的方式是强制执行。"

　　　　貌似阿加西在煽动政府干预。不过事实确实如此。Better
　　Place 在其发展初期，并未向消费者推广该网络，而是争取各国
　　首脑的支持。阿加西的销售技能在不到 12 个月的时间得到了 3
　　次证明。在如此短的时间里，他分别与以色列、丹麦、澳大利
　　亚政府达成协议，签署了合同。在以色列，普通汽车的消费税
　　率是 78%，而对 Better Place 的电动车消费税却削减到 10%，这
　　对消费者来说很有诱惑力。丹麦对电动汽车实行零税收。而在
　　澳大利亚，政府拨款 5 亿美元基金用以鼓励消费者将电动汽车
　　开到澳洲的土地上。

　　阿加西说，我们不可能等到油价上涨到每加仑 10 美元时再推出电动
汽车，因为我们等不起。他说，到那个时候，我们可能已经将自己陷入了
一个非常狭小的角落。如果拥有电力和电池，那"我们就可以建造沙特阿
拉伯，而不是打倒沙特阿拉伯，"阿加西表明，"除非把汽车和汽油之间的
联系切断，否则任何一个社会的未来形势都不会好。"阿加西的观点不无

道理。我们等待得越久，就越难着手改变。Better Place 成为世界最大公司的艰巨使命使他欢心鼓舞。Better Place 做的最好的一件事就是，它在两个不同的国家——以色列和丹麦开了先例，而我们只需在未来几年静待观望。无论阿加西和他的 Better Place 公司是否能成功地带领世界进入了主流电动车的时代，我们注定可以从 Better Place 目前的工作中总结出不计其数的经验。这是一些利人利己的经验，如果油价真的上涨到每加仑 10 美元时，这些经验便可以使电动车得到广泛流通。

通向电动车世界的过渡期

为了给我们的人类塑造一个可持续发展的未来，并且实现全球文明，将个人交通工具从汽油驱动转变为电力驱动是最必要的措施，其中的过渡也绝非易事。当油价在每加仑 10 美元时，汽车拥有率将直线下降。很多人最终将放弃开车，因为高油价把他们挤出了开老一代本田雅阁、丰田凯美瑞和福特金牛座的队伍，而价格昂贵的电动车都是新车，还没有二手电动车市场，这使得他们无法拥有自己的电动车。

主要交通干道上的交通流将减少。油价在每加仑 6 美元时，交通事故死亡率减少，污染减少，肥胖人数也随之减少；而**当油价涨至每加仑 10 美元时，之前在 6 美元时就已埋下的副作用会全面爆发，包括道路使用费也会增加。**当大家都在使用道路时，向每个人征税以维护道路无可厚非。但当人们被高企的汽油成本和昂贵的电动车成本拦在公路之外无法开车上路时，这种收费模式将被颠覆。道路维修费的负担将被转移到那些实际使用道路的人身上。不幸的是，这使驾车更加远离了那些低收入群体。高速公路上到处都设有收费站。一些城市受到激励增设收费站，而当地的州际公路也因公路需求下降而被关闭。

当油价越过每加仑 10 美元时，依然会有人开汽油车，但它们的作用却随着油价上涨而日益下降，人们会把他们的汽车放在车库的一边，作为一个备用交通工具，在必要或长途旅行时使用。这将标志着，由汽车来决定社会以及个人身份的时代就此结束。尽管陈述了如此多的用途、车型和偏好，可汽车会变得愈发功利化，就像马一样，哪怕这匹马骑着不太舒服，但它只要能纵横驰骋即可。你只需要拔下电源，开车去上班，回来再插上电源。由于社会上一部分人失去了承担独立驾车、自由移动费用的能力，公共交通和其允许的密度将再次突显，当油价在每加仑 12 美元时，它们的力量会变得格外强大。

我们所熟知的汽车制造商，除了那些没有倒闭的汽车制造商，剩下的大多会自我调整。当然，**个人交通领域一定会由一两个无畏且有远见的创业公司引领，这些创业公司最终会成为最有潜力的创业公司，它们的光芒将遮蔽谷歌、微软和其他新兴互联网时代的偶像。**可能 Better Place 将成为这些创业公司的领头羊。美国人将把它们的插电式电动车看做新宠。我们的交通工具要进行真正的改观需要数十年，但我们回顾历史可以发现，油价在每加仑 10 美元时恰似一种动力，将我们的文明引向充满希望的新道路上。

在美国很多城市，自行车车道还是一个令人好奇的新鲜事物。但**在未来，自行车车道将变得至关重要。**美国最好的自行车车道和路线网络对于指望省钱和改变生活方式的家庭来说，将变得非常有吸引力。

这个故事不够巧妙，也不够冷静，因为上面提到的这些情况很少会发生。人们将会变得孤注一掷，金钱也将被投向所有的汽车驱动技术。对于一个行驶里程数属中等水平的家庭，比如，两部车一年行驶 2.4 万公里，那么汽车总的燃油经济性比较好。但假若每加仑 48 公里，那么一年的燃油成本为 1 万美元，这笔费用可不是每个人都能负担得起的。这种燃油成本根本就没法维持下去，我们的生活方式、驾驶方式、行驶里程以及驾驶目的地都会有变化，甚至我们的居住地也会随之变化。市场的恐慌感也会增加。人们会苦苦地追问：我们应该做什么？因为公众需要迅速且简单的解决方案。不幸的是，没有任何针对这一问题的解决办法。交通危机使人们开始全方位寻找拯救技术。很多能源的变体，我们所熟悉的或不熟悉的，都将被游说者吹捧兜售。但我们应该知道：这世上没有所谓的万灵药，也没有可以开发出神秘资源来替代石油的疯狂科学家。要解决问题，只能靠社会变革。工具就在桌子上，我们应该使用它，但必须小心翼翼地思考这些工具能为我们带来什么。

耗油的大男孩玩具将销声匿迹

陈旧的事物必将被新事物代替而走向灭亡。汽油世界多余的玩意——那些纯为娱乐而存在的物件将被淘汰。有关美国黄石公园雪上摩托车引发的争议将变得没有任何意义，因为大多数雪上摩托车制造商将屈服于日益上涨的汽油价格所带来的巨大压力。愿意在汽油上花 200 美元，只为了在装有发动机的雪橇上玩乐一天的人将变得越来越少，而这个生意也将难以持续兴隆下去。雪上摩托车将变为执行紧急任务时需要的一种机械工具，而不是娱乐工具。前往远郊的滑雪爱好者和越野爱好者将可以沉醉在静谧丛林的纯净氛围中。

雪上摩托车将成为油价涨至每加仑 10 美元之后唯一幸存的同类娱乐活动。水上摩托车和踏浪者都将消失。全世界的水手们都会特别高兴，因为他们穿梭于湖泊和海港会变得更容易。我们无法回避美国每年水上摩托发生的 1.2 万起事故，且每年都会有几十人因此而蒙难。汽艇、高速游艇和快艇的巨大阵容将浓缩为一个小型的护航队。帆船、赛艇、皮划艇和划桨船将主导水上世界。

所有因汽油燃烧而发出喧闹声，并且坚硬的轮胎毁坏了树林的汽车和自行车都就将沦为废弃不用的古董。山地车爱好者、徒步旅行者和户外运动爱好者会感到高兴。很多人的业余爱好都被上涨的汽油价格悄悄掳走。一个普通的人家不可能再在夏日里享受机动艇出游的乐趣。向前猛踩油门，又被推回到船舱座位的刺激，伴随着 7 月阳光，照耀着喷涌在挡风板上的水流——这种感觉纯粹源于廉价石油，所以趁有机会赶紧享受吧。机动艇、水上摩托车，雪上摩托车的牺牲将是微不足道的。人们会习惯于没有 400 马力的货运卡车将他们 300 马力的钓鱼船从一个湖面拖拽到另一个湖面。他们仍将潜近阔嘴的钓鱼船，但是需从一个靠划桨推动的小船或通过使用隐秘的电动拖捕摩托车实现。那些肆无忌惮毁坏我们自然资源的业余爱好都将消失。我们甚至可以更大程度地继续享受我们的森林、雪场和湖泊。消除汽油化学物质和噪音污染终将使这些地方受益。

环保塑料的兴起

耗用汽油的玩具并未因油价在每加仑 10 美元而停止生产，正因为这一点，一些新产品开始出现，取代我们依赖了五十年石化产品。**我们的社会在 20 世纪 50 年代就已形成的无法使其发展下去的习惯不会轻易让步，但每加仑 10 美元的油价将是我们的塑料社会进入永久性衰退状态的诱因。**我们已经目睹很多公司致力于改善公共关系，他们的底线越来越倾向于环保，控制使用塑料和石油衍生物。美国全食超市会为你带来的可重复使用的每一个食品袋支付 10 美分。如今，大多数杂货店都会让你选择循环使用的纸袋或石油衍生的塑料袋，这在 5 年前还是件不寻常的事。

宜家家居通过对每个塑料袋收费 5 美分来鼓励客户走出这家瑞典商铺时不使用一次性塑料袋。宜家家居的数据显示，用户少用 50% 的塑料袋，每年可节省 3 500 万个塑料袋，而宜家家居更多的收入则与炼油厂无关。

然而，**塑料制品并未离开我们的生活，其实用性可以提高我们的生活水平，并为全世界的低收入阶层带来全新的舒适感。**塑料制品耐用、轻质、结实且易于上色。它柔软且坚韧。塑料绝缘导线、塑料管壳和塑料电路板使得我们的计算机体积更小而功能却更强大。聚氯乙烯管道使我们能够安全地——并且以极为廉价的方式，将污水和垃圾排放到处理设施。宇航员穿的七层绝缘宇航服就是由聚合物制成，他们的头盔，包括透明面罩都是聚碳酸酯制品。我们探测海底用的透镜和电子设备都是很厚的丙烯酸塑料。

1960 年，美国海军深海潜艇里雅斯特号（Trieste）下潜到了 10 千米深的马里亚纳海沟（Mariana Trench）。雅克·皮卡德（Jacques Piccard）和唐·沃尔什（Don Walsh）在黏滑的海洋底凝神观察，只见周围都是小小的比目鱼，这些都是透过船舱厚厚的塑料树脂玻璃看见的，而这个塑料树脂玻璃是唯一能够承受每平方英寸 1.6 万磅深海压强的透明物质。

塑料的发明堪称人类的一大杰作，但塑料也是最具有破坏力的物质之一。由石油衍生的塑料的生物递降分解非常缓慢，以致于在亿万年以后也将存留下去。从现在起的一千年里，你的骨灰将被寻求营养的橡树吸收，橡树又被砍倒作为炉火的燃料，于是你的骨灰或许将以另一种有机生命形式在另一个遥远的地方呈现。你可能将存在于一根蒙古的麦穗中，但是你用过的空心气球拍上，那粗大的黄色手柄还留有你曾经缠在上面的胶带，它依然填塞在你家老房子的岩层中。石油制成的塑料，无论对人类或地球来说好与不好，都将继续存在下去。

但是随着油价不断上涨，一些东西，比如购物塑料袋，将永远成为历史。在有些情况下，塑料袋的替代品或许是我们放在家里的手提袋，而在另一些情况下，我们将看到塑料制品的替代物会有所增加。这些替代物中最有趣的是塑料制品本身，这些塑料制品不是由石油得来的，而是从细菌那里得来。

塑料来自大草原和叶子

密西西比河附近艾奥瓦州东部连绵起伏的艾奥瓦大草原上，矗立着与

111

其极不协调的钢柱，占据着大片的面积。一根银色管道穿过钢柱，管道上的I型标被漆成了素白色。七个巨大的起重机停靠在地平线上，宛如镶嵌在中西部玉米带上的海上巨浪剪影。这里生产的玉米将不会变成乙醇。它将变成美妙的、柔韧的、结实且能进行生物降解的塑料。伊利诺伊玉米和化工巨头阿彻丹尼尔斯米德兰公司（Archer Daniels Midland，以下简称ADM）和波士顿麦特波利斯生物塑料公司（Metabolix）宣称，工厂年产塑料将很快达到每年生产 1.1 亿磅，这个数字将在几年内翻上 4 倍。麦特波利斯公司则率先用粮食中的糖分来制造塑料。

这家工厂早在 2009 年年初便开始按照奥利佛·皮普斯博士（Oliver Peoples）的理论来制造塑料。20 世纪 90 年代曾在麻省理工出任研究科学家的皮普斯博士和两个其他研究员开始考虑，是否可以使用现代基因工具制造化学塑料。这样做的好处显而易见：如果能推算出投放什么样的基因开关，皮普斯就能控制塑料的很多特性，包括其生物降解的能力、硬度、延展性和透明性。在一块简易的天然贵金属块上，塑料是这样形成的：将工程有机体（细菌）存放在一个大铁箱内，喂以由玉米、糖用甜菜或杂草衍生的糖分和淀粉，有机体大量吸食后膨胀，在重量上变成80%的塑料。然后塑料可被轻易地从铁箱中提取，并压缩成标准的节结——商品化塑料非常微小的球形，随时准备熔化成形。

皮普斯弄明白这项科学技术之后，确信自己拥有了一个热门的理念，因此在 1992 年成立了麦特波利斯公司，当时他还在麻省理工。"我们认为这正是世界改变如何制造这些化学用品的时候。"皮普斯说。

全球的石油供应正处在供应过量的状态，这种状态已持续了十多年。因此，皮普斯选择的时间并非是最好的时机。关于塑料对环境有害的担忧并不是我们现在才听到的。"原来并没有很多人像我这样对制造塑料感兴趣。"皮普斯回忆说。

时代已经改变了。麦特波利斯于2006年12月份上市，市值超过5亿美元。这恰好与石油价格上涨同时发生。当塑料的生物降解特性能够得到充分利用时，消费者也乐于使用这种塑料。因为这种塑料是通过改变细菌基因来创造的，因而在土壤中可以非常快地分解掉（从一个月到一年）。对环境而言，它们是最佳选择。

麦特波利斯公司生产的塑料 Mirel 现在用于钵罐、堆肥袋和一些近水使用的材料。"你知道太平洋地区著名的塑料垃圾岛吗？那里的垃圾永不消失，而且每个星期都在增多。"麦特波利斯的 CEO 瑞克·伊诺（Rick Eno）说。"我们的塑料不能停留在那里，"他说，"它们将会生物降解，将消失在土壤、家用混合肥料、湿地，甚至海洋中——没必要变成永久的垃圾和环境的压力。"

　　他说的是北太平洋亚热带涡流，也称做"大太平洋垃圾带"（Great Pacific Garbage Patch），位于广阔的太平洋地区中部，来自海岸或船队的塑料垃圾聚集于此。持续的高压使恒风无法渗透这个地区，导致这里的海水一直处于漩涡状态，所有的塑料垃圾残骸终年四处漂浮。该地区绵延海面1 600公里，拥有300多万吨漂浮塑料垃圾，这些垃圾都是从垃圾填埋场或船队，直接倾倒在海滩上的。

Mirel 塑料将逐渐在食品包装业中推广，比如，有具体保质期商品的瓶子和盖子。"这个好处很明显。"伊诺说。公司的目标计划是用 Mirel 塑料制造可在 6 周之内在土壤中生物降解的礼品卡。这个目标的一个附带好处是：获得一笔尚未实现的礼品卡债务。酒店开始用可生物降解的塑料制造钥匙卡，而目前在美国每个月要废弃数百万张钥匙卡。对于那些有兴趣减少碳足迹的公司，麦特波利斯公司正计划为其制造一种用于打印头前的透明塑料薄片和墨盒。该公司还在寻找能用 Mirel 塑料制作时尚唇膏外壳的化妆品制造商，同时对外宣传他们的绿色环保情结。伊诺呼吁人们提高环保意识，他认为快速上涨的油价和石油资源的稀缺"对我们的产品而言是场完美风暴"。

有特殊定向的产品是件好事，况且生物塑料在物质世界取得了长足的进步，但他们所谓的完美风暴却尚未来临。当汽油价格接近每加仑 4 美元，常规的塑料聚丙烯或聚乙烯价格大约会在每磅 1.2 美元，这个价格或多或少以石油价格为基础。当石油价格上涨一倍时，聚丙烯价格也将随之上涨。由细菌和糖分制成的 Mirel 塑料每磅 2.5 美元，是常规塑料价格的一倍左右。**当汽油价格达到每加仑 10 美元时，市场将变得非常有趣。到那时，原生聚丙烯价格将与生物塑料价格相同，Mirel 塑料与其同类产品将不再是一些自命不凡的绿色环保支持者所推崇的新产品了，它将成为由石油衍生的塑料的真正竞争者。**而且可以根据需要来制造具有不同软硬和柔韧度的塑料，因此不会仅限于短期应用。除了永久性的管道，它还可以用在任何地方。

想象一下，如果垃圾填埋场里几千万吨的塑料可以在短短几年内，而不是花上几个世纪才能绝迹，那该多好啊。这就是生物塑料的好处。可是，另一些非主流的奇迹正在等待上扬的汽油价格揭开其神秘的面纱。

城市的变革与郊区的衰落

  我和朋友汤姆·潘宁顿（Tom Pennington）站在14街的联合广场站台上，思考着蜘蛛网状的令人赞叹的美国地铁系统。汤姆和我一起大学毕业，我们都学土木工程专业，但却走入了不同的事业方向。现在，汤姆是美国为数不多的土木工程师之一，专门研究开挖隧道。他就任的柏诚公司（Parsons Brinkerhoff）专门设计美国国内的大型隧道项目，包括一些新的曼哈顿地铁隧道。汤姆一直是隧道设计工程小组的一员，他专门花了数月时间来认真研究相关的细节，对建这些地铁需要多少工作、花费多少成本有了直观的把握。那天晚上我们没有任何类似实地考察的任务。我们只是两个正在等地铁的朋友。但是当我站在那里，转向汤姆，指着四条轨道、站台、隧道和承重梁，问他："修建纽约所有的地铁系统要花多少钱？假如从零开始，就像地铁不曾存在过一样？"

  汤姆用很短的时间考虑了一下，几乎是不寒而栗。接着，他大声地笑了出来，摇了摇头："我认为这根本不会发生，不可能发生。"

就我们现在这个拥有个性化交通的世界而言，汤姆是对的——重新修建纽约市交通系统不可能发生。但当油价达到每加仑 12 美元[①] 时，世界将会变得不同。届时，地铁系统将遍布我们的城市，塑造出城市规划的理想风貌。

倾听岩石的声音

身为土木工程师多年的爱德华·肯尼迪（Edward Kennedy）正从 18 层阶梯慢步往下走，梯级下面就是坐落在第二大道和 63 街的曼哈顿上东区。梯级顶部是无明显特征的砖结构，上面的金属门已奉当局命令关闭。每日成千上万路过这扇门的过客不会对此过多考虑，但透过门槛背后的门廊，可以看见人类工程学的伟大变革。

梯级狭窄，陡峭，由混凝土制成。梯面上升的比例并未通过房屋检查标准。肯尼迪缓慢且稳步走下每一个阶梯。混凝土墙上显露出加固的胶合板纹理，墙上登陆平台的数字用油漆喷成了黑色。肯尼迪是个擅长用隧道穿透地面岩石块的土木工程师。他还是一个爱讲故事的人。他喜欢在大约每三级平台上暂停一下，重新回味昔日的隧道故事或一些工程勘察的知识。"岩石在向你倾诉，"肯尼迪说，"你最好听一听。"

我们停在离地面大概还有三分之二距离的平台上。这里有一扇门，肯尼迪指着它说，"这不是我们要去的地方，但让我带你看一些东西。"

我们悄悄地经过那扇门，又走了 6 米远，看见了一个肮脏的金属栏杆。"好的，等一下，"肯尼迪说，"我听见有人来了，是的，有人来了。"

---

① 油价每加仑 12 美元相当于每升 19.95 元人民币。——编者注

纽约地铁 F 线飞驰而来，离我们所站的位置只有 1.5 米，车上的乘客并没有注意到我们。"并没有很多人会留意看这里的地铁。"肯尼迪笑着说。他领路返回到阶梯，我们继续沿着陡峭的梯级朝着终点向下走。

现在我们在曼哈顿街景下方的 43 米深处。肯尼迪打开最后一扇门，门内看上去像一个巨大的洞穴。洞穴里除了非常光滑的墙面，看起来像灌浇的混凝土结构之外，彷佛我们已经置身于一个巨大的管道之中。但是这些墙不是混凝土的，它们是 100% 纯花岗岩。仔细查看会发现这些墙上有微小的皱褶痕迹，就像一个干酪擦板刮去了它们的外围。当然，我们不是在一个洞穴里。这是一个隧道，一个花岗岩隧道，直径 6.7 米，一辆看上去快要散架的列车遥遥晃晃地驶向隧道中心。两个巨大的充气式管道横跨隧道的上端，管道内充满了沿隧道向南流动的地表空气。"现在，我们等地铁来，"肯尼迪说，"应该很快就来了。"

大约两分钟后，我听见了地铁的隆隆声，但过了 7 分钟，地铁还没出现。声音很大但速度较慢。它不过是一个由柴油发动机拖拽或推动的大约 4.5 米长的金属客运火车。乘客从车门进入，并在车厢两侧找到位置坐下。这不是地铁列车，而是一个矿车，来回运送工人们去往隧道的两端。矿车的窗户是简单的覆着线栅的矩形挖空。这小小的列车启动时声音如此巨大，以致于乘客几乎听不见彼此的话。

列车经过一段又一段光滑的花岗岩，这些花岗岩每过一段时间就会被岩层螺栓损坏，岩层螺栓的末端会从石头中伸展出来，像一个巨大的针头。当工人们看见一段有瑕疵的花岗岩可能会导致一或两块花岗岩坠落时，就会将螺栓锚定回岩层。隧道的墙上蚀刻着街名。我们经过第 60 街、第 58 街，然后是第 56 街。一个工人用涂鸦般的潦草笔迹在墙上问道："还有多远？"很快，我们到了第 40 街，矿车停在了一片泥潭中。轨道在这一点上消失在水下。当然，地下水和哈德孙河的水总在寻找流入纽约的隧道。纽约市交通系统运用753个水泵每天抽水1 300万加仑。如果没有这些水泵，整个隧道在36小时之内就会被水灌满。这足以说明一个未完成的隧道多么像一个橡胶靴，没有太多的空间。

　　　修建这个隧道是为了使长岛通勤列车可以从皇后区到达曼哈顿东部的中央火车站。目前，从长岛出发的列车只到达长岛西部的宾州车站，去往东部的通勤列车每天要花30～40分钟。该隧道项目将使长岛到曼哈顿的铁路运输能力提升50%，还将在交通高峰时间关闭东河桥上的两条交通车道以及隧道。宾州车站的通勤列车将不会太拥挤，因为该车站停止运送去往东部的乘客。

肯尼迪趟过隧道的污泥，停下来和工人们交谈，工人们摘下除尘口罩。其中一个工人在前面领路，带我们来到一个机器面前，这简直像科幻小说的场景，然而却是真实的。你无法在一个钻探机正在钻孔的隧道里四处走动，因为它是隧道。钻探机无论是经过花岗岩还是片岩，隧道都紧随其后。这架钻探机长约122米，它向前钻探是通过紧紧抓住隧道两侧的岩石，运用300万磅的压强透过49块钢铁切割盘将前头的花岗岩击碎。由钻探机中部的传送带将残破的岩石从机器前部运送到后部，机器工作的进度是平均每天前进15米多点，每前进30厘米就生成19立方米的碎岩。钻探作业在镭射器和人造卫星的指导下完成，精确度堪比牙医。

　　用这部从意大利进口的机器来开凿隧道，胜过100年前纽约大多数地道挖掘的工序。那时，所有的工序都由众多工人完成，他们被称做隧道挖掘工，用钻头、甘油炸药和鹤嘴锄将纽约的地铁系统建造得令全世界称羡。正在修建的这个隧道项目集怨愤与壮观于一身——这是世界人口最稠密的城市之一，布满了地下通道，却仍要透过坚硬的花岗岩挖掘 12 公里长的地洞。这个隧道是在华尔道夫饭店和密斯凡德罗设计的西格拉姆大厦底下开凿的，而公园大道上的租户甚至没法窥视它一眼。当今世界，如此规模的建设——尤其是修建隧道，耗资可谓庞大。此隧道耗资将近 72 亿美元。

纽约渴求更多

可能看上去很奇怪，迄今为止，纽约比美国其他城市拥有的火车、隧道和公共交通工具更多，却还要花如此多的钱将已有的隧道延长并不算太远的距离。纽约拥有这么多交通设施，如何能证明这笔支出花得合情合理呢？如果纽约可以花费 70 亿美元修建一段通勤列车隧道，为何其他城市——像亚特兰大、达拉斯、凤凰城和丹佛，不能开凿一段隧道，为自己建立更好的交通系统呢？答案很简单，因为没有需求。当然，这也并非绝对正确。每个城市都有一些人大声呼吁更多的公共交通设施，更多的资金等，但他们只是少数。大多数美国人非常满足于可容纳两部车的车库，两部车进进出出，可载他们去往任何想去的地方。

> 达拉斯或亚特兰大的人们可能会问："这么多的通勤列车不必穿过城镇？太浪费了。"这些城市不会花那么多钱修建新铁路或扩展目前的交通系统，但纽约人了解基础设施建设的价值。

70亿美元的隧道项目只是纽约交通设施的一部分。铁路上需要额外花费 70 亿美元修建从新泽西到曼哈顿西区的新隧道，而且纽约市已开始修建神秘的第二大道地铁线。

从增加曼哈顿东区地铁线需求开始，第二大道地铁线已谈论了近 90 年。1929 年，针对该地铁线制订了相应的施工计划，根据合同预计于 1930 年开始动工。但公众对 8 900 万美元的巨资感到非常震惊，因为当时是 1929 年 10 月，正值华尔街陷入金融危机，大萧条接踵而至的时期。1939 年，开挖该项目获得支持，所需资金固定在 2.49 亿美元，可第二次世界大战使地铁建设陷入搁置状态。1951 年，公众同意发行 5 亿美元的债券来支付第二大道地铁建设，但几乎所有资金都集中在完善现有设施上。1972 年，资金获得支持使建设项目开始启动，但在 1975 年暂停，因为纽约的金融状况再次陷入危机。该项目在 2007 年再次正式动工，修建队伍又开始挖凿隧道，而这次的斥资达 200 亿美元。

价值 200 亿美元的地铁线对纽约人而言是无法接受的，如何能证明这笔费用合情合理？大都会运输局（Metropolitan Transportation Authority）知道，只要第二大道地铁线一开通，地铁列车上就会人满为患。离新地铁线最近的线路是莱克星顿大道（Lexington Avenue）地铁站，这是去曼哈顿东区唯一的线路。这里见证了最近十年间宅居地开发的火爆情形。莱克星顿大道地铁线每天运载乘客达 130 万人次，比芝加哥以外任何其他美国城市的整个地铁系统运载量都多。

20世纪90年代，在美国人口增长最多的城市是纽约，不是凤凰城或拉斯维加斯，也不是丹佛或圣地亚哥。纽约的人口从685 714人增至8 008 278人——比人口增幅第二高的城市凤凰城多了一倍，凤凰城只增加了337 642人。没有人注意到人口增长如此之快，是因为纽约处理得当。纽约的人口密度相当大，每平方千米10 194人。美国的大城市中，纽约在排名上是绝无对手的，其人口密度比排名第二的旧金山高46%，比排名第三的芝加哥高一倍。看看我们新兴城市的人口密度：达拉斯和休斯敦每平方千米1 313人；凤凰城每平方千米1 081人；丹佛每平方千米1 390人。纽约的人口密度是所有这些城市的7倍多。

就纽约第二大道地铁线而言，纽约的人口密度是修建此基础设施的主要原因。这种模式将会在越来越多的城市重现，因为人们会蜂拥至这些城市，以便不再过度依赖能源并且摆脱由能源导致的经济负担。一些家庭被每加仑12美元的油价拖累得举步维艰，就会收拾家当搬迁到他们可以走路、骑车，只需养一辆车或没车也可以的地方去生活。然而，这些家庭无法一直住在荒凉的远郊。在远郊生存需要依赖廉价能源，当廉价能源也消失时，就会增加很多近郊人口。人们将大量涌入人口密度日益增加的中产阶级社区。我们的城市充满着新住民，将需要大量公共交通基础设施——地铁、电车和轻轨来缓解压力。可能很难想象这样的情形会发生在洛杉矶、圣地亚哥、迈阿密和亚特兰大这样的城市，但这一切最终还是会发生。当能源稀缺促使美国其他城市像纽约一样时，这一天就会到来。

超过160万的人口住在不足60平方千米的曼哈顿岛，使得该岛的人口密度非常大，每平方千米达 2.7 万人之多。曼哈顿地区能够正常运转的唯一理由就是，其公共交通基础设施非常出色地支撑了整个岛屿。随着大量寻求摆脱未来高企能源价格的人们涌入到城市中，大规模的公共交通设施在维持整个城市运转上变得重要起来。随着汽油价格从每加仑 8 美元上涨到 10 美元，再到 12 美元，公共交通设施的价值也将提升。虽税收现在不受欢迎，但支持公共交通新项目的税收将会轻易通过决议。下一个关于美国人口统计状况的伟大故事将翻开崭新的一页。

更重要的是，我们还需要意识到，尽管电动汽车会被广为接受，也无法阻止我们入住城市。电动汽车可以买到，但价格并不便宜，而且电动汽车的数量也不多。我们彻底变更到电动汽车时代需要数十年的时间。与此同时，很多人将会减少驾驶或者根本不再驾驶汽车。这种情形将导致大量的人口迁移，因为边缘郊区将失去其价值，市中心区将被重新彻底改造。当汽油价格达到每加仑 12 美元时，美国人将有如坠地狱般的感觉——这是电动汽车缓慢过渡的初始阶段；汽油价格如此昂贵，以致人们毫无表情地穿过超市的停车区，节约每一滴珍贵的汽油。唯一真正能够使我们节省时间和金钱，并承受市场波动和房产震荡的将是我们伟大的社区和支撑它们的基础设施建设。

列车会挤满人。城市需要购买新的地铁列车，制造业受此强劲支撑将会重新复苏，对轻轨、城市电动火车和公共汽车的需求将达到前所未有的高度。美国人过去梦想能拥有带 4 000 平方米土地、四个卧室和一个极大仓库的房子，同时还希望能有三辆车，但这一梦想正濒临破灭。不过，美国梦并未破碎，它只是会发生改变而已。对很多人来说，纽约就是美国人的梦想。这种住在人口密集，效率高且格调优雅的社区的生活方式将遍布整个国家，从一个城市到另一个城市，从亚特兰大到圣路易斯，到明尼阿波利斯，再到丹佛。没有其他城市能像纽约那样，浓缩为精华，这是持续发展了 200 年的结果。但是我们城市的人口密集现状只是形式上的，真正的源头还在于能源价格和汽油价格飙升超过每加仑 10 美元至 12 美元。

像连接长岛和大中央车站这样价值 70 亿美元的隧道项目，将不再是每二十年一次的例外情况了。人们对于公共交通设施建设所做的努力将会在一个接一个的城市中显现出来，因为人们需要进步和可供搭乘的公交系统，而这些都还不够充足。人们不愿支付以税收、各种费用或通行费的形式收取的苛捐杂税。在纽约外的其他城市中，这一情结几乎没有消除。随着他们的开支越来越多地用在能源上，美国人将改变自己的看法，不再抗议。宏观来看，有一条路径能够缓解我们失控的能源使用，那就是：密度。

从无到有的世界级城市

世界上的大城市，尤其是最后成为首都的那些大都市，通常都是延续了几个世纪的人类居住地。如伦敦、巴黎、纽约、芝加哥、莫斯科和旧金山等城市这些城市积淀了自己的文化，繁衍着自己的子孙。人们在这里享受着美好的生活。这些城市无一例外地拥有 150 多年的历史底蕴，多数情况下至少有 300 多年的发展史。它们具有的高密度的便利和效率，不是在一夜之间就形成的。当小城市在 20 世纪发展成大城市时，它们没有制订计划，也不认为自己需要修建大规模、高密度的公共交通。它们匆促忙乱，到处都在铺设沥青公路，建造房屋。此外，城市蔓延杂乱无序，汽车、铁路或自行车无法正常通行。新都市几乎是在过量且易于获得的廉价石油中应运而生。像亚特兰大、休斯敦、达拉斯和凤凰城这样的城市并非完全脱胎于糟糕的规划，它们都源于廉价石油。

人口如此紧密地居住和生活在纽约这个城市，但纽约依然有能力运转良好，这源于在汽车鎏金时代之前就已酝酿的愿景和计划。在那个时代，当汽车真正进入人们的生活时，纽约的原动力是不愿把很多工作机会让给主张郊区扩张和新式发展的局外人。当时人们的一个价值观就是：越靠近大多数人群越好。金融家聚集在只需 15 分钟地铁之旅的市中心商业区，广告公司只需穿越市区走 5 分钟的路程即可到达。想接触最前沿的文化的客户群只需要走出房门，来到大街上就行。

如今的城市都有各自的弱点和优势，这点大家心知肚明。休斯敦不会变身为纽约。休斯敦居民受益于密度大且中心化的商业区和城市规划，但目前也正摧毁业已存在且成本极高的基础设施。所以休斯敦已陷入艰难局面，并为此付出了巨大代价。但了解了这一切之后，我们如何建造一个全新的城市呢？如果能够重新修建一个休斯敦市，我们将修建什么？对那些拥有大量金钱，渴望涌入城市工作、生活、游玩的人们，我们又将修建什么？

这是一个让人颇感兴趣的问题，在大学的城市规划课上可以对这个问题进行研究。但是这个世界——这个真实的世界，已给了我们答案，人们称它为松岛新城（New Songdo City）。如今，在这片曾经广阔的土地上矗立着 20 个高耸入云的大厦，其绵延起伏的路面停放着巨大的垃圾倾卸卡车、铲土机和推土机。

松岛新城面积 600 万平方米，其设计理念主要来自丹尼尔·伯纳姆（Daniel Burnham）和弗雷德里克·劳·奥姆斯特德（Frederick Law

124

Olmsted）这样的城市规划大师。这是一个城市，一个从零开始的城市。自从五十年前巴西在很短的时间内修建了首都巴西利亚之后，世界上就再也没有修建过这样的城市。与里约热内卢和圣保罗相比，巴西利亚的发展并未引人注意。韩国的松岛新城面积比巴西利亚小，但在其可持续发展计划的指引下，规划者对城市的建设可谓不遗余力。甚至可以说，较之于巴西利亚，松岛新城完全是精雕细琢而成。尽管迪拜的建筑堪称世界上最奢华最前沿的建筑，但金钱所及之处必会涌现出建筑物和道路；松岛新城的规划所仿造的对象便是法裔美国建筑师皮埃尔查尔斯·朗方（Pierre-Charles L'Enfant）在 1791 年为华盛顿特区所做的规划。

　　松岛新城最早将于 2015 年竣工。届时，6.5 万人将在此生活，而 30 万人将在此工作。松岛新城将是一个非常真实的从无到有的城市。韩国人看重他们的土地，4 800 万人口住在一个大概和印第安纳州差不多大小的地区，这里没有太多闲置的土地。首尔日新月异的变化曾使韩国一跃成为一个经济大国。首尔涌现的都会区容纳了几乎一半的的韩国人口，但目前已没有可发展的空间。首尔的东面和南面为群山所环抱，西面是海，而北面是朝鲜。政府挑选阻力最小的路径，在建造位于首尔西南 65 公里处的松岛新城这一大型工程上，韩国政府进行了围海造田，将 1.1 亿立方米的碎石倒入黄海，使松岛新城的面积达到了 600 万平方米。

　　韩国政府希望修建一座能够吸引世界眼球的城市，一个能成为东北亚商业之都的门户。韩国政府还希望这里成为文化、设计和生活方式的巅峰之地。为了完成这一艰巨的任务，政府选择了美国首屈一指的国际房地产开发与投资公司盖尔国际（Gale International）来参与开发松岛新城。盖尔国际呈交给韩国政府的计划是，在密集矗立的楼宇边上建造面积达 40 万平方米的中心公园。该城由两个地铁站，分别送旅客去往首尔和仁川。起初，政府犹豫不决，不愿意将手中宝贵的土地改造为绿地。"这个半岛的地形完全适合成为一个贸易往来的入口。"约翰·海恩斯（John Hynes）说。

  海恩斯是盖尔国际的 CEO，来自波士顿——一个人口密集，讲究生活质量的城市。波士顿是美国排行第四的城市，人均密度为每平方千米 4 600 人，这个密度还是比较高的，不过城市比较古老，大部分建筑都不是很高。海恩斯之前并未打算进入房地产业建造世界上最高级的城市，他说："来了才明白，自己拥有这个机会。"谈起这一问题，海恩斯总是高谈阔论，滔滔不绝，似乎在向别人展示自己是一名颇具修养的波士顿人。他的祖父曾任波士顿市长，父亲是知名电视新闻主播。海恩斯毕业于哈佛大学，在校期间担任过校曲棍球队的队长。然而，正是这段经历帮助他说服了韩国人支持盖尔国际的计划，修建一座大型的中央公园。"在松岛新城的中心修建一个公园，能起到很好的配合作用，"海恩斯说，"摩天大楼、办公室和住宅高楼会令人感到巨大的视觉压力，而公园就像一个释放压力的安全阀。"

  盖尔国际将巴黎、纽约和华盛顿的规划图与松岛新城的规划图附在一起呈现给韩国政府，他们要向政府充分证明，这片公园带来的将是更昂贵的土地，而业主的生活也会更开心。渴望这一规划能最终成功的韩国政府最终接受了建议。不难看出，盖尔国际和它的设计师的灵感从何而来：盖尔国际的总部位于纽约 57 街第五大道上一座摩天大厦的第 54 层，从楼上向下俯瞰，能看见一个令人惊叹且极富魅力的中心公园 340 万平方米的全景。"他们快乐是因为中心公园使城市更加美好，我们快乐是因为最终这公园将使这个密集的住宅区更加物有所值。"海恩斯解释道。

松岛新城竣工后将成为全球能源和资源利用率最高的城市。由于它是一个全新的城市，盖尔国际的设计者权衡了所有的现代优势，从循环使用的材料，到高级的绝缘技术（韩国的气候寒冷，很像美国中西部和北部的气候），再到与附近人行横道信号能够同步运转的载人升降电梯。松岛新城的设计非常重视节约水源。"在美国，我们容易忘记水是有限的资源，"英国建筑公司奥雅纳全球公司（以下简称 ARUP）的首席工程师阿夏克·瑞吉（Ashok Raiji）说，"韩国的用水压力和利比亚的情况一样。"

所有松岛新城的建筑都将循环使用水池水、淋浴水和浴缸水，用以冲厕所和灌溉。这种称做"再利用废水"的技术在以前的节能项目中曾经使用过，但在松岛新城项目之前从未在整个城市普遍使用过。"这需要做很多额外的工作，"瑞吉说，"但是在韩国这样的气候下，水资源紧张，应该制定一些措施，以此预防未来水供应量减少和遏制高涨的能源成本。"

松岛新城将使用世界上最大的电梯制造商——美国奥的斯电梯公司的无齿轮电梯，它比标准电梯节约 75% 的能源；该电梯平滑的聚亚安酯钢带使其无需添加润滑油。奥的斯电梯公司将首次推出其 ReGen Drive 能源再生技术，该技术将通过能源再生变频器收集电梯所浪费的 30% ～ 70% 的电能，并对这些电能进行滤波处理，提供给同电网中的其他用电设备，就像混合动力车转换制动能量一样。

松岛新城建筑所使用的混凝土比通常的混凝土节省 40% 的波特兰水泥，碳足迹排放减少了 40%，混凝土结构却更结实（每平方厘米 2 170 磅）。这听上去有点不可思议，对于能源而言似乎无关紧要，但事实并非如此。在未来，我们使用混凝土将变得更加谨慎，会采用更节能的方法，更好地利用能源。制造波特兰水泥的行业，因大量耗用能源而臭名昭著。制造水泥会产生 5% ～ 7% 的温室气体。**在未来的高能源成本时代，当汽油价格高达每加仑 12 美元时，我们都将转而使用新拌混凝土作为节能材料。**在这方面，松岛新城不过是领先了世界一步而已。

盖尔国际位于松岛新城的总部是一个生物奇迹。它的外墙由玻璃制成，根据季节变换对阳光有着不同的反应；在冬季，电子控制的玻璃会尽可能地使温暖的阳光照射进来；在夏季，灼热的阳光将被滤开。除房顶之外，建筑物每个主要侧面会装有硒电池帮助制冷或制热，使建筑物达到一种充电的效果。平坦的房顶无法装载太阳能电池，而是布满了绿色的绝缘植被和一个无源系统，通过囤积雨水来灌溉和制冷。室内的气候是由超高效的安装在地板下的气流系统来控制。冷热空气透过地板的缝隙上升，大大增加制热制热的效率，相比使用管道在房间的一个或两个固定的点来通风，这是一种被动、廉价且更有效率的方式。

美国霍克建筑师事务所（HOK）的建筑师肯尼斯·杜拉克（Kenneth Drucker）是松岛新城项目的领衔设计师，他效力的霍克建筑师事务所负责设计几处建筑区。"我从没见过像这样的工程项目，"他说，"这么多人都

128

在出谋划策，有多少工作可以如此快速地完成？真是不可思议，这确实是个可持续的设计项目。"

透过松岛新城内部的相互关联性，包括公寓有线连接和交通信号工作的方式，我们可以预见到，未来的能源成本必将高居不下。随着汽油价格飙升，其他能源价格也将随之上扬，我们对技术的运用将越来越远离能源使用，而倾向于节能。计算机将链接松岛新城的一切。一个人离开家时烤箱是开着的，但他可以通过操作黑莓手机来关闭烤箱。当有人倒下没有起来时，安装在地板中的传感器就会识别到，然后会立即通知救护车。如果一个人正在松岛新城的厨房吃早饭，只需简单地点击一下触摸屏，就可以监控楼下汽车和行人的情况，使他能按照获悉的路况信息准确地安排出门时间，以便于步行到地铁站台时正好有列车到达。自动调温和气候控制装置可以遥控，允许住户在回家前5分钟打开热风，或出门后忘记关闭时随时关闭。

错综复杂、可持续发展、人口密度非常大——松岛新城的人口密度将达每平方英里2.77万人，几乎与纽约相同——这个城市向我们展示了一个未来的典范，一个与汽油价格息息相关的未来，因为能源价格势必上涨。松岛新城的崛起将耗资400亿美元，它是目前最大的私人房地产交易市场。包括政府在建的基础设施建设，总耗资将达600亿美元。盖尔国际是幸运的，韩国人最终接受了这个新奇的城市项目。在2006年松岛新城第一次公开销售房屋时，申购的队伍一直排到两英里外。针对2 200套房，盖尔国际收到了17万份符合标准的申购。一天之内，其销售额就达10亿美元。

在韩国，准许出让松岛新城的土地到其发展的整个过程就像一个宗教仪式。整个计划需要通过制订、修改，以及再润色等流程才能实现商用、住宅和效率需求的最佳平衡。这就是当一个国家的土地快要用完时发生的

情况。松岛新城将成为未来不断被援引的一个大胆创新和城市化实验的典
范。我们的未来，一个城市化的未来，将会呈现出许许多多从松岛新城吸
取的经验教训。当然，在多数情况下不可能有这样的速度和规模。我们从
向郊区延伸的文明转换到聚居城市的进程将是缓慢的，但也是残酷无情的。

人们将从郊区迁移到城市

如果松岛新城向我们显示了如何从零开始建造一座新城，那我们如今
的城市（从市中心一直到远郊）又如何在每加仑 12 美元的油价下得以改
变？康佩德森福克斯建筑师事务所（Kohn Pedersen Fox，以下简称 KPF）
以多种方式解析了这个问题，他们有一些答案。KPF 是纽约一家国际知名
的建筑师事务所，主要负责松岛新城的规划。

KPF 创立于 1976 年，威廉姆·皮德森（William Pedersen）
是创始人之一，在他的努力下，公司跻身为全球最具影响力的
建筑公司之一，拥有 400 多个建筑设计师，在纽约、伦敦和香
港都设有办事处。无论以任何标准来衡量，皮德森都是大获成
功的。他的风度和友善没有背叛这个事实，他富有活力的精神
和面容也没有泄露出他业已七十岁的高龄。从 1 米远以外，他
看上去像是在五十出头的全盛年龄。皮德森银色的头发十分浓
密，面颊微红，没有一丝倦容。皮德森仍然以非凡的热情在一
家新命名的协会做建筑设计。他几乎在五十年前就已开始自己
的职业生涯，当时建筑师的思维还限定在德裔美国建筑师密

130

斯·凡德罗（Mies van der Rohe）的简约设计理念上。皮德森目前住在曼哈顿公寓。他每天步行或骑车穿过中心公园去上班。"这是一个很棒的安排，"他说，"这里的城市密度很高，但我们可以把公园作为生活的一部分，它开阔了我们的视野，给我们的心田注入一股清新之风。"

在谈到人们的未来以及他们在未来高企的能源成本下的居住状况时，皮德森认为每个国家将渐渐走向城市化，城市人口密度会进一步增加；另一方面，会渐渐摆脱距市中心 48 公里以外的半英亩空地上只有一户家庭的情形。促成这个趋势的原因就是一个简单的现实：目前住在郊区的多数人将负担不起郊区的生活。当然，离开能源集中的郊区生活并不是每个人都举双手欢迎的。"从根本上来说，美国人对城市化的看法与亚洲人大有不同。我想，你可以将其追溯到杰斐逊式的理想主义，有关土地的理想主义，"他解释说，"其理念就是，你可以生活在自己的土地上；需要的话你可以完全独立，自食其力。"

然而，如果文明向前发展，一些土地注定是不可接近的，或者说这些土地并非美国人现实生活的一部分。随着能源成本的飙升，大房子和大院子都将不再是人们渴望拥有的生活方式，它们将是一个圈套，一大笔公共事业账单（包括水电煤等）的圈套，而房屋的附属部分随着时间的推移将变为一种无用的废弃品。

若一户人家拥有 280 平方米大房子，并不可笑，因为这就是目前许多美国家庭所向往的。很多巨无霸豪宅星星点点地分布在美国的城市远郊，事实上，很多这样的豪宅都大于 280 平方米；比这个面积还要大 30%～50% 的豪宅在美国上层中产阶级人士中已变得非常普遍。美国单户家庭的房屋平均面积已上升到 230 平方米，这比 1978 年美国家庭住房面积大 41%，是 20 世纪 60 年代中等家庭住房面积的两倍。自 1995 年以来，房屋的面积已增大了 60%，恰好与能源价格起伏波动发生在同一时期。当能源价格较低时，美国人便会毫无节制地扩大居住面积。房市过热、借贷容易、加上廉价的天然气、取暖油和汽油，房子又为什么不能扩大呢？

但是没有任何东西可以拯救过去十年来美国人日渐膨胀的慷慨情结。简单来说，这些豪宅是由双刃剑决定的。**第一片能够划出鲜血的刀刃将是交通**。随着我们驾车减少，公共交通设施被推到了美国人生活的最前端，最偏远的郊区将失去影响，那里的房产价值将会崩溃，但不会忽然崩溃。这片刀刃将不屈不挠地朝着红色切割下去，那些不能看清摆在他们面前的未来形势的人将面临破产。这不是次贷危机的要价萧条期，这场灾祸源于资产被过高估计；次贷危机带来的衰退影响终将消失。但是上涨的能源价格使远郊价值衰退的这个变化将是永远的。在次贷危机期间和之后，人们希望仍然住在这些地方。当油价触及每加仑 12 美元时，将没有人愿意住在远郊，而当汽油价格随着时间继续上涨时，这些地方的情况将会变得更糟。

住在远郊的人们埋头于每日的琐碎和平庸，几年以后，可能十年以后，他们将透过自己亲手包裹的厚重外衣，意识到自己的房屋净值已荡然无存，房屋的价值还不如他们当初购买时值钱，而他们的社区早已成为一片人迹罕至的荒野。

任何想居住在这些地方的人都必须频繁开车，而且要开得很远。工作在几英里之外，杂货店在几英里之外，孩子们的学校也在几英里之外。像加利、伊利诺伊这样离芝加哥市中心 64 公里以外的地方，或离休斯敦 56 公里以外的罗森博格、得克萨斯，又或离纽约 145 公里以外的派克县都将失去它们的光环，因为中产阶级失去了廉价的汽油和与之相关的廉价的交通。住在远郊的人们接受长途驾驶或通勤列车作为他们到达大豪宅的方式，这是当廉价汽油看起来是理所当然，而非昙花一现的时候才可能有的情形。2008 年夏天上涨的汽油价格损害了这些远郊地区的经济。在未来，它们的伤痛仍将继续。"对那些几乎没有替代选择的很多人来说，这无疑是非常痛苦的，"皮德森说，"你的生活方式是基于某些条件的，当那些条件发生改变时，你可能会处于劣势。"

尽管电动汽车将以最快的速度打入市场，但这也不足以拯救远郊地区。电动汽车的成本在 2.5 万美元左右，且电动车初入市场时还都是新车，因此二手市场几乎不存在，所以习惯于驾驶三辆车的家庭——爸爸一辆，妈妈一辆，孩子们一辆，将被排除在外。当汽油价格在每加仑 12 美元时，购买一辆使用了五年的庞蒂克汽车将不再是个选择。这些住在远郊的家庭将清空自己房子，搬到他们可以步行、坐地铁和骑自行车的地方去生活。这些人将推动城市复兴，加速远郊地区的衰退。

第二片影响美国外环郊区的刀刃在很多方面与第一片刀刃相同，只是以不同的方式显现出来。当汽油价格较低时，这些分布偏远、充满着混凝土和铝制建筑的小村庄的交通也会是廉价的，但天然气和取暖油将从内部削弱郊区的生活，在很多情况下，原本紧张的家庭预算开支会因为面积过大的豪宅而变得捉襟见肘。

    当能源在 20 世纪 90 年代后期价格低廉的时候，在冬季，美国东北部或中西部地区的一套 280 平方米的房子，取暖费在 300 多美元左右。很显然，情况已经发生了变化。即使全球经济衰退使需求降低，能源价格创六年来新低，同等面积的房子取暖费在寒冷的 2 月也会很轻易达到一个月 1 000 美元甚至更多。这个数字令人震惊，但并不会让人无法承受。然而，费用会越来越高，因为全球需求增加和储备日益减少，会使得能源价格攀升至当前水平的两倍、三倍甚至四倍。当汽油价格触及每加仑 12 美元时，如果要想让房子在 2 月份保持温暖，成本将飙升至 2 000 ~ 3 000 美元。这不是一个可持续的负担。使房屋制冷的费用，尽管不像制热那样必须——我们都可以承受 32 摄氏度的热度，只是不太舒服，也将以相同的百分比增加。

    随着能源价格上涨，280 平方米的房子不会消失。总会有人承受得起住他们想住的房子。大型的单户豪宅仍会出现在市区和近郊。这是潜力股，因为有公共交通设施和可步行的目的地，人们还是愿意居住在此。逐渐消失的是那些位于城市边缘的廉价大户型单户住宅。这些房屋一般都是按过去二三十年中的样式新建的，在建筑学上自视甚高的人会很厌恶它们，但事实是多数美国人喜欢这样的房屋，不想放弃它们。让美国人摆脱根深蒂固的郊区情结不太容易，大多数美国人想住 280 平方米的房子。他们喜欢巨型车、大商厦，以及很多大的物件。这种心态需要变革，而且是要在高企的能源价格到来的时候变革。

    没有什么比金钱上的刺激更容易促使人们改变生活方式，而且这些刺激都不是被动的。就像一个黏在支票上的绦虫，它将吃光远郊住户的可支配收入，直到这些人都已确信能源廉价的日子一去不复返为止。只有到那时，他们才会清空远郊的房屋，不管蒙受损失或拖欠债务与否，他们都将搬往中心城市，那里有工作，有公共交通设施，也能充分实现节能。很多人深恶痛绝城市的密度，但那里将再度吸引人们前去居住。像密尔沃基、波士顿、明尼阿波利斯、纽约、芝加哥、费城、匹兹堡和克里夫兰这样的城市将重新迎来数十年来迁出的住户，而偏远的郊区将逐渐走向灭亡。

这些小村镇、这些大批建造的房屋、廉价的石膏灰胶纸夹板，以及聚乙烯壁板将如何处置呢？比尔·皮德森的设计生涯遇到过很多类似情况的处理，他简单地说道："这些房屋建造得都不是很好，所以它们只需自己照看自己，"他轻声笑道，"它们将倒塌。"

城市将被重新设计

因为承受不起 280 平方米的豪宅、四面外墙和两部运动型多功能车的巨大成本，人们会离开郊区，我们的城市将充满新来人口。忽然来了如此多的外来人口，为了继续有秩序、平和且适宜居住地运转，我们的都市将必须有所改变以适应新的人口密度。城市里增加密度的好处是，随着密度增加（当然，在合理范围内），居住在城市的优势将越来越大。然而，这是以好的城市设计为前提。不幸的是，并非所有城市在设计的时候都把密度考虑在内。事实上，很多城市完全没有做到。它们只是不容分辩地扩张，在开发商可能挣钱的地方铺设蜿蜒的沥青公路，仓促草率地建造房屋。在美国，通常的情况是：城市越新，规划越糟。

按照密度来重新安排一个城市并不容易，这太昂贵。但是能源价格这股狂风驱使我们朝着节能的方向前行，而这只有城市才能提供。我们的城市转型将需数十年才能实现，但油价将到达一个无法阻止的临界点，即每加仑12美元。皮德森说："这样的能源价格以及城市生活方式将极大地改变美国的各个城市。"

一些城市，如芝加哥、纽约、旧金山和西雅图，经历了大规模的复兴。但其他城市，比如，圣路易斯、底特律、克里夫兰和匹兹堡还未经历变革。事实上，它们已经由内而外地衰落了，但它们复兴的时机将要来临。像布鲁克林、西雅图的国会山和芝加哥附近的曼哈顿西区所发生的变革都将在这些城市进一步扩展，彻底改变社区数十年长久不变的坏因素阴影、犯罪作恶与人情淡漠的状况。

没有中心密度模式的城市将逐渐向这种模式靠拢，盲目且杂乱无序拓展土地的城市将得到管制。我们城市的核心将涌现出商住两用的高楼大厦。中转站将选择那些高楼聚集区，以便于那些在里面工作和生活的人们能方便地赶地铁、回家、工作和玩乐。围绕市中心的内环将是一群高达二十层的楼宇，用于多级商业发展，这将使市中心保持高密度，而城市也无需负担摩天大楼建筑所带来的高额成本。内环的出口将是一些现有的单户家庭和连体住宅，周围点缀着间歇的公园和社区商店。

底特律、圣路易斯、匹兹堡和克里夫兰将目睹它们的股票以最快速度飞涨。这些城市有现存的未充分利用的市区基础设施建设。那些三四十层的摩天大楼等待有远见的人抓住机会，令它们再现辉煌。随着这些摩天大楼从冷清的半数为空的情形转回七十年前文化和商业中心的盛景，它们终将重现昔日的辉煌。"对高楼大厦而言，最好的事情就是能够被再度使用，而非夷为平地。几乎所有的高楼大厦都建造得非常好,而且它们仍在周围，"KPF 首席建筑师保罗·卡茨（Paul Katz）说，"改造修复比修建新的摩天大楼更容易，也更廉价。"

重新调整的城市蓝图包括拓展地铁网络和本地市场环境。一些较小的当地商店会被大型超市取代，美国人自己在过去五十年对大型超市的需求使其稳步发展壮大。然而，随着大量金钱和人口的注入，我们的城市不会像远郊设计相同的豪宅一样均质发展。我们的新住宅将建在空间允许或目前有恶化趋势的房屋所在地，单户住宅、高层建筑和连体住宅将紧密地矗立在一起。

对于美国三种主要的住宅环境，KPF 的皮德森拥有亲身的居住经历：明尼苏达州的单户住宅，是他成长的地方；后来他搬到布鲁克林赤褐色砂石建筑的高档住宅；目前则住在曼哈顿上西的高层公寓。

皮德森预言，这三种形式的住房将穿插在大多数美国人未来的房屋中，但重点还是城区高层建筑和联排住宅，这两种建筑与高档住宅的生活方式颇为相似。它们是为人口稠密的社区量身打造的，几十户家庭会住在同一个街区。这些地方附近需要修建小学和中学，意味着孩子们去教室永远不会走超过 2 公里的路程，仅需轻松步行十分钟即可。小型市场和商店将密布于社区各处，大部分家庭只需步行很短的路程就可以买到面包。

从全社会来讲，这对那些习惯于远郊生活方式的家庭而言，是个巨大的进步。这些社区将聚集在新修或翻新的铁道沿线，这些铁道是人们去往市中心的路线。随着铁道线离城市越来越近，紧张的联排住宅建筑将让位于自住型公寓，因为后者对单身者或年轻夫妇而言更具有吸引力。商业区的建筑物将变得越来越高，密度也越来越大。许多城市现在展现出来的致密化顺序并非异常，除了一些新兴城市，比如，亚特兰大、凤凰城或休斯敦之外，它们都让步于向市中心之外迅速蔓延，并未充分利用和能源同样有价值的城市土地。我们城市的致密化将每次只出现在一个项目上，周围则是现有的交通线路。

在汽油价格为每加仑 12 美元的世界里，这些项目将像咬牙切齿的水虎鱼一样在等待着下一个修建好的地铁线，下一个增加的车站，或下一个开凿的地铁隧道。当汽油价格达至每加仑 12 美元时，城市中心区会缺少理想的适于步行的大量基础设施。开发商将蜂拥而至填补空隙，完善的公共交通基础设施将成为人们追求的高品质城市生活的堡垒。政府必须大规模修建这些公共交通基础设施。"要想拥有密度，需要基础设施建设。自从第二次世界大战以来，我们修建的唯一交通基础设施就是州际高速公路系统，"KPF 的卡茨说，"当然，这个高速公路系统已经蔓延开了。"

然而，高速公路最终将被证明是非常有用的，它们给市区提供了便捷的外出方式——是政府可用于定位铁道线的附属建筑物。与直接修建高架铁路系统和挖掘地铁隧道需要的支出相比，在现有的陆地上开放通道修建铁道线要省钱多了。卡茨说，我们内城的很多州际通道将最终用于公共交通，首先是公共汽车专用高速车道，然后是永久使用的铁道线。因为有很多人不经常驾车，路上的车辆较少，所以城市可以占用高速公路的车道，在高速公路的车道上安置铁道线。当未来汽油价格在每加仑 12 美元时，几乎没有必要使用 12 条车道横贯市区。像亚特兰大、休斯敦、洛杉矶和达拉斯这些城市将占用一些车道全方位地安插铁道线，映射出当前的高速公路设计。外环的铁路网络将连接近郊，以此增加社区之间的密度。

城市的改造成本是不可估量的，必须经历数十年的时间才能实现远郊和城市中心的完美融合。我们的许多城市形成了一块吸水海绵，而郊区融合将填满这块海绵的缝隙。很多情况下，海绵已经饱和，但它们的基础设施依然存在；交通大道依然存在；很多文明和文化的孔隙依然存在；所有这一切都需要金钱。"现代城市曾运行在正确的轨道上，直到汽车出现后。"卡茨说。

我们可以重回正轨。但目前大多数人都不愿意投入资金来改造城市中心。我们无法为了公共交通基础设施增加税收，因为除了纽约和其他一些城市外，多数城市的大部分人口都不愿意。每加仑12美元的汽油价格将极大地改变人们的想法，并以美国人从未见过的方式推动城市进步的车轮。

城市生活方式的最终诠释

地铁将在市中心的地下穿行，缓解地上密集的人群所带来的压力。人们借助地铁从城市一端到达另一端。在密度极大的地方，地铁是城市中最好的公共交通设施，避免了地面公交车或高架铁路的拥堵和混乱，不会受城市铁道线可能遇到的铁路封锁等因素的影响。**地铁是最终的，也是最昂贵的公共交通设施**。这就是如今城市修建新的铁路设施时，倾向于一些类似轻轨或高架系统（纽约除外）的原因。但地铁，正如纽约那脆弱且高效的系统所展现出来的一样，是城市最好的公共交通设施投资。"你只是一次性穿透岩石修建了一条隧道，"曼哈顿东区 ACCESS 地铁工程的土木工程师爱德华·肯尼迪（Edward Kennedy）说，"它们不需要做很多维护，它们只是花岗岩管道。这是一个能够不断投入的项目。"

另一方面，高架铁路系统需要不断维护保养，每 75～100 年铁路基本上就需要重建一次，这是芝加哥人最近才发现的。高架铁路系统的基脚会腐蚀，导致钢铁桁架结构失去稳定，而系统本身的磨蚀则需要不断地涂漆和翻修。翻修工作通常需要数月甚至数年关闭高架铁路系统。芝加哥在 20 世纪 90 年代曾将具有 100 年历史的绿线高架轨道（Elevated Green Line）关闭两年，置换了 1 700 个基脚，安装了 7 500 吨全新的结构钢板，使用了 7.3 万加仑的油漆。

如果绿线高架轨道是地铁的话，就无需耗费这些维护成本。地铁的种种益处都已展现在人们面前，除了纽约，其他城市都将在街道地下开凿隧道修建地铁设施，因为公共交通设施将成为纳税人最优先考虑的对象。迈阿密、休斯敦、夏洛特和丹佛的地铁建设将剧增。亚特兰大和洛杉矶的地下工程也将重新开工。芝加哥地铁系统将拓展，并将一些长期忽视的社区纳入地铁支线和环线。达拉斯和休斯敦将通过开凿得克萨斯基岩，将缺乏活力的地铁系统完善成综合全面的地铁系统。

城市家庭将把他们的汽车放到一边，选择使用一部车，而不是三部。摆脱汽车、汽油和一堆保险账单会使家庭支出偏向一些别的事物，比如，昂贵的房价和公共交通费用。我们将会享受更轻松的生活方式。"我认为，对一个人的生活而言，不必开车是一种恩惠，"KPF 的威廉姆·皮德森说，"我并不希望汽油价格上

140

涨，但有很多刺激因素会令这件事真的发生。城市密度大对社区
更好。"

区域划分和建筑规范的改写

随着郊区的衰落，美国的区域划分和建筑规范将被改写。它们在本质上是相同的，都是强制推行。这一特点对美国城市的盲目扩张起到了推波助澜的作用。最小的挫折、批量化的需求和拜占庭式的建筑规范——这些过分的要求引发了被称做"强制扩张"的现象。我们的建筑管理当局在土地规划和维持密度方面具有高度的创造性，对其授权的土地和多数居民所渴望拥有的土地也是如此。当一个区域已被严格划分为建造最大高度的大型单户住宅时，就很难在其村镇公用绿地中心建造连体住宅街区了。"第二次世界大战之后确实推动了我们发展的《区域法》已经变了，燃油价格将加速这些变化。"HOK 公司的可持续设计总监玛丽安·拉扎勒斯（Mary Ann Lazarus）说。HOK 是一家全球设计公司，在四大洲设有 29 家办事处。

美国有许多精良的建筑是在 100 年前拔地而起的。当时，建筑规范尚未确立，即便有，执行的力度也不大。可那些建筑比当今任何建筑都要经久耐用。因为著名建筑师丹尼尔·伯纳姆（Daniel Burnham）和路易斯·萨利文（Louis Sullivan）对他们所设计的作品一丝不苟，而这一点就已经足够了。

在未来能源价格飙升的情况下改革《区域法》，将使密集罗列的建筑物得以恢复。社区商店、路口面包店、肉店，都将回归到我们的城市社区。

一些较老的美国城市和内环郊区曾经分布着很多店面房。不知道是业主的选择还是《区域法》的要求,大部分这种小一些的偏远居民点都转变成了单户家庭住宅或地面公寓。人行道上是安装着巨大玻璃的店面房,窗帘厚重无比,可以用来遮挡阳光。由于都市人习惯于将汽车停放在行人购物区,一些当地小型店铺将再次迁回到我们的居民社区,而不是留在公路两边的商业区。

像其他事物一样,当油价达每加仑 12 美元时,对《区域法》的改革势在必行。官僚主义的障碍无法与金融状况和人口统计的必要性抗衡。随着时光流逝,美国又将消耗 2 000 万桶石油,我们的郊区将逐渐走向灭亡。钟爱小型货车的人应学会热爱我们的城市。他们将学会热爱密度,热爱可靠而广泛分布的公共交通设施所提供的自由。随着人口、文化和商业的涌入,像丹佛、达拉斯和亚特兰大这样的城市,将从地区中心发展成世界级城市。像爱德华·肯尼迪这样的工程师和隧道工程专家,将会非常繁忙,因为他们负责的项目将不再专门是纽约的项目了。事实上,整个国家的生活方式会越来越像纽约。

20$ Per$ Gallon

第 5 章

制造业的回归

　　旗杆英武地挺立在建筑物边上，却没有悬挂旗子。旗杆上粗硬的绳子在 12 月的寒风中碰撞着钢杆，在空荡荡的停车区发出寒意十足的砰砰声。沥青含有树脂，沙漠持续的炎热使道路上的沥青产生了一些皱褶和裂缝。四处没有一条平坦的人行道。棕褐色的小草和无精打采的杂草从沥青缝隙中破身而出，有的高达近 1 米，它们的根基在贫瘠的柏油路下面找到了营养。

　　最近，建筑物上粉刷的标志性灰色和钢青色被一层厚厚的单调灰褐色所覆盖，房产经纪人或许认为这个举措能够清除这里的生活痕迹和耻辱印记，但这也激发了人们对这一煤渣砖建筑的兴趣。垃圾在建筑物的墙面上四处漂浮，在整个停车场也几乎随处可见。到目前为止，这个地方似乎一直无人清扫。建筑物正前方 90 米处的汉堡王特许经营店已关门歇业，过去常常因旅行而光顾这个混凝土建筑物的客户如今都消失了。主路上的停车灯经过重新调试，闪烁的红灯照亮了来往于停车场的各色车辆，如今这些车辆都已经消失，只留下那黄灯闪烁着柔和的光芒。我们没有理由为了一栋空无一人的建筑物而废弃这里的交通。

建筑物的正面玻璃上曾被人扔过鸡蛋，在入口处有几十个鸡蛋留下的痕迹，如今都已发硬。一半的停车位障碍已被偷走，取而代之的是非常有趣的装饰物，这些装饰物无疑是出自青少年卧室的墙壁。商店的花园区俨然变成了空荡荡的用链条围成的监狱，锈迹斑斑的黄色锁链紧扣其上，链条上的挂锁可能再也无法遇到能打开它们的钥匙。这个用链条圈起来的花园离汽车房屋社区（Mobile Home Park）有 15 米远。这里的居民真的喜欢周围像现在这般寂静吗？是否以前这里的喧嚣热闹让人难以忘怀？

高大的建筑物背面满是涂鸦。其中一幅喷漆漫画上画着一个老人，他只是简单地说"吸食大麻"。粘附在货车运输月台的巨大黑色软垫已经因变硬而废弃不用，而它还在等待着下一辆载满商品的大卡车，可卡车永远不会回来了。一块约 10 平方米的空地上有一个锁链连接的路障围栏，环绕在其中一扇后门的周围。围栏上穿插着塑料的挡风装置。有人把废弃的木头堆积在围栏顶部，形成一个简陋的屋顶。围栏的门被许多黄色锁链锁住，但很可能是制造屋顶的伐木工把门的下半部分劈断，这样一来，就可容许一个人蹲伏着进出。门内的地面上四处散落着破旧的衣服、用过的避孕套和无规则的碎石瓦砾。空气中有股尿液的味道。

科肖克顿（Coshocton）、俄亥俄市区外的所有房屋院落都渗出一股空旷的落寞感。北美最大的纸箱材料供应商——史东公司（Smurfit-Stone），其制造厂的大烟囱威风凛凛地俯瞰着小镇，大约 12 000 人都在此居住。尽管有着难闻的气味、滚滚的浓烟和蒸汽的工厂是个活动中心，但这个建筑却是一个空荡荡的零售业租借地，周围有未名旗杆和垃圾箱。这个结构就是小城镇衰败的实际证明。建筑物看起来如此之新，但很明显现在它已闲置不用且无人照料。

　　这些废弃的建筑物被称做"鬼魂工厂"，这是"反沃尔玛化"现象研究人士所给的称谓，位于阿肯色州的沃尔玛公司已放弃使用这个称谓。还有很多类似这样的称谓。事实上，有200多个这种空出而废弃不用的建筑物遍布美国的远郊和小镇边缘。就在几年前，沃尔玛的资产负债表上还有350个这样的购物商店。在过去三年中，沃尔玛旗下的房地产公司付出很多努力才使这个数字下降。过去十年，沃尔玛总共废弃了1 000个购物商店，即使其中一些商店已经有十年的历史。通常但并非一贯如此，沃尔玛废弃一个购物商店，就会搬到另一个离原先商店大概几英里的更大的建筑物里去。以科肖克顿为例，沃尔玛在小镇外高速公路入口坡道处开了一个大型购物商店。沃尔玛这种典型的节约模式使其既可以在小镇的一端创造1万平方米的"鬼魂工厂"，又可以在小镇的另一端开设一家包括杂货店的2万平方米的特大购物中心。

　　提到"鬼魂工厂"，必然会提到沃尔玛旗下的沃尔玛不动产公司（Wal-Mart Realty），该公司拥有500名员工，主要职责就是倾销使用过的沃尔玛地产。当未来油价涨到每加仑14美元①时，这些员工将会变得非常繁忙；几乎每个沃尔玛的大型购物商店都将被用于其他用途。**将全球化带入每个美国人家里的力量将被每加仑14美元的油价毁于一旦。**沃尔玛将倒闭。"鬼魂工厂"将遍布东西海岸的远郊和乡村。油价在每加仑14美元时，沃尔玛在全美零售廉价的中国制造商品的框架将崩溃。跨越几个大洋和大洲，从一个节点到另一个节点的供应链将无法维持下去，除了那些极其重要的

①　油价每加仑14美元相当于每升23.28元人民币。——编者注

商品。廉价的铲子和圆珠笔都将失去供应链。

多数情况下，高企的汽油价格将导致城镇边缘和郊区而并非市中心的大型购物商店被废弃。届时将出现两个现象：第一个现象，人们不会再无所顾忌地开车在小镇闲逛。电动车固然会继续存在下去，但汽车和公路将不再是社会的粘合剂。人们从家步行或跑步不到两英里的路程去商店，而不像现在去沃尔玛、美捷或塔吉特超市需要 8 ~ 16 公里的路程。

第二个现象，即沃尔玛倒闭的最大原因——至少就我们目前所了解的沃尔玛，将是维护其大型配送网络和产品网络的巨大成本。沃尔玛的营销模式能够正常运转，是因为廉价的汽油。该公司能够利用中国的廉价劳动力制造很多商品，而这些商品船运回美国的成本非常低廉。沃尔玛作为一家公司，已独立成为中国的第八大贸易合作伙伴。一旦船运货物到达美国西海岸港口，就会被火车或卡车分别运送到沃尔玛的 140 个配送中心。完成这个任务需要动用沃尔玛 7 200 辆半挂拖车阵容，它们把货物运送到沃尔玛在美国的 4 000 个商店。汽油如果超出承受的范围，沃尔玛就无法从中国大批量进货，由此会丧失其最重要的优势。将商品从港口到配送中心、再到商店的运输过程将变得过于昂贵。

看看那些沃尔玛出售的廉价木制家具吧。这些家具所用的木材来自广阔的西伯利亚森林，由临时工和伐木工劈砍而成。这些木头被堆积在大型半挂卡车上，运送到木材加工厂，在加工厂被切割成平滑的长条。然后这些刚刚切割好的木料会被装上火车，途经 1 000 多公里到达中国境内的工厂。在中国的制造工厂，工人们按小时挣着微薄的工资，将西伯利亚木料制作成各式各样的架子、桌子和椅子，然后再将这些商品堆到运货板上，塞到列车上，运往数百英里以外的大型中国港口。

这些新制造的家具被装入集装箱，然后存放到跨太平洋货船上，一星期之后抵达像长滩或西雅图这样的地方。接下来，这些家具将被转载到太平洋联合铁路公司或北伯灵顿铁路公司所属的火车上，途经美国西部和落基山脉，在内布拉斯加州卸载。在那儿，还是由半挂拖车将货物运送到沃尔玛的主要配送中心。在配送中心——一个名副其实的廉价国际机场，这批中国制造的家具将转换到沃尔玛的卡车上，卡车再将其运往沃尔玛二级配送中心。在二级配送中心，这些商品被最终进入沃尔玛商店，店员会将餐桌标价 69 美元，电脑桌标价 59 美元。这是一个极其复杂的模式，而它只能在油价低廉时才会正常运转。

> 沃尔玛倒闭的消息，我们每个人都将听到。沃尔玛是这个星球上最大的公司，年销售额近达 4 000 亿美元，雇员近 210 万人。当沃尔玛萎缩时，全世界都会知道。沃尔玛拥有 6 000 个全球供应商，80% 以上的供应商都在中国。而中国的制造业将陷入乌烟瘴气的混乱局面。最廉价的商品，比如，钢笔、廉价的衣服和家用品，将遭受重创。很多公司将倒闭；供应链将会大幅度地减少；失业人数将剧增。小村镇将失去那些几乎供应所有商品的商店。它们将适应自己的新特性，甩掉沃尔玛所传播的均质产品模式。

像家得宝、劳氏公司、塔吉特和凯马特超市等都将成为制造"鬼魂工厂"的庞然大物。在美国，一万个"鬼魂工厂"就可以被当做代表全球化和商品化时代衰退的巨型墓碑了。它们将环绕在我们的城市和小镇周围，就像古时为了战争而修葺的防御堡垒。

小镇的命运

世界上再没有其他地方比美国的小村镇受沃尔玛影响更大了。事实上，沃尔玛早已把小村镇中心当做自己捕获的客户基地。无论农村消费者购买鸡腿、拖把，还是锤子，可能都会去沃尔玛超市购买。沃尔玛对美国小城镇生活的影响完全可被载入编年史策。这一点也不夸张。肯尼斯·斯通（Kenneth Stone），艾奥瓦大学经济学者，以个人名义记录了沃尔玛超市给农村社区带来的变化。他的研究详细阐述了艾奥瓦州主体街商铺的倒闭，而这恰恰是很多有关沃尔玛商业计划争议的重点。

> 早在 1982 年，沃尔玛首次进驻爱奥瓦，然后在接下来的十年间，沃尔玛的商店已遍布全美。据斯通的记录，从 1983 年至 1993 年，艾奥瓦关闭了 2 200 家零售店，其中包括 37% 的杂货店，43% 的男装店和 33% 的五金店。

实际上，沃尔玛早已渗透进这些小城镇。大多数小城镇中，曾经每 5 到 6 个住宅街区之内就有一个中心商业区，这种城镇设计尽管简单，却是当时汽车并不盛行时期的真实写照。可能汽车已经存在，但我们那时并没有把自己的生活与这套闪闪发光的铬合金装备紧密联系在一起。过去的村镇，总有一个中心地带，住宅区从这个中心地带向外延伸。而沃尔玛就在距村镇几英里的中心地带开设锡制屋顶的仓储超市。由此，我们看到两件事发生了。

> 第一，人们去沃尔玛购物，而不是去主体街，扼制了主体

街的收入，导致街上大部分商店关闭歇业。

第二，村镇的发展也跟随着沃尔玛扩展的脚步，这就在古老而中心化的村镇和沃尔玛之间形成了密切的联系。无论如何，很难苛责人们去沃尔玛，而不去主体街购物，因为大体上来看，沃尔玛商品的价格比村镇其他商店的价格要便宜 20% 以上。

沃尔玛 2 万平方米屋顶下的食品、小装饰品、家具和主食商铺将是一个只能运营三四十年的商业模式。但像沃尔玛这样占有如此大市场份额的连锁超市巨头，只有受到重大打击才会倒下。沃尔玛已经开始尝试不同的商业模式——它拥有一部分称做社区市场（Neighborhood Markets）的商店，面积大约在 4 000 平方米，是沃尔玛常规店铺面积的四分之一——适合并不要求有大片房产的步行社区。一些新的沃尔玛商店的面积将会缩小至 1 500 平方米，被称做市口店（Marketside Stores）。

沃尔玛对未来的选择并不盲目，但也并没有十足把握。随着小村镇围绕着中心商业区重新整顿，沃尔玛也将成为其中的一份子。可能沃尔玛也会在村镇广场或主体街上开设小商店，这正是 20 世纪 60 年代萨姆·沃尔顿开始创立他的超市帝国时最初的运营模式。直到 20 世纪 70 年代沃尔玛才开始在村镇之外广泛建立独立的大超市。"他们正在讨论一边经营 1 000 万平方米的购物中心，一面又将美国的一部分商品用卡车通过北大西洋自由贸易区的高速公路，从墨西哥到加拿大，再运送到其他地方，所以他们也在规避赌博，也不确定市场会走向哪里，"艾尔·诺曼（Al Norman）说，他经营的这家机构叫做 Sprawlbuster，专门帮助处理沃尔玛商铺扩张所遇到的问题和其他烦琐事务。

如果沃尔玛想在小村镇继续生存下去，就必须试着按地区特点，而不是随自己意愿发展。在过去，沃尔玛让人们去村镇以外很远的地方购买它的架子；而在未来，沃尔玛将追逐人们的脚步，回到村镇中心。为了避免乡村灭绝，沃尔玛将必须提供当地商品，与当地人、建筑商和中间商洽谈供应事宜。它将不能再带来中国的商品，比如，塑料勺、橡胶球或廉价家具。我们生活中所要用到的商品和家用品将再度变得有价值。一次性衣柜和价值50美元的餐桌都将成为历史。这对我们的生活、碳足迹和我们生存的星球而言，都是具有正面意义的变化。

沃尔玛所渗透的城市地区受大型购物超市倒闭影响最小，因为城市当地的商店比较多，它们将填补这个空缺。郊区生活的理想境界——每个人拥有2 000平方米土地和一个看得过去的木屋的历史将终结。正如前面章节中提到的一样，这种生活方式对于现在居住在那里的人而言，是不可持续的。按这个趋势思考，很容易认为小村镇的未来注定灭亡。但是，小村镇将生存下去。在有些情况下，它们还将繁荣兴盛。小村镇的生活并不一定适合每个人，一些人将走出村镇，去过快节奏的城市生活。数十年来头一次，小村镇生活将很像我们头脑中存在已久的郊区生活，即使数十年内这些地方的生活一直是单一化的，而且次于远郊生活的状态。

这些地方的商品都来自沃尔玛和其同类商店。有机食物和产品比较易于在城市找到，而不是在小村镇。假如让生活在小村镇上的人们在美国南部、中西部或东北部生活，或许他们早已面临着相同的情况。他们要买什么纯粹由一些大公司决定，由于燃油价格低廉，使得一些大型公司可将低

150

价平台延展到每个角落。然而，高企的汽油价格将终结平庸商品的束缚和美国小村镇大卖场的萎靡状态。

主体街的复兴

小村镇的人口朝高速公路和大卖场商店附近扩展。由于人们回到了有他们祖父母修建的基础设施的小村镇生活，商店也将回到昔日的商业区。他们将回到简朴的住宅和关系密切的邻居中去；回到更接近铁道站和邮局，更接近商业的生活状态。这些商店再也不会像瑞典式自助餐一样蔓延开来，穿越几十英里的狭小商业街和高速公路哨站。它们将回归到主体街。

生活在这些村镇的人们也将在此工作。他们将成为医生、老师、机械师、店主、水暖工、木匠、家事律师、警察，消防员；他们的工作将在村镇，为了村镇人们的生活而辛勤劳作。他们的职责清晰，和两三代以前的祖辈没什么区别。所谓的超级通勤者（supercommuters）——每天开两个小时车去上班，然后再开车回家的现象将成为历史。人们不再过这样的生活方式：在城里上班，在村镇生活。这永远都不是一个务实的生活方式，只可能在房屋廉价且能快速建成和油价低廉的时候才会实现。

过去给小村镇带来财富的经济动力——美国中西部的集约化农业生产，美国南部的棉花，卡罗来纳的烟草，美国西部山麓的采矿业，数十年来正日渐衰落，而且它们的衰退还将持续。这些变化使我们从一个在20世纪50年代有36%的人口居住在乡村的国家，变成目前只有20%的人口住在乡村。小村镇开始枯萎衰颓，并不是因为人们不喜欢远郊，而是因为这些小村镇的就业机会消失了。远郊和农村生活比较接近，所以就业机会也较少。汽油价格便宜的时候，居住在乡村的人们开车去城市边缘地区上班就不是问题，需要考虑的只是时间问题。

工业——比如采矿业的空缺，将由在家工作的高收入人群来填补。那些日常工作并没有为小镇福利做贡献的人，将通过从村镇外的公司和企业挣得工资来支持自己的家庭生活。他们是一些咨询师、作家、绘图设计师和会计。他们凭借互联网与客户交流或见面，而不是通过直升飞机或两个小时的通勤列车。这些使用互联网且喜欢小村镇生活的远距离工作者，将是外来资本的新资源。对小村镇来说，他们取代了采矿业和烟草业曾经的地位。他们将广大外部世界的财富转移到了小村镇的街上，都是通过科技端口。他们的收入将在小村镇消费，大多数情况下，都留在了这里，使生存下来的小村镇成为有活力的文化之地。

商品将从外部世界流入这些小村镇，但不像曾经遍布美国小村镇的沃尔玛超市那样大量涌入商品。船运商品将非常昂贵，小村镇无法承受这些商品的价格成本。而这些商品在小村镇的价格要比在城市的定价贵，但差别并不是很大。不喜欢这种差别或支付不起这些商品的人可以离开小村镇，去过城市生活。留下来的是那些在心底深处对小村镇有独特认识的人。关系密切的邻居，祖辈的遗产，还有对小村镇的忠诚将是这些留下来生活的人所珍视的东西。

由于把商品运往小村镇的成本将比较高，住在小村镇的人们会重视他们所拥有的东西。他们将尽量修理用坏的东西，而不是迅速买一个替代品。每个小村镇将有一个生意兴隆的二手商店，这些二手商店可能还兼饰两角，也是所有商品的修理店，包括家具、电器和现代生活中的小古玩等。拥有修理技术和工匠技艺的人在小村镇将非常吃得开。如果可以花 100 美元请附近的修理工修理热水器，就没理由去买含有运费在内的新热水器。可以修理坏了的真空吸尘器，而不用置换新的。小村镇巧手工匠将变得非常繁忙。比起那些同时代的习惯去绝不超过50公里的沃尔玛购买廉价替代商品的人，这些小村镇的工匠为社区可持续的生活方式做出了贡献。

那些能在未来高油价环境下发展得很好的小村镇，都是能在当地种植粮食作物的小村镇。正如在接下来的章节中将要描述的一样，农产品绝大多数都是自给自足。一个所有主食都需要从远方船运回来的小村镇将不可能生存下去。将会有很多小村镇不情愿从依赖廉价石油转变到半自给自足的生活方式，然而住在这里的人们不仅喜欢小村镇生活，而且非常忠于小村镇，愿意为他们的邻居、他们的小村镇和他们的生活方式做出牺牲。那些无法生存的小村庄，像比它们先一步倒闭的沃尔玛一样，将只能成为空地，回归到大自然的怀抱中。

基础设施良好的小村镇才能生存

那些有现成保存完好的基础设施的小村镇，才有可能在未来油价高企时兴旺发展起来。比如，有现成的铁路线和滨水区。很多小村镇的基础设施建设，如大型主体街和砖石建筑物都已废弃不用。它们的窗户是空的，取暖装置也会关闭，所以几乎没有什么价值了。但是如果它们依然存在，大部分保存完好，完全可被再次使用。主体街将恢复昔日的活力，因为小村镇将再度聚集到离旧日商业中心较近的地方。

具有完整无缺的商业区、市政厅和其他建筑物的小村镇，比那些拆毁一部分主体街或将其夷为平地的村镇要具有优势。"优质建筑的骨骸可存留好几个世纪，"KPF建筑师保罗·卡茨说，"我们恰恰可以直接使用它们。"

　　修复一个坚固的砖石建筑物是简单而廉价的，尤其是与从零修建的建筑相比。在未来高能源价格的环境下，装修翻新和新建建筑物之间的差距将越来越大，因为材料的制造、运输和成型的成本越来越高。墙壁、地基和房顶都将需要花费，而且当建筑物位于村镇商业中心，并且建造新建筑物的成本已成倍增长时，它们的价值势必都会增长。

　　小村镇的扩张将冻结在其当前的位置，它的外围延伸地带将萎缩，变得奄奄一息。人们将重新发明能经受得起时间考验的建筑物，并改造恢复那些看起来难逃坍塌命运的住宅。小村镇的住宅建设，将类似于城市里的联排住宅模式。共用的墙壁使每个人，不仅仅是城市居住者，都因节能而受益。村镇中心有它们自己的迷你城市，这里的联排住宅和公寓增加了当地的密度，各种各样的商业形成了具有活力的商业区。住在小村镇的人们可以步行去商店和学校，如果他们想走得远一些——可能去 140 公里以外的城市，就去火车站乘车火车。

　　小村镇的铁路将再度恢复昔日的作用：长途运输乘客和货物的中枢作用。小村镇的命脉将不再是沥青小径，而会变成钢轨。能在高能源价格下生存下来的将是那些位于主要铁道沿线上，有明显位置优势的村镇。有直达铁路线进入像芝加哥、奥马哈、堪萨斯市和费城这类城市的小村镇将会繁荣发展。正常的铁路运输服务将会复兴。

　　与货运卡车相比，铁路货运在当前油价相对低廉的情况下

154

已经很便宜，未来将会更廉价。普通的美国货运火车每加仑汽油每英里运载 436 吨货物，是半挂拖车运载能力的 4 倍，半挂拖车每加仑汽油每英里运载 105 吨货物。这个差距并不小，其意义也将与日俱增。随着汽油价格从每加仑 3 美元涨到 6 美元，再到 12 美元，铁路具有的 300% 的优势也将日益突显。具有最佳战略位置的小村镇将会获益。

这些最古老的小村镇，拥有古老的建筑物、华丽的主体街（即使是空荡荡的），当然还有主要的铁路运输线（铁路运输通常是它们早期繁荣的原因），意味着它们将是未来油价在每加仑 14 美元时的赢家。

这些铁路沿线的村镇，具有新奇有趣的商业区和隐于其内的自然风景，通常还有旅游价值。就像如今的一些小村镇用旅游者的钱把主体街布置得流光溢彩一样，这些铁道沿线的村镇也将争相效仿。乡村的路上富有生趣，无论多么蜿蜒曲折，也将永远不会被切断。出生在城市的旅行者将乘坐火车或骑车来体验他们钟爱的乡村生活，而不是驾车。

除了铁路，那些水路也很便利的村镇将具有双重优势。比铁路货运廉价的唯一运输方式就是水运。一艘驳船每加仑汽油每英里可运载 576 吨货物。这是一个令人印象深刻的统计数字。水路适用于运用驳船运载各种材料。河道沿岸的小村镇将发现自己置身于非常有获利前景的商业口岸。

小村镇生活对很大一部分人来说仍将深具吸引力。消费主义者所青睐的那些小装饰物件将价格不菲，但吸引小村镇人们的核心价值观将随着高能源成本的到来重新注入活力：亲切感、信任、便利、熟悉。小村镇将吸引那些想知道他们的食物确切来源的人们。他们的面包不是来自跨越各州的货运卡车，而是来自主体街上的面包店和附近的麦田。土豆不是来自数千公里以外的墨西哥农场，而是来自小村镇东端可以看到的温房。人们对有机食物的感情一部分出于喜爱，一部分出于需要。有机食物为小村镇的菜肴增加了意义。

小村镇的犯罪率将变得越来越低，因为故意破坏公物或偷窃的行为对于潜在罪犯而言越来越难。由于小村镇经过浓缩和重新整合，变成了可以步行也可以骑车的排列紧密的社区，随机犯罪的根源将被进一步铲除。面积小的地方人也多，意味着将会有更多的目击者、更多的朋友和更多的社区稳定感。

制造业回归本土

1956 年，世界上第一艘用油轮改装的集装箱货船在纽瓦克港装载了58 只巨大的铁箱，每只铁箱大约 12 米长，2.5 米宽，2.5 米高。这艘陈旧的锈迹斑斑的庞然大物被称做"理想 -X 号"（Ideal-X），5 天之后它将前往休斯敦。没有任何庆祝仪式，这 58 只铁箱子被转载到在港口等待的半挂卡车上，半挂卡车穿过美国西南部，将货物运到了目的地。除了港口的工人，没有任何人注意到这次货物转载。也没有任何人在意。然而，正是这次船运转载标志着改变航运业与全球商业的集装箱年代的开始。船运集装箱使货船上的空间更易于出售和分类。

船运集装箱经历了数十年，才实现了贸易的彻底变革。早期修建的港口无法容纳大量的集装箱，因此集装箱在那时一直都没有广泛应用。20 世纪 70 至 90 年代修建的货运港口都具有这种有预见性的船运、包装和分类方式。船运集装箱以其整齐的排列和有序的分类，使无数中型公司愿意以支付得起的价格包租世界上最大的远洋轮船。同时，船运集装箱节省了一大笔船运公司的劳动力成本，因为货物不需要在港口上被散布、分类和安排路线。在1959年，研究显示60%～75%的远洋货运成本都来自成品发运工段：拿到货物，货物入舱就像旅行者打包一个混乱无序的整理箱，然后给货物分类并安排其下一轮的运输方式。直到船运集装箱时代完全到来，国际贸易才真正具有意义。

随着集装箱的效率越来越高，集装箱运货船的业务开始剧增。在集装箱经济出现之前就已建造的那些旧式港口逐渐衰落，被专门为这高效的集装箱修建的新港口所取代。西雅图、香港和长滩成为集装箱港口的先锋新贵，它们建造了大约12米长的金属集装箱，而纽约、利物浦和纽瓦克的海运业务将会减少。

集装箱运货船本身就是一种奇观，它们可以长335米，宽43米，全部装上集装箱。甲板上可以堆放多达18排集装箱，一共7层；而甲板下方还可以堆放8层集装箱。普通的集装箱运货船可装载3 000个集装箱，装载量共计10万吨。每个集装箱装载40吨货物。尽管货物量巨大，集装箱和运货船只需要20个机组人员，就可将一艘漂浮的资本主义棱堡从世界的一边驶到到另一边。当货船靠岸时，60米高的巨型起重机会立即开始工作，它可抬起1万磅的货物。起重机吊臂可向外伸出30多米，很轻易就能够到巨大的运货船。而货运船比巴拿马运河还宽。

船运集装箱因行之有效而在世界商业占了一席之地。它运用最小的劳动成本，把大批量的货物从一个国家运往另一个国家，从一个大陆运往另一个大陆。集装箱使中国南方工厂成为奥马哈的小器件生产商。尽管通常需要数十年才能完全雄踞世界贸易，但如今集装箱已彻底占据了全球航运的所有市场。集装箱的分类机制使美国进口的各类商品总量是三十年前的四倍。在最近十五年中，由于很多公司转向中国、中国台湾地区和越南这些地方寻求廉价劳动力，导致我们国家制造业的最后要塞被摧毁并停止运转。国际商业目前的航线无论多么长，都已并轨到全球，就像穿越丛林的一条破旧小道。

花钱购买国外廉价劳动力的事情已被深深地镌刻在我们的经济史上。如前所述，这就是沃尔玛超市倒闭的原因，这就是我们的壁橱里充满各种商品的原因。废除这种模式不是轻而易举的事；世界上最大的经济大国建造了集装箱机制和复杂的运输系统。每加仑6美元的汽油价格不足以使美国的制造商回归北美海岸，每加仑8美元和10美元的油价也没有这种力量。油价还要更高时才有可能。巨大的变化将是必要的。这个巨变即将来临，不是以贸易战、关税或税收的形式，而是以汽油价格每加仑14美元的形式。世界市场及其复杂性将被消解，因为忽然之间，制造商和消费者的物理距离变得像工人的工资那样与切身利益相关。

在2000年，当很多国家的汽油价格在每加仑1.5美元时，从上海到纽约海运12米的集装箱成本是3 300美元。在2 005年，汽油价格接近每加仑2.5美元，同样路线和同样集装箱的运输成本在5 100美元。在2008年春季，当汽油价格在每加仑3.50美元时，将集装箱从中国海运到美国东海岸的成本在8 350美元。当汽油价格接近每加仑5美元时，将集装箱运到纽约的价格将在1万美元；当汽油价格接近每加仑8美元时，远洋油轮的集装箱成本将在 1.5 万美元。这相当于给来自中国的货物增加了 15% 的关税，驻多伦多的加拿大帝国商业银行的世界资本市场公司（CIBC World Markets）首席经济师杰夫·鲁宾（Jeff Rubin）说："全球化是可逆的。"

他是对的。这实际上就是汽油价格的问题。15% 的关税大大削减了这些寻求海外货源的公司的利润。对于具有最大利润的产品和那些比圆珠笔复杂性高的产品而言——比如重型机床、电子产品、手机等，将需要超过 15% 的关税给廉价的中国劳动力注入能量。在国外制造和在国内销售的模式已经根深蒂固。作为当前的一种贸易模式，中国的模式具有的内在优势在于：除了维修费用，几乎没有其他资金成本。然而，让制造商重返北美不仅需要重组运输路线，还需要建造新的工厂线，培训不同的工人，当然，这些工人将比广州的工人挣得钱多。

但是，当关税超过 25% 时，将会有大批美国制造商从亚洲返回北美。这个关税是随着汽油价格涨到每加仑 14 美元而来的。汽油价格在这个点上，制造商的利润空间将被集装箱运货船的燃料成本彻底抹煞。从上海到美国东海岸，装载 5 000 个集装箱的运货船将需要 1.3 万吨燃料。当汽油价格在每加仑 4 美元时，燃料价格大约在每吨 550 美元，这意味着集装箱运货船在燃料上就要花费 720 万美元。当汽油价格接近每加仑 14 美元时，同样的集装箱运货船在燃料上将花费 3 000 万美元。很多制造商将在汽油价格涨到每加仑 14 美元之前，重新定位至少其中一条到北美的线路，但这样的油价将标志着制造商从亚洲返回北美的大规模迁移。任何打算迁移的人都会离开。

但也并不是每个人都会离开。中国和其他亚洲经济大国已经有了自己巨大的消费者市场。随着时光流逝，它们的分量将与日俱增，最终可以吸收在自己国土制造的商品。但聚焦美国市场的制造商将退回美国、墨西哥和加拿大。

世界将重新变成圆的

当美国的制造业回归家园的时候，全美的小村镇都将受其鼓舞，心怀希望。像内布拉斯加州德威特小镇的欧文工业工具厂（Irwin Tools plant）于 2008 年落户中国；同年，南卡罗来纳州惠特迈尔小镇的伦弗罗袜业制造商（Renfro）落户中国；同样在 2008 年，科罗拉多州佩奥尼亚镇的查科便鞋制造厂（Chaco Sandals factory）落户中国；这些制造商都将重新创造工作机会、注入资金，并充满自豪感。位于主要铁道沿线的小镇将拥有最好的机会吸引回归的制造厂，因为制造商希望通过铁路运输获得大量原材料，将成千上万箱制造好的成品输出。

艾尔·诺曼是 Sprawlbuster 机构的创始人。他笑着回忆起几十年前他曾在新泽西州通勤列车上常常看见的一句标志牌，"上面写着：特伦顿创造，世界都需要（Trenton makes, the world takes）。"广告牌暗示了特伦顿在制造业的重要地位。"现在，特伦顿在中国的深圳，"他解释说，"但它将会再次迁移，回到它本该属于的地方——甜美的家园。"

《纽约时报》专栏作家托马斯·弗里德曼（Thomas Friedman）写了一本书，名为《世界是平的》（*The World Is Flat*）。然而，世界将在汽油价格为每加仑 14 美元的时代重新恢复圆形。要解开全球主义的复杂关系还需假以时日。港口将废弃不用。运输航线将日益稀少。贸易赤字将会减少。"中国制造"将不再是我们正在使用的大量商品的代号。

　　一些主要的港口、货船和在逐渐衰退的集装箱经济时代修建的国际基础设施将会继续使用。一些港口将变得寂静无声，和它们当初忽然变得人声鼎沸的速度一样快。中国华南的深圳港，在十五年以前主要以运载水稻为主，如今它已是世界上第三大繁忙的港口。全球的集装箱将因无处可去而堆积起来，堵塞在铁路枢纽、港口和配送中心。数以百万计的集装箱将沦为过时落后的陈列品，闲置在像长滩和西雅图这样的地方，终将变成未来的废金属，用于制造 I 型标、汽车门和装食品用空罐。我们不会放弃国际贸易，但现在这种异想天开的商品运输模式将成为历史。如果我们还从中国进口商品，将有一个充分的理由继续使用这种运输方式。

　　美国制造业的复苏对美国经济有两方面的影响。一方面具有显而易见的正面意义：更多的工作机会、就业形势更加稳定、流入国外的钱更少，理论上来讲，政府可获得的税收更多；另一方面是根据个人的展望具有正负两面的意义：廉价的商品更少了，而美国人喜爱廉价商品。

　　我们喜欢在杂货店用 2 美元购得一个开罐器；我们喜欢用 3 美元购得 20 个衣架；我们喜欢去家得宝和劳氏超市花 7 美元购得十个螺丝刀，花 5 美元购得三个活动扳手。在中国商品流入之前，我们过去购买的商品并不多。现在，如果我们找不到一对钳子或一个厨房工具。在出门购买任何丢失的东西之前，我们会先在房间里四处找找再说。不然，旧东西不一定在什么时

候就会出现，而我们就会有两个一摸一样的商品摆在家里。通
过廉价的运输和廉价的石油，中国使我们变成了一个不折不扣
的"一次性社会"。

我们的生活质量真的会因更少的中国商品而受影响吗？可能会有一
些。毫无疑问，美国的下层中产阶级人士将大受影响；沃尔玛和中国提供
了低收入人群买得起的商品。但同样真实的情况会是，美国的蓝领阶层也
大大受益于美国制造业的回归与复兴。在过去二十五年中，他们的工作基
地已被腐蚀，致使上层阶级（大多数情况下，能够在全球化进程中获取收
益的那部分人）和中产阶级（没有高薪工作的阶层）之间形成巨大差距。

廉价商品是美国人渴望带有三个车库的 3 万平方米豪宅的部分原因：
他们需要这些空间容纳所有物品。随着我们的住宅结构缩小，在未来我们
将不再会有那么多空间。这种演变本身——住宅面积的缩小，就在迫使沃
尔玛的一次性商品走向灭绝。过度包装、大量集装箱、塑料装饰品和小摆
设——看上去似乎一半出自中国的商品都用于装饰和包装中国自己制造的
商品。日趋高昂的运输费用和日渐狭窄的美国住宅所带来的双重压力意味
着，我们将真正需要并珍惜我们所选择的商品。

地球负担大大减轻

全球化的衰退将会使我们的生活方式发生改变：橱柜里不
会再堆满了商品；垃圾箱总是半满状态；垃圾填埋的速度越来
越慢。**全球化在我们日常生活中所起的作用变小，而却以另一**

162

种方式减少了对地球的负面影响。人类从未为了环境保护，大规模地以社会为基础控制自己的行为——除非政府强制变革。在当前世界，垃圾的金融成本不是我们生活中的负担，但在未来它将成为一种负担。

当未来汽油价格高企时，我们产生的垃圾将变少，因为随着收集垃圾的费用上涨，我们的经济将接受削减垃圾收集的方式。我们使用过量的能源处理垃圾。我们的社会用汽油驱动大型垃圾卡车，从卡车收集垃圾的地方起，途径大街小巷和各个社区，最后将垃圾送到几十英里以外的垃圾填埋场。

在美国，运载垃圾的卡车有17.9万辆，是城市公交车数量的两倍。这些运送垃圾的庞然大物平均每加仑汽油行驶4.5公里。垃圾卡车平均每小时行驶16公里，这对内燃机而言非常低效，但对于垃圾卡车，这是必需的。垃圾卡车每年平均消耗8 600加仑柴油，量非常大。每年美国所有垃圾卡车总共使用15亿加仑燃料，其中大约4%的柴油在美国使用，占海外购买燃料成本的数十亿美元。

在未来，我们运垃圾卡车的燃油成本像所有能源成本一样，将成为被密切关注的对象，人类的聪明才智会把此成本降到最低。当油价涨到每加仑14美元时，包装材料都会最小化，垃圾箱也将更小，人们不会像现在这样轻率地扔掉东西了。当我们减少制造垃圾时，我们不是在为保卫地球而奋斗，我们是在为美元而奋斗。无论如何，对一个星球而言，效果都是一样的。

我们会更珍惜所有的物品

在汽油价格高企的世界，所有材料，无论塑料、木头，还是金属的成本都很高。运用铁路、公路或轮船运输原材料——矿石、石油、原木、煤、糖等，都需要汽油。因此，随着汽油价格上涨，所有原材料价格也将上涨。基于石油的物质——沥青、塑料、合成橡胶将面临双重上涨：不仅运输用的汽油价格昂贵，其给料的价格也很昂贵。

从石油中提取的衍生物构成了我们住宅、道路和许多所有物的主要成分。幸运的是，这些衍生物的替代物质已在流通，由于石油价格上涨，这些替代物质在石油衍生物曾经主导的市场变得非常有竞争力。直接源于石油的产品相当多。我们用的每样东西，包括牛奶罐、洗衣粉、遮蔽胶带、香水、睫毛膏、护手霜、防晒油中的遮光剂、睡袋使用的绝缘材料、沙发上的靠垫、电脑机箱、橡皮、钢笔中的墨水，无一例外都源于石油。以上其中一些用品仍将由石油衍生的塑料或液体制成，成本将会更高。如果一支圆珠笔花掉我们 1.5 美元，而不是 50 美分，就不会严重削弱我们的经济。这样一来，我们就不会像曾经对待一次性商品那样漫不经心地购买或扔弃东西了。

当业主收到建筑承包商或检验员的警告，需要及时更换屋顶时，通常新屋顶的材料只有一个选择：沥青屋顶板。基于石油的屋顶材料价格低廉。它们的成本与其高档的竞争材料——铝、镀锌钢、铜、石板瓦和雪松相比，可谓微乎其微。沥青屋顶板并不是免费的，但接近免费。当你花 5 000 美元换屋顶时，大部分钱都花了在劳动力上。相比较而言，金属质屋顶的好处比它表面看上去要多得多，但价格是沥青屋顶板的 4 倍。诚然，金属质屋顶的使用寿命是 75 年，但大部分人都不关心 75 年后会发生什么。

当未来汽油价格涨到每加仑 14 美元时，沥青屋顶板的价格不会像金属质屋顶一样贵，但两者的差距将大大缩小。50% 的溢价对于不想在未来 10 到 12 年更换屋顶的消费者来说，还不算太可憎。一旦选择了金属质屋顶，就一步到位无后顾之忧了。此外，金属质屋顶的重量只占沥青屋顶板的 20%，使墙壁、构架和托梁承受的压力都较小。随着垃圾处理变得越发昂贵，废弃一个旧的沥青屋顶板也会随之变得昂贵。

谈到屋顶，垃圾将成为首要问题。沥青屋顶可生成大量垃圾。多数情况下，每当换上一个新屋顶，旧屋顶就要沦为垃圾。每年，200 亿磅沥青屋顶板被倾倒在美国的垃圾填埋场。只需一年，这些废料就可以堆积成重达 4 万磅的垃圾场，从纽约延伸到洛杉矶，再回到纽约，然后一路延伸到芝加哥。现在，业主清除充满屋顶废料的垃圾堆只需要花 500 美元。然而，当汽油价格上涨到每加仑 14 美元时，这个处理成本将接近 3 000 美元。

一旦汽油价格高达每加仑 12 美元，粘附在现存残破的沥青屋顶板上的金属质屋顶的价格将全面上涨。当汽油价格继续上涨到每加仑 14 美元时，上层中产阶级和贵族阶层的社区将通通使用铝制屋顶。铝制屋顶点缀社区的频率不断增加，从卫星图上看，屋顶的颜色将从一致的黑色变为绿色、红色和闪亮的银色。就像上一代人看到了小货车，或几代人以前看到了彩色电视一样，金属屋顶是个吸引人的新鲜玩意。在不久的将来，这一屋顶将逐渐被大多数社区所接受。它的好处远不止于其耐用性。当汽油价格进入两位数时，美国家庭的节能意识将变得非常强烈。金属质屋顶，因为可以反射紫外线和热量，可使屋内保持冬暖夏凉；而沥青屋顶板与之相比，尽管属于绝缘材料，但仍是最糟糕的屋顶选择。

有一些公路终将关闭

我们的生活与沥青接触最多的地方就是道路。我们在道路上开车、骑车，或者步行。看到刚提炼出来的沥青，我们甚至还去闻一闻。沥青是炼油过程中，当所有的煤油、汽油和柴油都已提取完之后，滞留在最底下的黑色粘性物质。当达到 149 摄氏度的高温时，沥青是一种高粘性液体，可用来涂抹覆盖任何东西。与聚合细砾混合在一起，待冷却干燥后，沥青会形成黑色坚硬而廉价的混凝土——即我们过去都见过的柏油路。美国 94%的公路都用沥青覆盖，大约有 640 万公里。

人类利用沥青可延展的粘合特性已有数千年的历史。大约在公元前 625 年，巴比伦人用从矿床中开采出来的沥青，将道路涂成黑色。罗马人和希腊人——他们的单词 "asphatlos" 是英语中 "沥青（asphalt）" 的词根，含义是 "安全而稳定的"——用沥青为浴室、沟渠和水库作不透水处理。1595 年，沃尔特·雷利爵士（Sir Walter Raleigh）用特立尼达岛上的天然沥青矿藏填满他船只的接合处。使用与目前类似的方法，美国第一条用沥青铺设的公路是 1870 年新泽西州纽瓦克市政厅前方的那条路。一个名叫埃德蒙德·迪斯麦德（Edmund DeSmedt）的比利时化学家发明了一种方法，将热沥青与沙子和小石子混合在一起，然后把搅拌物倾倒在坚硬的街面上。之后，迪斯麦德用他的新方法铺设了一条相当有名的街道：美国华盛顿商业区的宾夕法尼亚大道。

美国作家罗兰·英格斯·怀尔德（Laura Ingalls Wilder）第一次看到沥青，是在1894年与她的父母亲乘坐四轮马车经过堪萨斯州首府托皮卡（Topeka）时看到的。她这样描述道：

> 就在市中心，地上铺设的黑色物质黯淡了所有车轮碾过和马蹄飞扬的声音。它很像焦油，但爸爸确定说这不是焦油；又有点像橡胶，但不可能是橡胶，因为橡胶的成本太高。我们看见街上的女士们都穿着丝绸质地的衣衫，手持带有皱褶的阳伞，与同伴款款穿过街道。她们的鞋跟在街道上留下了凹痕，而当我们注视这一切的时候，这些凹痕又慢慢地恢复，平滑地延展开来，仿佛那些物质是鲜活有生命的。就像一个魔术。

然而，沥青并非魔术。从炼油过程中，而非透过有限的天然矿床提取沥青，使其变得和任何人造物质一样无处不在。铺上沥青的道路，使得大部分交通工具可以在我们的国土上纵横驰骋。现在，沥青已经遍布遥远的荒野、山口和布满灰尘需要清理的旧日主体街。油桶里的渣滓，正以多种方式变得和注入我们汽车和货运卡车油箱的昂贵汽油一样重要。但这使沥青在汽油价格高企的时代也随之变得昂贵。沥青的价格受限于石油价格，和炼油厂的炼油操作也密切相关，它的价格曾像火箭一般急速上升，牵制着从缅因州、佛罗里达州到华盛顿州的基础设施建设项目。

在 2001 年沥青的价格是每吨 50 美元，在 2008 年已涨至每吨 100 美元，挪去了一大笔在夏季施工期本可以花在别的建筑材料上的经费。新泽西州博根县铺路 37 公里，而其原始预算是 51 公里。开车的人都注意到了这一点。在 2008 年夏季，AAA 国际品牌运营机构发布的报告显示，当年漏气的轮胎比过去其他年份多出 13%。由于投标价格比预算的 44.2 万美元要多出 15 万美元，南达科他州莱克县推迟其 8 公里的重新铺路项目。田纳西州交通部通常每年铺设高速公路 4 000 公里，而在 2 008 年由于沥青价格高企，只铺了 2 500 公里。由于逐渐上涨的沥青价格，内布拉斯加州霍尔县的一些公路将被准许回归到以砾石铺路。在接下来的数十年，美国所有乡村地区还将发生变化。

汽油价格在每加仑 4 美元时给沥青带来的问题将留给全社会去面对。路面凹坑多而严重，涂上一层黑色粘稠的沥青也不太可能把这些凹坑覆盖住。如果油价在每加仑 4 美元时我们无法坚持铺路，那么当油价触及每加仑 14 美元时，我们该怎么办呢？很多非常重要的大道将改用混凝土铺路，其成本是沥青目前价格的 5 倍多，但路面可持续使用数十年，而且不太受易破坏沥青路面和导致冬季路面凹坑增多的冻融循环的影响。混凝土路将在美国北部城市变得盛行起来，这些城市非常有远见地愿意为此多花些钱。而美国南部城市仍然用沥青铺路，沥青的唯一敌人就是紫外线。最终，我们每年铺路的总英里数将下降，直到最后市区所有的道路都铺满沥青。习惯于每年铺路达几十公里的小村镇将继续为主体街的道路铺设发愁。不太重要的一些高速公路将会封闭起来，过剩的州际公路也将关闭。如果无法获得维护公路的必备资金，收费公路也将关闭。

关闭一些公路是可行的，因为很少有人将会像现在这样肆无忌惮地开车到处跑了。迁入城市后，我们会优先考虑每天必需的行程和离家最近的商店，当汽油价格在每加仑 14 美元时，我们将比现在减少 50% 的行驶里程。会有很多孤寂的沥青路必将关闭。

当地材料将成为王者

受油价影响的绝不仅限于我们的道路和屋顶。任何由石油衍生物制造的东西都将面临其他材料的竞争，尤其是那些天然物质。当未来汽油价格达每加仑 14 美元时，原材料无论由什么制成，价格都是昂贵的。比如，地毯占了美国人室内空间的 70%，多数情况下它是由尼龙、丙烯酸、聚丙烯或涤纶制成。这些地毯纤维通常由合成丁苯胶乳、聚亚安酯，或聚氯乙烯加固支持。所有这些材料都来自石油。那么，未来地毯的前景如何呢？或许它不会再那么流行了。我们将更多地使用地板。未来的地毯将由大麻纤维、羊毛、马尼拉麻（芭蕉属植物）、从龙舌兰植物中提取的剑麻，或由生长在可控农田水下的有弹性张力的海草制成。

时髦的厨房工作台面将倾向于由当地的石头制成，而不是像可丽耐装饰材料公司用丙烯酸固体，或赛丽石公司（Silestone）用大量环氧树脂制成。由天然资源制造的塑料，比如，美国从事生物塑料研发的麦特波利斯公司推出的 Mirel 生物塑料，将会出现在越来越多的商品中，减少了塑料给大自然带来的负荷以及对石油贸易的依赖。我们将以曾经对金属的热情，用以循环使用塑料。企业家们将寻找到数以千计的回收塑料的新用法，使从石油衍生的塑料能长期地循环使用，使它们远离垃圾填埋场和大太平洋垃圾带。

建筑材料——除了沥青外，都将有赖于建筑项目所在的位置。当地材料将以价值取胜，因为建筑材料的运输成本在总材料价格中所占比重越来越大。"关于建筑材料，我想你将看见两个主要的问题不断被问及，"玛丽·安·拉扎勒斯（Mary Ann Lazarus）说，"离这里有多远？运输成本是多少？"

拉扎勒斯，建筑设计巨头 HOK 公司的可持续设计总监，他预言当汽油价格上涨到每加仑 10 美元时，建筑商将会认真地重新考虑建筑物所使用的建筑材料。当油价上涨到每加仑 14 美元时，"整个情形都将发生变化，"她说，"当地材料将成为王者，这是肯定的。"

例如，圣路易斯坐落在巨大的粘土层上部，因此砖制建筑就是该地区的主体建筑。"当你走在圣路易斯商业区的旧区地段时，会注意到很多建筑都是砖制结构，原因很简单，砖石容易得来。我想砖制建筑将会进入建筑商的意识中去。"拉扎勒斯解释说。这样一来，美国中西部的木场卖主将无法像现在这样经常看见 2×4 的花旗松板材。花旗松生长在落基山脉西部，通常由俄勒冈州、华盛顿州和英国的哥伦比亚砍伐，仍将存留在美国西部。火炬松，也称南方松将存留在美国东南部、大西洋中部和美国中西部。美国中西部的北部地区和新英格兰州的森林，在经历了 100 年前大量砍伐其原始木材之后开始茂盛生长。这些森林将再次被我们以谨慎可控的方式砍伐，它们所在的地区——仅仅是这些森林所在的地区，将充满木材。"运用当地材料将成为明显的趋势。"拉扎勒斯说。

当汽油价格触及每加仑 14 美元时，建筑材料供应是材料领域一系列变化中的另一组多米诺骨牌。大量的零售包装将成为历史，商店里很多商品都将辅以价签或条形码。空中飞行的飞机将用轻质的碳纤维制造，而非金属。汽车也以碳纤维和铝制的外壳为特点，而非钢铁外壳。从细菌、有机物或可再生能源中提取的塑料将在市场中立于不败之地，取代了常规的从石油衍生的塑料。大量高高堆放的废报纸将不再流通，因为人们已经转移到从互联网获取信息。循环使用将达到新的高度。生活垃圾箱会减少，将被较大的垃圾回收箱所取代，未来社会中人均产生垃圾量将会比目前减少 75%。沃尔玛倡导消费价格低廉的一次性商品，在全球化浪潮的冲击下，它将势必难逃倒闭的厄运。

第 **6** 章

新农业经济的复兴

离清晨 5 点还早着呢。我们喝完剩余的谷物咖啡，把杯子扔在小船后面。接下来，顺着"一——二——三"的口令，我们合力把渔具推入水中，就在水浸湿靴子时，跳上了船。太阳刚才还竭力穿过绿树成排的地平线，看起来很像薄雾中的红色交通灯。光线散落在清晨雾霭中的河面上。温度在 15 摄氏度，但中午将会达到 32 摄氏度。在岩块剥落的石灰岩基脚上有一座桥，这些石灰岩是一百年前从当地的山峡中开采的，我们的小船安静地从桥下漂过。

"哥们儿，准备好了吗？"奥赖恩·布赖尼（Orion Briney）在小船后面问道。他对任何人都不会以很直接的方式说话，这更像是他在清晨的自言自语。"好的，我们开始。"布赖尼回答着自己的问题。

布赖尼的名字和相貌都与渔夫很匹配。他的气质介于中西部粗暴的农场主和新英格兰州老练的结网工之间，有着让人愉快的性格。他留着厚厚的棕色胡须，黄色橡胶外套垂在肚子上。
布莱恩会不定期穿梭于美国中部的咸水地带捕鱼，他的工作代
表着人们对鱼的需求。

我们驾船沿着伊利诺伊河清晨静谧的河水向下漂流。伊利诺伊河距离
伊利诺伊州皮奥里亚县 50 公里，全球最大的工程机械制造商——卡特彼
勒公司（Caterpillar）的总部是位于这个小县城唯一的国际大公司。然而，
就在这里，在布赖尼 9 米长的铝制小船上，廉价石油使人们可以把渔网撒
在伊利诺伊的浅水中。

布莱尼发动了船体外侧 150 马力的雅马哈发动机，一路向北开去，这
种发动机非常耗油，大家都沉默着。杰里米·费舍尔（Jeremy Fisher），布
赖尼的继子，他这个名字是偶然得来的。他坐在小船前端，等待着猎物上
钩，手里闪着红焰的烟蒂在清晨的微风中若隐若现。继续前行了几公里之
后，布赖尼放慢行驶速度，站在小船后的板凳上眺望前方的水面。"这儿
什么都没有，"他说，"我们试试上周发现的那片区域吧。"费舍尔点头赞同，
于是我们加速往回行驶。

布赖尼把小船驶入一个安静的后湾，然后松开油门。费舍尔和布赖尼
都站起身来，仔细观测河水。"是的，鱼儿都在这里，"布赖尼说，"一大
群鱼都在左侧三百码处。"

"是的，我看见它们了。"费舍尔肯定地说。

然而，对一个没有经验的人来说，什么也不会看见。费舍尔指着水面
上一些看似不规则的涟漪，解释说那是鱼在水下活动产生的水纹。那儿有
很多鱼。很难辨别费舍尔说的这些水纹下是否潜藏着庞然大物，但布赖尼
和费舍尔都确信这些水纹是一些大鱼造成的。布赖尼将小船驶过鱼群大约

900 米的位置，然后把长长的大网扔下水中，网的长度大约在 650 米左右。这一带的水深只有 1～10 米。布赖尼折回到鱼群后面，然后加大油门，小船以"之"字形直奔鱼群驶去。他在把鱼儿朝网的方向驱赶。小船刚行驶了一半，鱼群就显现出来了。当鱼儿钻进单纤丝的网眼时，渔网内的水流顿时就欢腾起来。

布赖尼驾船驶向渔网混乱的中心，准备打捞这第一网鱼。到达中心后，他又和布莱尼双手交替拉着绳子开始收网。他们把鱼从渔网中捞出来，几乎总是同时用上两只手，然后把它们扔进船舱中部。半小时之后，小船里就装满了和原木大小般扑腾着的鱼。要在小船里走动，就不得不从堆成 1 米高的鱼身上趟过。

又过了 40 分钟之后，布赖尼和费舍尔把船完全装满了，然后会掉转船头，驶向几公里以外的岸边。当小船驶向河面主航道时，由于船身负载着 5 吨重的鱼，会刮擦到后湾泥泞的河底。此时，太阳已经普照万物，河面上的薄雾也已散去。当小船到达大面积水域时，布赖尼会开始加速。就在这时，诡异的事情发生了。

我们的小船遭到了攻击。一只巨型鱼从河面一跃而起，直扑向小船。我们面临被跃起的巨型鱼袭击的危险，这些鱼可以把人击出船外，而且是在你毫无意识的情况下。布赖尼把油门开到最大，想全速避开大部分沿着船的尾迹跳跃的巨型鱼。然而，每当小船在转弯或进入窄小的通道而减速时，这些鱼就能够追上来，此时最需要警惕防范它们攻击。这时，六条鱼已经跃入了船内，一只鱼攻击到了费舍尔的后背，迫使他吐掉了嘴里的香烟。幸运的是，这些鱼只有七八磅重，而不是五十磅。每天在伊利诺伊河上，布赖尼和费舍尔都能捕获一大群鱼，然后在回去的路上就要躲避鱼群的追杀。而实际上跃起的大鱼并不知道船里有它们的同伴。

  这些鱼都是来自亚洲的鲶鱼。它们不属于这里。它们包围
了美国中西部的巨大河区，到处搜索栖息地，使得一些当地物
种消失了，比如，西鲱和岩鲈鱼。密西西比和阿肯色州饲养
鲶鱼的农场主最初把鲶鱼带到了北美，是为了控制池塘里的海
藻。这些贪食海藻的鲶鱼原产自中国的长江。在1993年，当
泛滥的密西西比河水奔涌到这个农场主的池塘时，把这些鲶鱼
都冲走了。尽管数量不多，它们在密西西比河里繁衍不息，嚼
食浮游生物，在每年春季产卵。到1998年，密西西比河的分
支——伊利诺伊河这片平静而泥泞的死水已成为鲶鱼聚集的
区域。

发动机的声音使鲤鱼从水中跃然而起，扑向路过的船只，有时甚至
会直接把乘客击倒在河中。在伊利诺伊州滑水已然变得非常凶险。"就像
爆米花爆炸了一般。"伊利诺伊州自然资源部的生物学家斯蒂文·沙尔茨
（Steven Shults）说。很多的爆米花。据伊利诺伊州自然资源部估计，伊利
诺伊河里大约有5 600万磅亚洲鲤鱼。

  对大多数人而言，这些鱼是个不折不扣的环保灾难；但对布莱尼和一
些其他人来说，这些鱼则成了他们入主国际市场极好的机会，这都受益于
廉价的石油，香港人才有机会品尝到从伊利诺伊河里打捞的亚洲鲤鱼做成
的鱼头汤。皮奥里亚县周围没有人对吃这种鱼感兴趣，他们认为亚洲鲤鱼
扁平的鱼头和极小的眼睛看上去非常丑陋。但对亚洲人来说，这些鱼非常
美味。迈克尔·谢弗（Michael Schafer）是第一个意识到这一点的人。他拥

有的谢弗水产公司（Schafer Fisheries）位于伊利诺伊州的汤姆森地区，一个距芝加哥以西 240 公里的密西西比河畔小镇。

谢弗以每磅 20 美分的价钱购买布莱尼捕获的鱼，鱼的内脏被清理干净之后，将无骨鱼片和鱼头分发到全世界各地。整个复杂的流程——从鲶鱼养殖者饲养这种外来的鲤鱼到给环境带来的困扰、到布赖尼的收获，最后到谢弗剔除鱼的内脏并将其运输出去，这一切都归因于一件事：廉价的汽油。它是我们的食物，也是食物来源所涉及的有趣故事中最奇特的情节之一。

布赖尼是完全在伊利诺伊州际线之内进行捕鱼的，他的这种操作与化石燃料有关。布赖尼每天凌晨 3 点醒来，一周七天全都如此，整理渔网，然后花两个多小时把他的小船拖到伊利诺伊河上。他驾驶小船在河面上到处跑，安装在船舷外部的巨大发动机非常耗油。一旦把捕获的鱼装上船，再把小船驶回岸上，他就驾驶自己那辆大得出奇的雪佛兰轻型皮卡再行驶 90 分钟，车上载着 1 万磅鱼，直奔汤姆森小镇的斯塔夫水产公司。接下来，布莱尼要把他的皮卡和小船都放回家里，这又需要 3 小时的驾驶。他的卡车在一年之内总能行驶到 16 万公里，有时只需 9 个月就会行驶这么多里程。布赖尼一年可以挣到 30 万美元，但他非常辛苦，而且这纯粹在油价低于每加仑 4 美元时才可行。

再看看谢弗这边的情况。他之所以能买下布赖尼捕获的所有鱼，是因为他努力找到的这个鱼类食品市场在美国中西部的北部地区并不受欢迎。在美国中西部的北边，亚洲鲤鱼被看做令人厌恶又污染环境的垃圾鱼，人们并未把它们当做食物。谢弗购买了一大批具有制冷作用的半挂拖车，将这些鱼运到纽约、芝加哥、多伦多、洛杉矶和温哥华的亚洲市场，他充分利用了到中国海运费用低廉的优势，因为到达美国西海岸的数以百万计的集装箱都是满载的，而回到中国港口就变得空空如也。如今，全世界的人们都喜欢享受用亚洲鲤鱼做成的鱼头汤，而亚洲鲤鱼错误地生长在距很多海洋 1 600 公里之外的伊利诺伊州南部的内陆河域。亚洲鲤鱼在北美开始有市场的唯一原因是：由于石油价格低廉，美国南部的鲶鱼养殖者将他们饲养的鲶鱼运送到北美大陆的很多商店，他们有时也会拿到一些亚洲进口的商品，毫无疑问，这些商品到达阿肯色州非常廉价，这还是跟汽油价格有关。

靠廉价汽油而流通于世界的食品

目前世界食物网的奇特性比比皆是。在这个世界上，有些角落的劳动力成本过高，而有些地方的劳动力成本却极低。能够使所有劳动和所有市场相关联的就是运输价格，尽管世界市场的运输价格灵活多变，总的来说还是惊人地廉价。在挪威水域捕获的鳕鱼冷冻后发往中国，中国工人挣着微薄的工资将这些鳕鱼取出内脏、剔成无骨鱼片，然后包装。包装后的鳕鱼被光鲜地运回挪威，出现在挪威的超市，挪威人吃着当地盛产的鳕鱼，感觉非常好。在著名的西班牙柑橘海岸（Citrus Coast of Spain）上的杂货店内，货架上摆放的上千只阿根廷柠檬就像身着黄衣的士兵。而当地种植的柠檬却都已腐烂。当新西兰正在过南半球的冬天时，意大利正在种植猕猴桃，这使得意大利成了世界上最大的猕猴桃出口国。但猕猴桃却是新西兰的标志性水果。

这个世界荒谬的食物网，是上涨的汽油价格所带来的结果之一。需要一个巨大的杠杆来革除我们现在已经成型且复杂的食物网体系。这个杠杆在等待我们的油价达到每加仑16美元。一切都将改变，先从农业开始。这些变化将波及渔业、畜牧业，然后是乳品业和其他动物产品。我们的化肥，以前大部分是进口或直接从化石燃料中提取的，将有所改变。我们将不再吃油。当然，每样东西的价格都将上涨。但价格增长使我们可以在当地种植小麦，而以前进口小麦非常廉价。

对布赖尼和费舍尔先生来说不幸的是，廉价的亚洲鲤鱼无骨鱼片市场将最终锁定在被陆地包围的伊利诺伊州本土。当地食物将再度繁荣兴盛起来，而不会被具有竞争力的价格低廉的外国土地和与汽油相关的劳动力所打败。我们喜欢吃龙虾，却不用因养殖龙虾而对东南亚湿地难以处理的污染负责；欧洲人喜爱吃鲑鱼，却不会再以数百万吨养殖废料污染曾经纯净无瑕的智利海岸线。

日式寿司将消失于我们的餐桌

可能没有任何菜肴能比日食寿司更好地诠释这个注重美食烹饪的时代

及其复杂的全球化食物网。寿司是日本的一个省，也是几个世纪以来源于日本的一道菜肴。日本人运用当地的方法将鱼保鲜，其影响力非常之大。他们不断订购几乎地球上每个海洋的水产。寿司成就了不计其数的百万富翁，促成了本不可能成为合作者之间达成贸易，也催生了新的海洋研究。当然，寿司也会引来剽窃、走私，以及引发国际官僚主义作风。寿司因受大众喜爱，已变成日本文化的显著标志——吃寿司曾是城市里富裕阶层的身份象征；如今只是文化影响的标记而已。假如寿司并未植根于世界各地的主流文化，它必将逐渐消匿。

正如日本的寿司在全世界处于大师地位一样，有一种鱼在寿司等级中也处于超然地位。食客们可能会翻遍菜单的每一个角落，从多种多样的鱼类中找寻它，这种鱼可以精确地界定一个寿司餐馆。它就是金枪鱼。金枪鱼也叫鲔鱼。对于比较认真的寿司爱好者来说，金枪鱼必须是蓝鳍金枪鱼；黄鳍金枪鱼或大眼金枪鱼都是他们不能接受的，必须是蓝鳍金枪鱼。蓝鳍金枪鱼以其波浪形半透明脂肪和细腻的肉质，成为世界上最获青睐的美味。捕捞蓝鳍金枪鱼的美国牛仔冒着巨大的危险才把它们打捞上岸。理由不外乎是为了金钱。最大的野生蓝鳍金枪鱼重达 0.45 吨，会以 10 万美元的价格卖到东京筑地市场（Tsukiji market）。东京筑地市场在世界鱼市的地位，相当于纽约股票交易所在全球股市的地位。

未经加工的蓝鳍金枪鱼，做成生鱼片的口感最佳。它们被捕获后的一周之内就可以被端上餐桌。捕捞蓝鳍金枪鱼真可谓一场堂吉诃德式的冒险之旅：与亿万富翁社交名流多产子女的趋势一致，金枪鱼成群结队地在旅行中繁殖，通常在短短几个星期之内就可以游行数千公里。随着日本人口在 20 世纪五六十年代的增长，人们对金枪鱼的需求也更多。日本捕捞金枪鱼的舰队定期穿梭于太平洋北部海域，这种赶尽杀绝的方式将本国的金枪鱼储量推到了崩溃边缘。在日本，金枪鱼的需求大于供应，因此金枪鱼价格不断地急剧上升。除了日本，世界上其他水域也生存着很多金枪鱼，但轮船无法把美味的金枪鱼及时地从遥远的地方带到市场上来。

　　金枪鱼如今真正进入了全球市场，而当初它进入的第一个市场是加拿大多伦多市。萨沙·罗森伯格（Sasha Issenberg）在他的新书《寿司经济》（*The Sushi Economy*）中对此有所描述。1971 年，韦恩·麦卡尔平（Wayne MacAlpine）在日本航空公司的货运分部工作。他被委派任务为日本消费者寻找具有高价值的加拿大出口商品。

　　日本航空公司的货运分部将成千上万吨日本的小玩意（小配件）运到北美，而返回的时候基本上货舱里都是空的。只有单程满载货物，这对日本航空公司的业务是不利的。于是，日本航空公司的行政领导层就开始到处寻找有价值的商品以填充返回的飞机货舱，日本消费者如果愿意购买这些商品的话，就会增加公司的贸易顺差。

　　麦卡尔平向他的老板提及了加拿大新斯科特省举行的年度捕捞金枪鱼比赛。几十只小船带着钓竿和绕线轮上路，捕捞大西洋北部巨大的蓝鳍金枪鱼。最大金枪鱼的捕捞者将荣获最佳提名奖。令麦卡尔平感到稍微不解的是赛后的情况，这也激起了麦卡尔平日本老板的好奇心：比赛组织者开动推土机和挖土机，挖出巨大的地洞，然后把所有捕获的金枪鱼都埋在洞里。显然这些金枪鱼是不受欢迎的。那时北美人对金枪鱼红色的肉质不感兴趣。对渔民来说，金枪鱼非常庞大，游行速度又很快，因此捕捞过程充满乐趣。但这种鱼唯一的市场就是宠物食品，宠物食品每磅才价值几十美分。

　　根据麦卡尔平一年之内的记录，日本航空公司的货机定期将大西洋北部巨大的蓝鳍金枪鱼从美国东海岸运到东京。一条大金枪鱼对渔民就意味着 1.5 万美元甚至更多。新英格兰州的渔村利用此契机发展得非常兴旺，想靠捕捞金枪鱼挣美元的新来者络绎不绝。继第一批金枪鱼从大西洋空运到东京之后，在接下来的二十年中金枪鱼捕捞者的报酬增加了 10 000%。如今，周日在大西洋捕捞的蓝鳍金枪鱼可在周三就端上东京人的餐桌。

　　对金枪鱼的狂热已影响到全世界的港口小镇，从澳大利亚的林肯港到墨西哥的恩塞纳达港，还有环绕地中海地区的西班牙、法国、意大利、塞浦路斯、土耳其和利比亚都感受到了金枪鱼的魅力。东京仍然是金枪鱼市场的中心，很多被视为最有价值的猎物都终结于此。但目前，对蓝鳍金枪鱼的需求来自全球各个角落的城市，从纽约、洛杉矶，到上海、伦敦和开普敦。只要有蓝鳍金枪鱼游动的地方，就会有人追随其后。低廉的喷气燃料成本和足够的航空货舱空间，使新兴的金枪鱼市场已经变成真正的全球市场。蓝鳍金枪鱼永远不知道自己会在何处被捕，它们的旅途止于食客的口中。

　　随着燃油价格直线上涨，我们的航班将不会再那么拥挤。货运航班的空间将会越来越昂贵，绝对不容许出现空舱运载的现象，也别指望航空费用处于可支付得起的范围内。**当汽油价格达到每加仑 16 美元**[①] **时，航空运费将是目前价格的 5 倍多**。运输 200 千克重的金枪鱼，以前其运输成本占商品价值的 15%，未来将占超过 50% 的比例。靠飞机运送得以连接的

[①]　油价每加仑 16 美元相当于每升 26.6 元人民币。——编者注

全球蓝鳍金枪鱼市场终将崩溃。运用大马力驱动的渔船追捕金枪鱼会令成本增加，这使本来就很昂贵的金枪鱼价格飙涨到多数消费者无法承受的地步。寿司的地位将动摇，其最受欢迎的蓝鳍金枪鱼将不再是流通的全球性商品。真正有钱的人仍会享受这种奢侈的美味——蓝鳍金枪鱼下腹部丝绸般柔软的肉质，但我们多数人却很少见到那与众不同的红色如半透明的火焰般诱人的生鱼片。

对金枪鱼的消费，和许多新出现的寿司种类，像黄狮鱼、鳗鱼和最稀有的鲑鱼，都限定在这些鱼类的自然栖息所在地。几个世纪以来，地中海地区的人们会在每年鱼群经过地中海时，看到蓝鳍金枪鱼；美国东北部也是如此。夏威夷的消费者将永远都见不到黄鳍金枪鱼了，因为该地区的鱼类多样性已消失。而芝加哥人再也看不见美国全食超市公司柜台中售卖每磅 20 美元的黄鳍金枪鱼，现在看这个价格有点昂贵，但在未来，这绝对是特价商品才有的价格。

全球海鲜市场即将迎来的日落也有光亮的一面：世界上的鱼类资源，特别是供不应求的蓝鳍金枪鱼、鳕鱼、甲鱼和鲑鱼将得以休养生息和更新换代。据估计，世界海洋的鱼类资源在最近五十年已减少了 50%。世界上的蓝鳍金枪鱼渔业几乎快被推到了崩溃的边缘；很多金枪鱼最常出没的地方，比如大西洋北部、地中海和澳大利亚附近的南太平洋，在最近二十年里捕获的金枪鱼数量已减少了一半多。

所谓的牧场养殖金枪鱼，是指把在野生自然环境中捕获的重约 20 千克的金枪鱼放到牧场饲养，使其在牧场长大，这都是为了使全球蓝鳍金枪鱼市场获利，但这种经济模式依然变幻莫测，而多数情况下这些鱼仍然会通过飞机被运到各地市场。牧场养殖金枪鱼已加速了金枪鱼资源的减少，因为它挪走的这些幼鱼本应成为鱼群的主要繁殖力量。幸运的是，高企的汽油价格将终止这种牧场养殖的方式，导致遥远的市场得不到供应。

唯一的问题是谁会成为首先被考虑的对象：金枪鱼还是汽油价格？金枪鱼的生存角逐使能源价格和每况愈下的世界鱼类资源对立了起来。汽油价格攀升需要的时间越长，全球金枪鱼被捕获食用的时间就越长，而离无法逆转的崩溃时刻就越慢。寿司在未来会出现两种情况：

- 在接下来的5年里，汽油价格只会适度增长，那么我们可以经常吃寿司，寿司价格相对来说还是便宜的，直到世界捕鱼业崩溃为止。
- 在接下来的5年里，汽油价格迅速增长，但却拯救了渔业，并确保未来几代人都可以无限期地吃到蓝鳍金枪鱼，虽然只是在特殊场合。

农场将回归本土

谈到土壤健康，蒂姆·弗勒（Tim Fuller）可称得上是专家了。就像普通人能够很容易分辨出沙子和黏土一样，他能分辨出贫瘠的土壤和生命力强的土壤。弗勒，作为一个农场主，知道横贯北美的很多土地数十年来早已养分流失，皆因为工业化的耕作方法。能使我们的农作物年复一年地从如此贫瘠的土地中生长出来的唯一方法就是，自由地运用化肥。化肥对人类已经变得如此重要。没有它，人类就不会有足够的粮食。正如我们当前世界的很多事物一样，化肥与石油的密切关系超乎多数人的想象。

弗勒单膝跪下，将手探入松弛的土壤中，拔出一根杂草。杂草已经遍布这成排生长的整洁而繁盛的洋葱地。他把杂草都清除出去，推开头上褪了色的帽子，若有所思地揉搓着头顶上秃发的位置。弗勒的手指被染成了棕色，和充满混合肥料的土壤颜色一样，他弄平土壤的动作就像一个地毯销售员充满自豪地爱抚自己的货物。

"我会告诉你我知道的一切，当我们初次来到这里时，这片土壤上没有任何东西。"他说。他站起身来，把帽子戴上，然后手指着围绕在他的农场三侧的海洋般的大豆："以前这里也大量种植农作物但土地贫瘠，一年会三次大规模使用除草剂。"他对大公司的耕作方式显然是非常不屑一顾的，比如，驻圣路易斯的孟山都农业公司（Monsanto）在他农场周围大面积种植大豆。弗勒是在 2001 年开垦这块地种植农作物的，主要为满足当地消费者和餐馆的需求。他用了两年时间施肥，包括堆肥、粪肥和干糖蜜，才使这块贫瘠的土地复苏。"对农业地来说，最糟糕的事莫过于满地都是害虫了。"他再次举起手臂，指向种植大豆的田地。

大约离弗勒 5 米远的地方，有一根杂草的草茎上爬满了几十只又大又笨的丑陋昆虫，看起来很像瓢虫，它们的硬壳上不规则分布着霉菌样的软毛。弗勒用手指触摸着其中一只昆虫，并斜着眼仔细观察。"它也不是那么令人讨厌的。这些小东西经历了今夏三次毒滴混剂（Roundup）的循环攻击后，还是活了下来。"毒滴混剂是农业巨头孟山都公司制造的非常受欢迎的除草剂。他把手中的害虫翻过身来，用其余的手指揉搓着虫子的头部。"我想它们是科罗拉多马铃薯甲虫，但这些是我见过的长相最怪异的马铃薯甲虫。"

农业耕作并不是弗勒的第一职业。他已 64 岁，拥有芝加哥大学 MBA 学位，在商学院教书已有 7 年了。开始在伊利诺伊草原进行农业耕作之前，弗勒拥有一家管理咨询公司，尽管收入比从泥土中收获青豆要丰厚，但他觉得缺乏成就感。作为一个长期在加利福尼亚北部生活的人，弗勒深受六十年代伯克利（Berkeley）发动的文化革命的影响。弗勒在他的院子种植有机农作物已有 7 年，与收入颇丰的咨询公司相比，农业耕作让他找到了极大的满足感。因此，在 2002 年，他把所有的积蓄都用在了这个兴趣上，成立了埃瑞璜农场（Erehwon Farm），离芝加哥商业区以西 80 公里处的一块 2.5 万平方米的土地。他在自己手工耕作的田地里转悠，感到非常惬意。"我孤注一掷，"他一边嚼着刚摘的黏果酸浆，一边说，"但我很快乐。"

像弗勒这样甘愿当小农场主的人并不多见。**当汽油价格高达每加仑 16 美元时，农产品的运输网络将难以持续，农产品只能供应周围邻近的地区。**在油价高企的未来，弗勒的农场位置会显得非常理想。他的农场一端毗邻一个数百万平方米的大农场，大农场向西一直延伸到落基山脉；另一侧则与芝加哥新兴的远郊接壤。弗勒种植的作物包括甜豆、唐莴苣、茄子、芝麻菜、覆盆子、黑莓、草莓、菠菜和各种各样的番茄。"这非常具有挑战性，"他说，"这是我做过的最复杂的事，我们的任务就是看能否在获利的基础上经营一个当地的可持续发展的农场。这是难以预测的，但这正是我需要的，我想做一些具有挑战性的事。"

　　弗勒的农场只有2.5万平方米，跟任何农场相比都是很小的，尤其是跟数千万平方米的能够大量供应我们所需粮食和农产品的大农场相比。由于和农产品价格相比，汽油价格非常便宜，这使得对于明尼阿波利、克利夫兰和波士顿的消费者来说，加利福尼亚和墨西哥种植的番茄完全可以接受。"我曾经和一些运输公司谈论过，把农产品从加利福尼亚运到芝加哥需要花多少钱，"弗勒说，"价格各不相同，要根据农产品的价格定。当农产品的价格在每千克2～4美元时，那么每千克33美分的运费是不够的。"

　　食物运输还混杂着其他费用，其中最大的费用就是存贮和冷冻。以加利福尼亚采摘的番茄为例，在番茄彻底成熟之前的很长一段时间就被采摘下来了，以便于可以经受得起从遥远的西部田地运送到东海岸副食店这一路颠簸混乱的旅程。这些番茄有时在旅途中需要冷冻，而到达目的地时一般总需要先冷冻起来，因为当地的商店并未准备好把它们摆上货架。所以，番茄环游整个国家的过程中都是又硬又青的，承受着道路的凹坑、经手者的倾倒和装卸铲车的晃动。一到目的地，番茄又在苦苦等待着从抗衰老的深度冷冻中解放出来。经过所有的程序，最后副食店店主得到的是一堆又圆又红的番茄，内瓤富有弹性，从那一缕番茄特有的香味中可以品出一些带晶粒的食盐味道。"顾客认为番茄应该有咸味。"弗勒笑着说。对大多数消费者来说，咸味是番茄应有的味道，没有咸味的话，番茄的味道就像西瓜一样。

　　货车运输、冷冻，以及贮存都需要费用。但弗勒指出，这些费用并不足以超过在热情好客的地方大量种植农产品所带来的收益，比如，加利福尼亚中部地区。"就汽油价格而言，在什么价格水平上才能够压倒加利福尼亚和世界上其他有全年生长季节优势的地方呢？"弗勒说，"我告诉你一件事，那就是当油价很昂贵的时候，当它接近每加仑20美元的时候。"

除了自然灾害之外，最终破坏我们食物网循环的就是能源价格。不断上涨的汽油价格就像无可救药的暴徒，破坏了由农产品生产者、运输系统和零售商所组成的复杂网络，最终当汽油价格在每加仑16美元时改变食物的平衡方程式。从加利福尼亚中部运送大量农产品到纽约的运费将非常昂贵。正如弗勒所说，像加利福尼亚这样的地方有全年的农作物生长季节，有极大的优势维持我们的农产品供应。但是，世界日益衰退的石油供应将迫使从这些地方到遥远的海岸地区的运费越过引爆点。当汽油价格达到每加仑16美元，把农产品从加利福尼亚输送到中西部地区的运费将超过每磅1美元，甚至更高。

"将会到达这样一个时期吗？对于有些任务，人类劳动比汽油驱动的机器廉价。"弗勒问道。"我认为会的。"伴随着每加仑16美元的汽油价格带给我们的运输成本，未来将不会再有很多西班牙人在午睡后为了提神，或在晚间的开胃酒里加上南美的柠檬。他们将食用西班牙本土的柠檬。一些鱼类不可能再从北海海域运往挪威餐馆的途中两次穿过亚洲。我们的食物世界将凝缩在很小的范围。

"我认为将会发生的情形是，"弗勒说，"像芝加哥这样的城市，将被一系列规模从4万～40万平方米的农场所包围，甚至可能到200万平方米。并不像如今的农场那样大，但大得足以降低农场主的成本，"他解释说，"每块农场都将专门种植一种作物。一块种番茄，可能另一块种柿子椒。我相信，几块农场将种植所有的绿色作物。"

田园风光将充满了城市居民和他们的住宅所在之处。他们将把玉米地、大豆地和小麦地转移到离城市接近的地方。亚特兰大将在距其160公里以内的农场购买番茄、黄瓜、胡萝卜和绿色作物。避免从墨西哥、美国西海岸，或者甚至更远的地方运输农作物的经济形势，将引领美国农产品消费者进入一个便于购买新鲜农作物的时代。接下来还会有新的篇章描述这类大规模经济和在全球化进程中食物越来越远离我们的传奇故事。**当能源价格剧增，并且汽油价格在每加仑 16 美元时，结果只能是将农场回归到本土。**

　　美国人仍然能够享受到法国的山羊奶酪、意大利的橄榄油和夏威夷的大眼金枪鱼（如果还能剩下一些的话）。这些都是原本就属于高价的奢侈品，它们的价格将变得更贵。通常来说，高价商品都经受得住食物的逆全球化进程。而像水稻、小麦、大豆这类主食农作物和苹果这样的商品，将和现在一样在世界海洋上自由流通。

在逐渐缩小的食物网中维持农作物的供应

　　像土豆这样的农产品将被拉上火车，运到市场，再流通到人们的餐桌上。整个过程需要一至三天。大规模的配送网络成本将不再由消费者承担，呈辐射状的农场铁路系统将为用户提供一系列优雅而简单的供应链服务。

　　阿尔伯森食品店（Albersons）或西夫韦食品店（Safeway）不再是制定甘薯价格的风向标，确切来说，当地农产品的价格将由当地市场需求来决定。比如在某个夏天，罗马甜瓜在美国中西部的北部地区销量不好，在芝加哥可能会卖得很贵，但在夏洛蒂的销售价格则可能不受什么影响。当然，会产生这样的问题：什么食物能够生长在什么地方？在冬季我仍然要买芝加哥的番茄吗？在 1 月份纽约有红辣椒吗？

答案是肯定的。这些蔬菜和水果只有在非常适宜的气候中才能很容易地生长出来，所以价格必然会贵，但供应不会枯竭。弗勒和其他人都目睹了冬季在所谓的温室种植农产品的兴起——温室很容易搭建，控制好温度就可以使美国中西部的北部和美国东北部地区一年四季种植农产品。当汽油价格在每加仑16美元时，我们不可能通过管道把天然气输送到这些温室，或点燃煤油炉使室内保持一定温度。除了昂贵的高速公路运输之外，一些老派的方法将派上用场，以协助我们的农场主供应冬季的农产品。

造价低廉的温室是由金属或木料搭建的狭窄的玻璃暖房。塑料薄膜紧密地向温室的外侧边缘延伸，围住了整个空间。第二层塑料薄膜向温室的内侧边缘延伸，这样在两层塑料之间形成了绝缘的夹层空气。太阳全天照射，持续不衰，温室的整个结构就像一个有效的大窗户。搭建温室时稍微多花一些心思，将其紧紧封闭的话，仅阳光本身就足够使内部温度舒适宜人，甚至像底特律或克利夫兰的气候条件也足以做到。"阳光不是问题，"弗勒指向西南方太阳的位置，"即使在伊利诺伊这样的纬度上阳光也很充沛。"

然而，温室内潮湿的空气和由此而来的冷凝可导致极度寒冷的夜里结出致命的霜冻。鉴于此，除了白天的日照，温室还需要热源。属于守旧派的弗勒在温室内部的浅层泥土下面埋了一些正处于分解高潮期的堆肥。这些堆肥会进行生物降解并产生热量，其热量使冬季大部分时间温室内能保持足够温暖。这种方法可追溯到一百多年前，当时的农场主就已经使用过。

"现在我们还在使用这种方法。"弗勒说，一边爬上堆在农场后端的巨大堆肥。他轻轻反手一弹，拂去了干燥而易落的外层薄片，露出了颜色发深，肥沃且冒着热气的堆肥中心。他把一只手伸入堆肥，一直伸到手腕的位置，然后快速把手退回来，就像在试探灼热木盆里的水温一样。"我估计这里有 66 摄氏度，热得你无法把手放在那儿。热得不能再热了，产生热量的细菌将会死亡。"他笑着说。

弗勒的肥料堆包括粪肥、树渣、稻草和农田废物的混合——玉米壳、损坏的蔬菜、杂草等。弗勒从当地的马场获取粪肥，由于马场不要这些马粪，弗勒可以根据需要任意获取。

在未来，多数农场的温室都不会以热堆肥作为热源，而是以被动式太阳能采暖的方式使埋在温室地下管道的水流保持热度。这种能源不耗费任何成本，省去了曾经安装系统所需的基建成本，使美国北部地区的人们在整个冬天都可以吃上新鲜的番茄、柿子椒和黄瓜。

收获更好更健康的农作物

农产品出产地的变化有益于我们的身体健康。食物将变得离我们更近，且趋于完全成熟时才会被采摘，不用忍耐特别颠簸的旅途才被端上我们的餐桌。食物将更健康，包含更多的维他命和营养成分。我们目前的农产品通道中的很多蔬菜和水果在采摘时都是又青又硬的，以便于它们能够经受得住马拉松式的货车运输和旅途的颠波。由于过早采摘，几乎没有时间使农产品产生充足的养分和矿物质。成熟的标志，比如色泽变红，可能会出现在你在商店购买的番茄表面，但其营养价值肯定不如在藤蔓上完全成熟的番茄。恰恰在运输环节上，由于农产品完全暴露在光和热下，就会进一步流失营养成分，特别是容易流失的维他命 C 和维他命 B1（硫胺）。当汽油价格在每加仑 16 美元时，番茄将不需要冷冻，也不需要在又青又硬时采摘，其口感也更像一个番茄应有的味道，而不是无味的湿软粉色泡沫的味道。

弗勒的客户来找他，是因为他们厌恶了淡而无味的粉状蔬菜。他们在生长季节就出钱预定农产品，一般是 12 周，每周大约 35 美元左右。这样，他们可以在收获季节每周来弗勒的农场采摘蔬菜；如果住得近的话，农场可以送货上门。当汽油价格在每加仑 16 美元时，当地农场以这种方式经营将会兴旺发达起来。市场需要它们。美国需要不同于以往的农场主，他们的整个运营将不再依靠消耗汽油将农产品运输到遥远的消费者手中，或消耗汽油为农作物运送大量的肥料。像弗勒这样的新兴农场主，将给小型农场注入新的活力。有关这种耕作方式的知识依然存在，尽管它很少会像曾经那样代代相传。图书馆里充满了有关可持续发展的小型耕作的书籍，但即使是书籍也并非教育美国下一代农耕人士的必须途径。"我几乎都是在电脑上学东西，"弗勒说，"感谢上帝让我们拥有互联网。"

弗勒和与他一样的有机食品农场主喜欢从当地资源中提取天然肥料，这样使他们的农产品味道更浓，更丰富。但对崇尚自然的农场主来说，粪肥虽然富有浪漫色彩，但却数量有限。这就是当未来汽油价格在每加仑 16 美元时，除了食物来自不同的产地之外，我们还要面对更多挑战的原因。最令人苦恼的问题是：如何给食物施肥。

化肥将成为稀缺资源

两个世纪以来，世界上的农业巨头们表现出了极大的兴趣去找各种使农作物创收的方法，尽管这些方法并不是可持续发展的。一种施肥剂被废弃或效用不足，新的替代品立刻就会出现，一直被用到消耗殆尽。如今也没有什么不同。我们一再重蹈覆辙，但科技终将帮助我们脱离困境。

在 1800 年，粪肥是使农地恢复活力的主要肥料。但随着人类人口增加，我们对农作物和食物的需求大量增长，粪肥的影响力消失了。农场主不愿意供养动物制造粪肥了。他们找到了替代物。

德国化学家尤斯蒂斯·冯·李比希（Justus von Liebig）在 1840 年得出结论："为田地施肥的解决办法就在化工厂，一个新时代即将来临。"如果李比希知道他的预言所犯下的弥天大错就好了。

在 1843 年，英国人约翰·贝内特·劳斯（John Bennet Lawes）在他家的洛桑农场（Rothamsted Farm），就在伦敦北部，开始针对农作物、田地和肥料做实验。直到今天，洛桑农场仍然是一个实验农场，其瓶装的农作物标本保存得完好无损，它们可被追溯到 160 多年前。洛桑农场已确认，并从化学上阐明了一些农场主自己悟出来的事实：应用氮磷化合物可从根本上改良农作物土壤，其效果甚至超过了那些完全施粪肥的田地。

人们对与农田相关的化学知识的广泛认知，导致世界历史上出现了非常怪异的扭曲现象。在 17 世纪，欧洲人从新发现的大陆和海岛上拉回了大量的金银珠宝和香料。两百年之后，现在的欧洲人和美国人在南半球和太平洋诸岛上掠夺的不是金子，而是鸟粪。

从 19 世纪中期开始，欧洲人和北美人用了 100 年中的大部分时间分割不计其数的岛屿，同时将自己的文明和大量囤积的磷和硝酸盐分割开来。多数情况下，航行到热带水域的货船通常出于一个目的：开采鸟粪。几个世纪以来迁徙的海鸟留下的海鸟粪堆积在这些岛上，形成了成千上万层白垩质沉淀，有些地方沉淀会达 60 米厚。

第一批运到美国海岸的海鸟粪是在 1824 年。当时，约翰·斯金纳（John Skinner），《美国农夫》杂志（*American Farmer*）编辑，引进了两桶秘鲁海鸟粪到巴尔的摩。海鸟粪中的氮含量是普通粪肥的 30 倍，其实用性是非常明显的。它会使农作物长得非常茂盛，因此，从卡罗来纳州一直到马里兰州的农场主都大声呼吁需要海鸟粪。

到 1850 年，纽约港定期会有运送海鸟粪的货船。美国和英格兰每年联合进口 100 万吨鸟粪。随着鸟粪的价值增高，甚至引发了战争。太平洋战争就是因玻利维亚和智利为争夺太平洋海岸上海鸟粪矿藏的控制权所引起的。当战争于 1883 年结束时，智利取得了胜利，而玻利维亚成为如今的内陆国家。玻利维亚的海军是内陆国家中最强大的一支力量，可以说这是当初为了争夺鸟粪而建立的军队。

到 1930 年，我们已用完了大部分海鸟粪矿藏，使一些岛屿陷入了生态困境，因为这些岛屿自身的营养架构被劫去资助欧美人的农作物增长了。

我们下一个改良土地的营养资源几乎是纯理论上的。正如石油驱动的机械可以进行农业耕作，化肥也可以基于石油得来。我们目前的化肥都是来自同一种资源，这种资源支持着 20 世纪令人惊叹的技术进步。这种模式——由于化石燃料的廉价，如今依然存在。在美国，几乎所有富含硝酸盐的化肥都来自天然气。即使用了我们所能找到的所有粪肥和几乎耗尽世界上有益于生态环境的海鸟粪之后，我们的农耕方式依然对珍贵的化石燃料供应的减少产生了不小的影响。

世界上大多数化肥的主要成分是氨，它是由一个氮原子和三个氢原子组成的分子。人类制造的氨分子比地球上任何其他的化合物都多。氨的形成需要大量的地球资源。制造氨分子需要 1% 的电源和 4% 我们燃烧的化石燃料。此化合物还可用于制冷、清洁或当做燃料，但其主要用途——将近 89%，是用做化肥。

氨已经成为世界以其为食的能源。当你吃一撮玉米粒时，实际上你在吃化石燃料。不仅因为需要大量化石燃料给农作物施肥并将其收割，而且因为使玉米生长的氮化合物源自天然气。当你食用玉米、大豆、番茄或土豆时，你实际上是在食用天然气。氨分子中的氮原子得来比较容易，只需要从我们呼吸的空气中提取，我们呼吸的空气 78% 含氮；氨分子中的氢原子始终是难以捕捉的成分。

在 1910 年，德国化学家弗里茨·哈伯（Fritz Haber）取得一项专利，可利用高温和极限压力将空气中的氢原子和氮原子结合在一起。此后不久，卡尔·博施（Carl Bosch），就职于德国巴斯夫化工有限公司（BASF），将哈伯发明的方法进行了大规模商业化应用。他们的方法，被称做哈伯-博施法（Haber-Bosch Process），两人也因此荣膺诺贝尔奖。这种方法对 20 世纪的人口爆炸显示出超强的责任感。哈伯和博施向世界展示了如何种植食物。

几十年以来，根据哈伯-博施法，在制造氨分子的过程中，水是提取氢原子的主要资源。电解法——在水中通电，使水中的氢原子和氧原子分裂，常常被用来获取氢原子。挪威修建了 60 兆瓦特的沃蒙克水电站（Vermok）专门用于分解水分子，制造氨。沃蒙克水电站供应了大部分欧洲所需的氨，直到第二次世界大战为止。

随着 20 世纪 30 年代大量廉价天然气的出现，利用电解法和水制造氨的方式几乎停止了。这是因为从天然气中提取氢比分解水分子中的氢原子利用的能源少。但天然气的价格原本就与石油和汽油的价格联系紧密。天

194

然气的价格将不断上升，直到我们不得不从水分子中获取制造肥料的原料。在美国，我们已经烧掉了很多易于获得的天然气。结果是，如今我们从像卡塔尔、墨西哥和俄罗斯这样的国家进口80%的化肥，这些国家拥有廉价且丰富的天然气资源。进口化肥比进口石油的比例要高，我们进口石油的比例大约在67%。尽管有待商榷，氨肥将变的和石油一样重要，而且可能会更重要。

化石燃料的替代品

当汽油价格达到每加仑16美元的高点时，天然气价格也将变得非常昂贵。当前的世界已经达到过峰值供应，我们再也看不到供应量的大幅增加了。"人们容易忘记的是，我们的汽车和工业不是唯一竞争化石燃料的事物，"斯蒂夫·格鲁恩（Steve Gruhn）说，"我们的嘴巴也在竞争化石燃料。我们要制造更多的汽车，但也想吃得更好。"为了维持所熟悉的生活，我们必须使用以氨为基础的化肥。"如果必须的话，人们可以过没有汽车的生活，"格鲁恩说，"他们可以骑自行车。但没有食物，人类将无法生存。"

在没有化石燃料的情况下，如何供养数十亿人口是人类在未来遇到的最严峻的问题之一。正如格鲁恩所言："答案就在眼前。"一百年以前，我们用水制造氨；未来我们将再度使用此方法。更棒的是，我们不用燃烧大量的煤和消耗浓缩铀，格鲁恩说。

格鲁恩是美国自主化肥公司（Freedom Fertilizer）的总裁和联合创始人。美国自主化肥公司致力于颠覆世界上运用天然气制造肥料的模式。格鲁恩于 2008 年 2 月份在艾奥瓦州圣灵湖创办了他的公司。该公司经营理念非常简单：借助艾奥瓦州西北部和明尼苏达州西南部充足的风力，运用电解法通过水和氮制造氨。格鲁恩在化肥和能量方面的教育是自然形成的。他在艾奥瓦州的一个农场主家庭中长大，目前这个农场依然存在。1998 年，艾奥瓦州对该州进行了一项风力调查，用以确定未来风能发展的最好位置。结果，格鲁恩家的农场被公认为是艾奥瓦州风力最大的地点。"当得知这个结果时，我就知道在未来某个时候，有人将靠近我们搭建涡轮机，"格鲁恩解释说，"所以我需要提前准备。"

格鲁恩沉浸于研究风力，尽可能多地了解有关风力的知识。一生都在务农的格鲁恩现年 48 岁，他了解了有关化肥生产的压力，目睹了随着汽油供应量下降，化肥从美国本土生产向从国外进口的快速转变。"关于风力，我了解得越多越着迷。"他说。

格鲁恩住在艾奥瓦州一个被称为"水牛岭"（Buffalo Ridge）的地方附近。美国中西部的北部地区的风穿过达科他州终年吹刮着水牛岭，使其成为全美风能利用最棒的地点之一。但是，在水牛岭和多阵风的达科他州配置风车的根本问题在于，由于住在这里的人非常少，必须用高压电线将风力运送到城市，比如，芝加哥或明尼苏达州奥马哈（如果不算上太远的城市）。架设这些高压电线将耗资数十亿美元。此外，当远距离传输电流时，很大一部分电流就会因传输电线和电缆中的阻力而丢失。从艾奥瓦州到达科他州传输风力的过程中，50% 的风力在到达用户之前就会丢失。

格鲁恩对风力的美好愿景使当地的风力运转良好，产生的电流将氢气

196

和氧气分隔开。艾奥瓦州西北部碰巧就是北美农业带的中心；东部分布着威斯康辛、伊利诺伊、印第安纳和俄亥俄州的玉米地；北部是明尼苏达农场、伊利诺伊农场，以及加拿大马尼托巴省（Manitoba）和萨斯喀彻温省南部（Southern Saskatchewan）的延伸地段；南部和西部是美国大平原的农田地——内布拉斯加、堪萨斯、俄克拉何马、得克萨斯和科罗拉多东部地区。美国很多的氨供应都和艾奥瓦州西北部有联系，因为两条输送氨的管道正好经过这里。"在这附近的小村镇里，你几乎无法找到一个加油站，"格鲁恩说，"但你会发现氨配送设施。"

> 这里生长的每平方米玉米需要 17 千克氨肥。制造氨肥比耕作、播种、收割和将玉米输送到市场这一系列环节需要更多的能源。用天然气制造 1 吨氨可产生 1.8 吨二氧化碳，而二氧化碳是全球变暖的罪魁祸首；用煤制造 1 吨氨可产生 3 吨二氧化碳；运用风力使水中的氢原子分离出来不会产生二氧化碳，不过它确实会产生纯属药用级的氧气，一种价值高且有良好市场销路的产品。

在当地容量许可的情况下使用风力，制造我们亟需的东西，比随机地配置涡轮机或以巨大的成本运用管道输送电流到城市地区要有意义得多。格鲁恩已经引起了美国农业部（USDA）的注意，美国农业部奖励格鲁恩的自主化肥公司 10 万美元奖金，鼓励他进一步研究自己的提案。

艾奥瓦州在能源方案系统网络中的地位稳步提高。"如果我站在这里的屋顶上，可以看见 400 兆瓦风力和 3 亿加仑乙醇产品，还有一些生物柴油厂。"格鲁恩说。美国农业部对外发放的数百万美元的奖金中，10%

的奖金颁发给艾奥瓦州暴风湖市辖区的创新者。管辖区的办公地点离格鲁恩较近。美国农业部颁发的 30% 的奖金都流入了艾奥瓦州。艾奥瓦州，横跨美国中西部的北部地区和很多保守的大平原地区，是绿色能源的新核心地带。这里大部分新建的风塔都像拔地高达 120 米的巨兽，甚至更高。它们的生产能力是 2.5 兆瓦。当风力的稳定性和速度得到保证时，涡轮机将输送相当于 1 兆瓦的电量，这些电量可满足 800 户美国家庭的需要。

艾奥瓦州的涡轮机所有者出售电力的平均价格在每千瓦时 4 美分，这意味着每个发电功率为 1 兆瓦的风塔价值 960 美元每天；这个数字意味着涡轮机所有者需要 9 ~ 10 年的时间才能还清投资额，而涡轮机的使用寿命一般在 25 年。这种情况并不糟糕，它解释了为何会有如此之多的涡轮机在艾奥瓦州和大草原地区出现。

但如果那些涡轮机提供电力，运用传统的哈伯-博施法通过电解制氨，回报率将会更高。格鲁恩每天每兆瓦风力可制氨 2.72 吨。目前，氨的现货价格是每吨 1 200 美元；在过去几年中，其价格一直迅速而稳定地上涨。氨价格密切追随化石燃料价格的变化，因为实际上氨就是化石燃料。因此，一个涡轮机每天可制造价值 3 300 美元的氨，而整个过程中唯一的原料就是水。考虑一下，需要花费 960 美元的电力来制氨，如果格鲁恩将其他成本控制在每吨 2 300 美元以下，他就能获利。"这不是问题。"他坚持道。而且这还不包括在此过程中制造的纯氧所带来的利润。

格鲁恩将把他的氨通过铁路运输到全国各地的农场，或者更棒的是，"我们可以指望现有的管道系统，通过管道输送这些氨。"他说。幸运的是，在艾奥瓦州西北部，水并非濒危资源；而在堪萨斯、俄克拉何马州、内布拉斯加西部以及科罗拉多州这些大平原地区的情况也是如此。"这里的年

198

降雨量使我们非常富有。"格鲁恩骄傲地说。事实上，艾奥瓦州的降雨和风力都将成为我们的食物。同样的操作可以在水源丰富的明尼苏达州、威斯康辛州和密歇根州开始进行。

该系统的另一个优势在于，可以很容易地用废水制造氨。丰富的废水来自居民的洗涤池、洗澡水和地面排水。污水处理厂大量的废水也可以被使用。废水可成为我们化肥的原料；当然，化肥是我们食物的给料。一个完美的循环。将内湾的水现场聚集在一起，也可以获取水源。当暴风雨量在 25 毫米时，一片 1.6 万平方米的内湾可产生 452 吨水源制造氨。

选择在于我们

当汽油价格达到每加仑 15 美元或上扬到每加仑 16 美元时，人类为了糊口，以下两种情形必然会出现一种：我们将利用水资源制造肥料；或者，以一种更脏的方式，利用煤制造肥料。假如突如其来的大灾祸降临了，比如，大范围的中东战争或俄罗斯灾难，煤就不失为一种选择，因为它是当前最容易实施的方式。在煤炭燃烧的过程中，分离出来的氢可用于制造氨，这使我们将面临极其严重的空气污染。

幸运的是，发展势头显示出天然气还能为我们服务一些年头。当天然气出现短缺危机时，我们的电解技术、风力农场和农场主将都会准备好。天然气价格每增长一美分，利用水和可再生能源制造氨的获利前景就越好。加利福尼亚州硅谷沙山路的很多风险资本家非常青睐绿色能源事业，他们将看到氨的前景及其较小的环境污染。

氨具有双重使用价值，它还可以作为燃料——氨确实能够燃烧。氨在649摄氏度时即可燃烧，但当它燃烧时是清洁的，只留下氮和水。但氨在自然状态下燃烧时，有生成一氧化二氮和二氧化氮的危险，这两种化学物质可导致酸雨和毒雾，但这种危害可被清洁的内燃技术缓解。

格鲁恩的梦想是使以清洁方式产生的氨成为汽油的有力竞争者。"氨确实是刺激我们经济苏醒的一种物质，"他说，"为何我们要把原本可以花在本土的钱送往国外？"

氨驱动交通工具的先例早已存在。在第二次世界大战期间，纳粹党不顾一切地获取燃料以驱动他们的战争机器，掠夺比利时所有汽油商店的燃料和比利时的各种资源。为了使布鲁塞尔像被占领之前一样运行，比利时人将城市公交车的燃料换成用氨驱动。"我们可以把氨燃料制成相当于每加仑3美元的柴油燃料的对等物。"格鲁恩说。

每加仑16美元的汽油价格将催生一个由氨燃料引领的新农业经济时代。丰富的风能将转化为当地农场里的农作物，然后通过铁路运输到各个城市。农场的农作物和谷物将由锃亮的专用货车通过铁道运送到城市消费者面前，而火车喷出的不是柴油燃料的烟雾或颗粒，而是氮和水。

铁路，重返我们的生活

就在七十五年以前，一个名叫拉夫·巴德（Ralph Budd）的人还在大力宣传要多加利用铁路旅行和铁路技术，使美国成为铁路旅行的先锋。在20世纪30年代早期，客运火车工业和任何其他行业一样，都在努力争取客户，以便在萧条的经济背景下争取更大的影响力。巴德是芝加哥、伯灵顿与昆奇铁路公司（Chicago, Burlington and Quincy Railroad）的总裁，该公司通常也被称为伯灵顿铁路公司。巴德过去一直在找寻一种方式使人们乐于乘坐火车旅行，因为汽车的兴起和经济的萎靡状态使乘坐火车出行的人越来越少。他想过一些办法，比如售卖报纸或制造令人兴奋的气氛，以使人们重新选择乘坐火车。

巴德的方案是建造世界上速度最快，令人们争相乘坐的最高级火车，将用来运载商务乘客。巴德需要一个设计师，一个能将他的构想变为现实的人。巧的是，伯灵顿铁路公司的拉夫·巴德在1932年遇到了巴德公司（Budd Company）的爱德华·巴德（Edward Budd），一位汽车钢铁制造商

的先驱者。尽管爱德华·巴德与拉夫·巴德并没有亲戚关系，但他们都热
衷于创新。

拉夫·巴德过去常常在闲暇阅读《坎特伯雷故事集》，受到了书中讲述
的西风（Zephyrus）故事的启发——这个故事讲述的是一群清教徒受到了
春天微风的启发，启程前往坎特伯雷朝圣的一段旅程，巴德决定将即将制
成的新火车命名为"微风号"。他让工程师将火车的外壳设计成不锈钢质地，
令车身及其拖车看起来异常闪亮。更重要的是，与当时旧式坚硬的钢铁和
木制车厢相比，不锈钢非常轻。由于车身比旧式同尺寸的车厢要轻，意味
着发动机带动同样数目的车厢，会消耗较少的能源，并会留出更多的扭矩
用于火车加速。

　　与当时注重艺术装饰的时代相一致的是，火车车身呈流线
型，边缘匀称圆润；其外观——（火车最后的）守车和乘客车厢，
都被量身打造成光面型。火车前端就像一个骑士的头盔，使整
列火车看上去彷佛身体前倾迈向敌人。这不仅赋予了火车展望
未来的神情，以此激起乘客的兴奋感；而且与"微风号"同时
代的其他火车相比，它减少了第三方的牵引阻力。这进一步提
升了"微风号"的速度。

　　在制造"微风号"火车时，巴德公司实现了另一突破——
采用了相邻的两节车厢共用一个转向架的方式来节省重量。传
统车厢都有前后两组转向架（车轮与车轴的组合），而巴德的设
计理念是，每节车厢的每个末端支撑在一组数量为二的轮轴上，
而车厢另一端的轮轴则成为下一节车厢的支撑点，以此方式连
接每节车厢。这种连结法不只是减少了转向架的数量，同时它

也免除了车厢与车厢间连结器的使用，也因此更进一步减少了
列车的总重量。巴德公司的"波浪型横向纹路"强化并美化了
车身侧面的设计，已被授予专利权。"微风号"火车配有一部来
自威通引擎公司（Winton Motor Company）的 600 匹马力，447
千瓦的柴油引擎。这部火车头也是采用柴油引擎带动发电机，
然后利用所产生的电力来驱动连结在前方转向架车轴上的马达，
以此动力来推动整列火车。

两位巴德先生创造了工程学的奇观。他们计划在 1934 年的芝加哥世
博会（Chicago World's Fair）上展出这部造型优美的火车。但仅仅在世博
会上展示是不够的。伯灵顿铁路公司希望"微风号"火车一鸣惊人。拉夫·
巴德安排了一次极具有宣传意味的旅行，以朝发夕至（Dawn-to-Dusk）的
直达车方式从伯灵顿铁路最西边的丹佛市，向东一路直奔到芝加哥。两位
巴德先生和全车乘客搭乘这列微风号火车在 1934 年 5 月 26 日，于早晨 7
点零 4 分自丹佛出发，并在当天晚上 8 点零 9 分到达芝加哥，总共花了 13
小时 5 分钟。而普通火车需要花 25 小时。"微风号"火车的平均时速为每
小时 120 公里，在其中的一段路程，它的最高时速更是创纪录地达到了每
小时 181 公里，比当时美国所有的火车跑得都快。

"微风号"火车变得非常有名，它在整个国家旅行时，吸引了 200 万
人前来观看其流光溢彩的全盛景象。后来，柏林顿铁路公司将微风号火车
投入正常使用，在二十六年中它尽职尽责地行驶了 480 万公里。"微风号"
火车商业运转的最后一趟旅程是从内布拉斯加州的林肯市经过密苏里州的
堪萨斯市，最终开回它古老的摇篮——芝加哥。目前它被保存于芝加哥科
学与工业博物馆（Museum of Science and Industry），通常人们都尊崇这列

火车为美国铁路史上第一列成功的流线型火车。美国全国铁路旅客运输公司（以下简称"美国铁路"）在 1971 年用自己的"加州微风号"（California Zephyr）将"微风号"这个传奇性的客车名称保留了下来。目前，加州"微风号"火车仍在继续为爱好铁路旅行的乘客提供服务。

美国铁路并未对两位巴德先生的杰作乐此不疲地进行推崇，令其声名远扬。但几乎全世界目前所有的高速火车都是以两位巴德先生创造的微风号火车为基础。"几乎我们了解的高速火车都是以先锋者微风号模型为基础制造的，"美国中西部高速铁路协会执行总裁里克·哈尼什（Rick Harnish）说，"如今在法国、中国、日本使用的火车大部分都直接以微风号为原型。"

具有讽刺意味的是，美国铁路以"微风号"命名了一系列火车，正是"微风号"的技术引领世界进入火车旅行的变革，但它的发源国——美国，却落后于其他发达国家。当然，美国铁路是美国远程铁路客车服务的维护者。微风号火车，带着昔日的荣耀，标志着美国最后一次在铁路运输方面的创新。自从微风号火车走向辉煌以来，美国铁路系统一直停步不前，由于政府把注意力都转移到了别的项目上，忽视了对铁路系统的完善；而对公众来说，他们有充分的理由把火车作为出行交通工具的最后选择。

未来的汽油价格将是过去价格的四至五倍，在美国辽阔的疆土旅行将是件很费钱的事。驾车旅行将会非常昂贵，而且需要保持锲而不舍的耐力；飞机旅行将是有限的，对多数人而言不是可行的选择；最好的方案显而易见，那就是在世界其他很多地方已经存在的高速火车。现代高速火车不仅速度快，效率高，而且它们靠电力驱动，无需消耗汽油或柴油。高速列车是行之有效的交通工具，运用的技术非常成熟，我们可以用任何能源使其运行：核能、水、风、煤或太阳能。

铁路系统的委靡状态

从芝加哥到纽约乘火车旅行，并不适合那些缺乏耐心的人。美国铁路的列车运行现状是：以令人发狂的缓慢速度沿着陈年的铁道前行；转换站不充足；在中途随时会令人费解地停车，着实令人难以忍受。在美国，这就是介于我们最重要的两个商业中心之间的铁路运行的情况，事实上全国大部分地区的铁路运行情况大都如此，已然是个笑话了。但情况不会永远像现在这样。

美国客运铁路系统的衰变数十年来一直遭到来自各界的谴责，目前已处于谷底状态。铁路系统衰败的原因有很多，但有一个因素能将所有的原因绑在一起：廉价的石油。廉价的石油使美国人可以按自己的意志选择生活地点。汽车和廉价的汽油使地铁不规则地分布在远离市中心火车站的地方。汽车旅行和乘坐火车的速度一样快，但驾驶汽车的自由感吸引着大部分杰斐逊派的美国人。而飞机旅行也阻碍了美国高铁系统发展的机会。

在美国，高铁系统真正到来的时候将是世界适应石油稀缺的最终信号。**高铁的存在标志着我们已集体认识到，就能源而言，世界已经发生改变。**口吐火焰的喷气式发动机和排放二氧化碳的汽车将隐于历史，它们是人类和文明进步的另一交通时代的一部分。要在广阔的美国本土的48个州，也就是偏南的48个州（除去夏威夷和阿拉斯加）建造高铁系统需要广泛的民意支持、政府领导和私人企业合作。在美国修建高铁，在数量和规模上的障碍都是巨大的。需要投入的资金达数千亿美元，甚至可能高达数万亿美元。鉴于此，当汽油价格难以抗拒地达到每加仑18美元时，美国广泛的高铁系统就会变为现实。

人们坚持自驾车和乘坐飞机，除非沉重的经济负担令他们承受不起。

但人们不会因为火车是唯一支付得起的长途旅行出行交通工具而乘坐它，他们可以停止旅行，这个现象会破坏我们的经济发展和民生体系。因此，我们要如何做才能保证这样的情形不会真的发生？亚历克斯·库曼特（Alex Kummant）说，首先要给予人们可信赖可享受的服务，当然，还要快捷。库曼特是美国铁路的前任CEO，他的任期截止到2008年。他监管从2006—2008年美国铁路的复兴之路，见证了列车上乘客满满的盛况，因为当时高企的汽油价格和机票价格驱使一些乘客转而乘坐美国铁路的列车。库曼特离开美国铁路，是因为他在美国铁路的运营和管理理念方面与董事会有分歧。

> 美国铁路所有的优先权股份都由美国联邦政府所有，公司的运作类似一个准政府机构。大部分董事会成员由当时在任的布什总统提名经参议院同意而任命。布什总统试图让美国铁路脱离政府的资金支持，更像一个私营企业一样运作，而不像世界上成功的国有高速列车系统那样运作。事实上无论哪种形式，都需要依靠某种形式的政府支持。

美国高铁使各个城市紧密相连，人们旅行非常便利，商业上实现了无缝链接。由于飞机和汽车的逐渐衰退，世界会随之萎缩，然而环绕的高铁又会让我们重新感到，我们的世界所包含的将不仅仅是眼前的城市。当汽油价格在每加仑18美元时，为了与其他世界强国并驾齐驱，拥有高铁系统对美国来说是非常必要的。一些国家已经率先拥有凭借电力驱动的子弹头列车。萧条的社会易于停滞不前，而充满活力的社会经过调整、适应，最终会继续向前发展。修建高铁将使我们的社会充满活力，而不是倒退回不景气的状态。

我们的高铁系统将会很像英国和法国的高铁，它们的"欧洲之星"火车从伦敦到巴黎（部分旅程要穿过英吉利海峡）只需两小时。我们修建的高铁将更像那些中国的高铁——连接北京和上海的高铁把跨越这两个城市的旅行时间从 14 小时缩减到了 5 个小时。北京和上海相隔 1 400 多公里，比芝加哥和密西西比杰克逊县之间的距离要遥远得多。

我们的高铁系统要像日本的高铁一样运行，日本的高铁从东京到福冈这段 1 300 公里的长途旅行只需不足 5 个小时即可到达。我们将最终追赶上韩国的高铁，韩国的 KTX 高铁在釜山和首尔之间旅行的速度可达每小时 348 公里。美国人将体验"大力士"火车（Thalys）所带来的速度快感，褐紫色的大力士火车在 80 分钟之内就可将乘客从巴黎送至布鲁塞尔，全程行驶 320 公里。我们将了解德国 ICE 高铁以每小时 290 公里的速度从慕尼黑到汉堡的情形。甚至连俄罗斯人也一直忙于从莫斯科到圣彼得堡修建一条 640 公里长的高铁，用于运送往来于俄罗斯最重要的两个城市之间的旅客。

孤独的美国高铁系统

美国确实有一个高铁系统。就像永不停息的纽约地铁站一样，这部高铁满载乘客，并得到了高度评价。美国铁路称它为"东北走廊线"（Northeast Corridor），它从华盛顿特区沿着东部海岸线到达波士顿。非常有名的途径站点包括巴尔的摩、费城和纽约。这部高速列车常常被称做阿西乐快线（Acela），它是沿东北走廊运行的一部高铁。

清晨 6 点钟开始开工。从纽约宾城车站（Penn Station）出
发的阿西乐高铁很少带给人们兴奋感。车身是暗色的，乘客们
非常安静。没有保安措施，也没有指定席位。乘客们漫步走到
车前，上车后选择一个座位坐下来。车厢里舒适而宽敞。车厢
里确实非常安静，使用手机和大声谈话都是被禁止。火车从宾
城车站出发，几乎没有发出喇叭声。它滑过哈德孙河下的曼哈
顿隧道，然后转入新泽西。当列车停在纽瓦克，接下来是费城
和巴尔的摩时，乘务员会提醒人们尽快行走，以确保列车行车
时间。列车运行的时候非常安静，只有电动马达发出的嗖嗖声，
而平滑的悬架系统减弱了铁轨的鸣击声。阿西乐高铁是动力集
中的摆式列车，它通过略微向左或向右倾斜行驶，使速度超过
了每小时 160 公里。

阿西乐高铁的路线途经新奇而有趣的海滨小镇和布满高高的桅杆或偶
然可见大西洋灯塔的港口。美国特拉华州威尔明顿市南部的小镇随处可
见落叶木树林，俨然一派新英格兰秋色和大西洋中部的绿色植物混合在
一起的风景。火车路线沿着树林经过马里兰州，过了巴尔的摩之后重新
进入树林带，载着乘客在几分钟之内从树林深处来到美国政府机构的中
心。阿西乐高铁通常准时在早晨 9 点整驶入华盛顿特区的联合车站（Union
Station），这里有开放的旅行路线供乘客参考，以便于他们在此办理业务。
在不足 3 个小时的时间内，高速火车就载着乘客们从人潮拥挤、街道喧闹
的曼哈顿市中心来到了美国联邦的权力中心——华盛顿特区。当火车缓缓
进站时，人们关闭手提电脑，拔下手机充电器，揉着眼睛，从放松的状态
转换到全然的工作状态。乘客之间随意的谈话戛然而止，人们穿上西装夹

克，面部表情会从冷漠的平和转换到注意力高度集中的商务状态。

对美国人来说，阿西乐高铁是令人愉快的，它速度非常快；从纽约到华盛顿特区的时速曾经一度达210公里。然而，在高铁的世界里，阿西乐高铁不算最快的，按某些标准，甚至算不上高铁。在欧洲、亚洲和日本，高速火车一般时速会达到320公里。

与纽约的地铁相像的是，阿西乐高铁的运载率接近满载；不同的是，票价并不便宜。在10月份某个普通的星期二，我花了340美元买了阿西乐高铁的往返票。机票更便宜一些，但飞机要比高铁多花将近两倍的时间，而且不太可靠。从曼哈顿市中心到华盛顿特区乘飞机的旅行者必须花1小时乘坐公共交通工具，或花40美元搭乘出租车到拉瓜迪亚机场、纽瓦克机场或肯尼迪机场。在航班起飞之前的90分钟到达机场，接着是倍感煎熬的25分钟安检时间，然后祈祷航班最好准时起飞。而事实上飞机远远没有纽约的地铁来得准时。飞机在空中飞行的时间不足1个小时，但大多数在华盛顿巴尔的摩国际机场或杜勒斯机场着陆的航班都需要旅客搭乘昂贵的出租车或1小时的公共交通工具才能到达市中心。阿西乐高铁运行非常准时，也没有费时的安全挑战，从曼哈顿市中心可直达华盛顿特区中心地带。走出华盛顿特区的联合车站只需步行两分钟。纽约的宾城车站情况也是如此。显而易见，同样的情形不会发生在几个不同的机场。所有这些原因导致65%的往返于纽约和华盛顿之间的旅客会乘坐阿西乐高铁，而不去乘坐达美航空、美国航空、联合航空或大陆航空每天提供的几十个航班，尽管航班票价比阿西乐高铁便宜。

东北线走廊是美国其他的火车旅行可仿效的对象。当汽油价格接近每加仑 18 美元时，东北线走廊是非常成功的线路典范。目前萎靡的铁路系统使数百万乘客在选择出行工具，如火车、飞机、机车时，不会考虑火车。但是，当火车系统变得高效而有吸引力，且和阿西乐高铁一样快速时，人们就会选择火车，而且他们会迅速地做出选择。美国铁路的财政收入是惊人且具有启迪意义的。

在 2008 财政年度，美国铁路的收益额达 17.3 亿美元；其中 9.5 亿美元来自走东北线走廊的高铁。美国铁路总客运量的一半以上——54%，都是通过一条 724 公里长的双向延伸的轨道运载，在 2008 年这条轨道仅运载了 37% 的美国铁路旅客，而当年美国铁路的旅客在 2 900 万人次。这就是效率、速度和舒适度对乘客流量的影响。

想象一下如果美国在其他很多地方都配备了这种水平，或者更高水平的列车服务，那么其对商业、区域关系和家庭联系以及社会风气的影响都将是深远的。那将是一次真正的铁路系统的复兴。

铁路的虚弱地位

建筑师丹尼尔·伯纳姆（Daniel Burnham），1893 年芝加哥破纪录的世界哥伦比亚博览会设计师之一，当初设计时就打算将华盛顿特区的联合车站作为这个重要城市的主要入口处。当联合车站在 1907 年正式对外开放时，多数人都赞同伯纳姆成功地实现了他的愿望。联合车站优雅的大厅和雄伟的拱顶不乏人们的赞美之词，有人说它貌似一个自我陶醉的君主。联合车站是阿西乐高铁最南端的车站，并且直接连接到华盛顿漂亮的地铁系统。美国铁路的总部就驻扎在此。

但即使是美国铁路的最高权力机构——美国铁路总部，还是屈尊在一个不起眼的地方，需要走出联合车站的大厅，经过一个牛排屋，再穿过一组外门才能看到。一旦来到外面，那些寻找美国铁路大门的人会看到左边是一些巨大的柱子，在一个无明显特征的入口后面，来访者需要经过门卫电话呼入才可以进入。门卫在一间单调乏味的门房里，很像无电梯的公寓。你可能会进入下东区拐角处的一个独立房间，否则，你进入的就应是美国铁路系统总部。这里有一个比较显眼的星巴克咖啡。

可能这简陋的总部办公室体现了美国铁路领导人的实用主义价值观。在资金如此缺少（与同时代世界其他铁路系统相比）的情况下，以这种态度领导一个组织是必要的。亚历克斯·库曼特，尽管他的设想非常宏大，也总是将注意力集中在任何具有回报率的收益上。"美国铁路是注重实效的组织，鉴于此，我们在接下来的 5 年内有望实现复兴，"库曼特坐在位于联合车站的办公室会议桌前解释说，"要修建高速通道，没有广泛的民意支持和数百亿美元是不可能的。"

就库曼特而言，这是令人烦恼的事。美国铁路的行政领导层受美国民意支持，即高速列车是唯一值得拥有的项目。库曼特承认，速度是吸引人们重返火车的重要原因。"给几亿美元，我就可以开工修建这些高速通道，"库曼特说，"我们花费 10 亿美元就可修建从芝加哥到底特律的高速通道了，我们还可以使火车以每小时 180 公里的速度行驶在这条线上。"

如果花费20亿美元，美国铁路可以修建每小时320公里的高速通道，使乘客只需90分钟即可从伊利诺伊到达圣克莱尔湖区的沿岸城市。但事实上没有人抱怨三个小时的旅途；交通畅通的情况下驾车也需五六个小时；或搭乘飞机，尽管机场有可能发生一些延误航班之类的小状况，人们也能接受。库曼特认为，使路线适应现状的两个关键在于：一个是调整良好的国家计划；另一个是政府资助的铁路系统的巨大变化。

"这属于国家综合规划的领域，"他说，"我们没有这些规划。最近在柏林的一个会议上，我曾对德国铁路系统的CEO说过，'我希望我为之工作的国家把铁路系统的花费看做是必须的花费'。"这位德国人告诉库曼特说，"你要是看到这里25年前的样子就好了，那时我们在波恩（原西德首都）每年都要求拨款。所以，你必须明白事情都是会起变化的。"

这个德国人说得很对，这种局面是会改变的，而且必将改变。一旦汽油价格高达每加仑12美元，库曼特预测公众将会真正希望改变铁路系统的状况，而政府也终将勇敢地去实施变革。要实现真正的全国连接的高铁系统，需要汽油价格接近每加仑18美元①。"有时需要真正的危机来激发行动，"库曼特说，"我毫不怀疑石油稀缺将成为我们要面对的危机。"

在国会批准给美国铁路更多资金之前，库曼特就一直在为之努力，他成功了，至少从目前来看。2008年出台的新法案准许美国铁路一年获得25亿美元拨款作为运营费用和资本开销，比如，维修损坏的线路（目前有很多损坏的线路），修建新的铁道线。这笔拨款并不足以用来修建高铁，但它是在汽油价格每加仑2.5美元时拨付的。当汽油价格超过每加仑10美

---

① 油价每加仑18美元相当于每升29.93元人民币。——编者注

212

元，越过每加仑 14 美元，到达每加仑 18 美元时，数十亿美元将变为数百亿乃至数千亿美元的巨额数字。

交通运输市场绝非免费的市场

阿历克斯·库曼特说服政府去支持一个本身没有太大价值的项目，非常艰难。然而，理查德·哈尼什（Richard Harnish）的工作可能会更有挑战性。哈尼什拿不到库曼特可从美国铁路挣得的 35 万美元年薪。库曼特是联合太平洋铁路公司（Union Pacific）的前任行政官，而哈尼什是中西部高速铁路协会（Midwest High Speed Rail Association）的领导者，这个协会的运营纯粹依靠捐赠。该协会四处游说在美国中西部修建一个集中的高铁系统，他们的游说从芝加哥到圣路易斯、密尔沃基、明尼阿波利斯、印第安纳波利斯、底特律，再到克利夫兰。哈尼什花费了大量的时间在伊利诺伊州斯普林菲尔德市，游说当地州立法机构打开金库，使火车旅行成为公众的优先选择。和库曼特一样，一些哈尼什的最成功的游说都是在 2007 年和 2008 年汽油价格上涨时取得的。

哈尼什对待他的高铁项目非常认真。最近，他和儿子踏上了去孟斐斯（Memphis）的火车旅途，他们搭乘美国铁路的新奥尔良城列车一路前往田纳西州，全程 800 公里，需要 12 小时才能到达。这绝非最快的速度。但哈尼什是这样一个人，他情愿花 12 小时搭乘火车，也不愿花 6 小时在飞机和机场上。他的万事达信用卡不能积攒航空里程数，但可以为他积攒美国铁路的积分。中西部高速铁路协会在芝加哥林肯广场社区后面的咖啡店

213

上方占有一席之地。办公室里表面钉着钉子的枫木地板和几组跨房间的双挂拉窗可追溯到火车，而非汽车盛行的时代。哈尼什并没有请求获得皇家特权，他只是希望火车可以得到均等的机会。但是美国的交通系统要达到均衡发展状态还需要很长的过程。哈尼什说，如果给火车一个恰当的机会，它一定会兴旺发展起来的。

　　"首先，你必须意识到对于交通工具市场而言，没有免费的市场，"哈尼什说，"事情并不像你去买一部高速火车然后使用它这么简单——你需要铁道和公共基础设施建设。"

　　　政府并不会提供这些铁道和公共基础设施，但政府确实可以提供道路。美国政府会在道路建设上花费 1 500 亿美元，但却不愿花这么多钱维护铁路。政府曾经一度这样做过，在 19 世纪 70 年代，政府担保中央太平洋铁路公司（Central Pacific railroads）和联合太平洋铁路公司（Union Pacific railroads）发行债券用以完成横跨大陆的铁路工程。政府的标准是平坦的轨道每公里 0.99 万美元，穿越山麓的轨道每公里 2.99 万美元，穿越山脉的轨道每公里 2.83 万美元。这种资助实际上就是一种贷款的形式，共达 5 300 万美元。铁路公司确实得到了一大笔以土地为形式的资助，即每公里轨道 3.22 万平方米。这不是一笔糟糕的交易。但是面对激烈的竞争，铁路公司仍然显得非常脆弱，因为在那时铁路的繁荣与萧条的交替循环是很正常的。我们当今的汽车制造商没有任何附加条件地获得了免费公路带来的所有好处。在 2008 年晚些时候，克莱斯勒公司和通用汽车公司汲取了 130 亿纳税人的钱顺利运营，而多数人还在质疑是否这两个公司有能力偿还这些钱。

自从1956年以来，联邦政府已将纳税人3.5万亿美元投在了沥青上。在那段期间用于铁路系统的沥青就是铺设人行道，需要的量不足公路所需总量的5%。因此，小汽车、公共汽车、卡车——任何行驶在公路上的交通工具，比行驶在铁路上的交通工具都具有根本优势。公路是免费使用的。一部分汽油税花在了公路上，但并不是所有的汽油税都用于公路。正如前文所提到的，每加仑18.4美分的汽油价格不会走太远，我们的公路建设需要联邦基金每年资助数10亿美元。"投入到道路铺设中的钱，有很大一部分来自别的经济领域。"哈尼什说。

联邦政府一直在做的，就是要求客运铁路系统像私人企业一样运作，与此同时大大资助其竞争对手：小汽车、卡车和公共汽车。底特律的汽车大厅对于如此不正常的资助平衡起到了很大的作用，哈尼什说。即便如此，汽车公司仍然找不到获利的方法。**当未来汽油价格涨到每加仑18美元时，一大部分资金都将流入我们的铁路系统。在能源价格从根本上改变我们生活的世界时，确保旅行能力是必要的。**

像联合太平洋铁路公司和美国CSX运输公司这样在大部分年份都获利的公司，与其卡车竞争者相比，也存在严重的不利条件。"铁路公司收益的15%将用于轨道修缮、保养和信号完善方面的支出，"库曼特说，"这很疯狂。但它们的卡车竞争者几乎不用为公路支付任何费用。从某个角度而言，政府必须资助铁路系统的扩张和维护保养费用，这是难以避免的。"

话题回到芝加哥，哈尼什坐在椅子上转动着身子，手指着从芝加哥肯尼迪高速公路上拥堵的汽车边上疾驰而过的双层通勤列车。"谁在为通勤列车游说？"他问道，"还不是联合太平洋铁路公司，它们拥有铁道的所有权，但由于债台高筑，它们宁愿看见客运火车在轨道上行驶。并不是钢铁公司修建的铁道——这些铁道可维持五六十年。铁道下面的岩石来自联合太平洋铁路公司拥有的采石场。除此之外，还有一些有关信号系统和诸如此类的合同，但不是很多。"

哈尼什然后把手指指向肯尼迪高速公路向南的四个车道。"但是在那里，我们有汽车制造商、石油公司、轮胎公司、修建这些高速公路的大型建筑公司、修建这些巨型灯柱的公司，修剪中途草坪的公司......"他降低声音，"公司多得举不胜举，很难一一列举。"

铁路的未来将变得光明

一般而言，公众厌恶被游说和接受已发生变化的事实。有很多理由可以解释为何需要非常高的油价才能改变政府资助交通设施的方式。但这就是高铁系统曲折前行中必然会发生的现象。哈尼什的建议是完全停止修建新的高速公路。"我们需要停止高速公路建设，并对其进行纯粹的维护，"他解释说，"我们已经有足够的公路了。未来，驾车的人可能更少，我们不需要新增公路。我们应该把资源投入到铁路系统和大众交通工具的完善上。"

哈尼什喜欢强调当前正在审理的项目，他说，这些项目可能永远都无法竣工。其中一个项目是伊利诺伊西部的美国 20 号公路。州政府和联邦政府计划在人口 2.5 万的弗里波特小镇和人口 3 500 的加利纳小镇之间修建 80 公里长的双向车道。一共四条车道，成本将近 10 亿美元。在两个非常小的村镇间扩展现有的高速公路的成本是每公里 1 100 万美元。同样花 10 亿美元可以从芝加哥到密尔沃基、从圣地亚哥到洛杉矶、从旧金山到萨克拉曼多，或从波特兰半途到西雅图修建高铁系统。政府修建的一些公路几乎很少有人知道、关心或使用。

美国联邦政府为每个旅客补助 40 美元。这听起来是个不错的消息。但华盛顿以公路补贴的形式为每个汽车乘客发放 500 美元。"这种不平衡与西欧或亚洲发达国家的情况不一样，"哈尼什说，"美国人必须意识到，在某个时候，他们将不再能够开车或搭乘飞机去任何想去的地方了。"

欧洲的铁路经验

横跨欧洲大陆大部分地方的汽油税使欧洲人均消费的石油只占美国人均消耗量的一半。大量增加和扩展高铁系统是欧洲人向不太依赖汽油的社会转型的一个途径。这些变化始于 20 世纪六七十年代的第一次阿拉伯石油禁运，并且持续至今。欧洲的火车经验为我们大家展现了一个前景，即当美国和世界其他地方的汽油价格上涨时，我们该期待什么。最终，美国的火车系统将广泛分布，并和世界上任何其他国家的火车系统一样快捷。

直到 20 世纪 90 年代后期，西班牙都不是欧洲火车系统中的精英。由于西班牙政府致力于禁止在马德里之外盲目扩展，并实现整个国家到首都都只需 3 个小时的火车旅程，西班牙的火车系统以惊人的速度得到发展。西班牙整个国家在政府的鼓励动员下，齐心协力地迅速修建了遍及全国的高铁系统。西班牙的交通预算将公路和铁路均等地划分开了。西班牙政府已经为接下来十五年的基础设施建设费用拨款 3 600 亿美元，其中 1 800 亿美元用于铁路建设。

马德里拥有每小时 320 公里的高速火车，以便宜、安全且舒适的方式与很多城市连接。西班牙波状起伏明显的地形使很多高速火车行驶起来比较费劲，因此车票价格昂贵，但人们付出的努力改变了很多西班牙人的生活。从马德里到巴塞罗那乘坐火车旅行的直线距离是 500 公里，但由于地形特点，火车要行使 692 公里；在 2001 年需要 7 小时 30 分钟到达目的地，当时一天有 10 次列车走这条线。如今，同样的线路一天有 20 次列车运行，在不足 2 小时 40 分钟的时间内即可到达。这比从洛杉矶到旧金山的距离要远；与从纽约到克利夫兰的距离几乎差不多。作为对西班牙铁路系统的完善，西班牙与法国 TGV 高速火车合作，为公众提供了一条路线——从马德里到巴黎只需 7 小时，这与从芝加哥到纽约的距离相同。

如果西班牙可以做到，美国也可以追随效仿。事实上，美国应该可以做得更好。西班牙对铁路系统投入的资金是美国认为应该投资在铁路系统上的资金的 10 倍。西班牙人口仅为 4 100 万，国内生产总值达 1.4 万亿美元，人均国内生产总值为 3.4 万美元。美国拥有 3 亿人口，国内生产总值 13.8 万亿美元，人均国内生产总值为 4.6 万美元。美国的军队经费比整个西班牙政

府经费都要多，西班牙政府经费在 5 700 亿美元。美国是沉睡的
铁路巨人。

不断上涨的汽油价格将充分引起这位铁路巨人的注意。当汽油价格触及每加仑 18 美元时，美国在铁路和公路上的支出比例将是 1 比 1。这些建议现在听起来耸人听闻，但我们的世界必将经历巨大的革新。**我们的生活将紧密相邻，我们的城市会充满活力，制造业将复兴，食物也更加本地化，而我们制造的垃圾将会减半。**从我们这个世界上消失的将是机场的旧功能：将我们整个国家绑在一起的交通系统以及通过简单的物理能力迅速改变地点，把这个奇妙的多样化的世界连接在一起。我们需要一个理想化且有凝聚力的铁路系统。这是我们从廉价的石油时代过渡到竞争激烈的石油紧缺时代必将迈出的最后一步。我们将不同以往地生活，但我们会生活得很好。**当高铁系统遍及全国时，轻松旅行又将重现我们的生活。**

从加利福尼亚开始。加利福尼亚的选民在 2008 年晚些时候采取行动通过了一项措施，支持加利福尼亚州发行的 100 亿元债券，修建 1 127 公里长、每小时可行驶 354 公里的铁道项目。该铁道从圣地亚哥到洛杉矶，穿过弗雷斯诺，然后向北到达旧金山和萨克拉曼多，用和欧洲一样先进的列车技术将我们国家人口最稠密的州连接在一起。这个项目将关闭加利福尼亚令人窒息的高速公路，使汽车无法上路；因污染而烟雾弥漫的山谷将重新变成一方净土；加利福尼亚人将感到出行更方便快捷，而且可支付得起。据加利福尼亚高速铁路管理局（California High-Speed Rail Authority）估计，从旧金山到洛杉矶的旅行需要 2 小时 38 分钟，旅客需花费 55 美元。如果把在机场的时间计算在内，火车旅行比飞机旅行更便宜更快捷。

　　这个加利福尼亚的项目仍然面临很多障碍。加利福尼亚州一直面临着持续的财政危急状况，投入数百亿资金后出现的年度财政赤字会降低州政府的可信度。但是再没有比上涨的汽油价格更能助加利福尼亚一臂之力的了。赞同通过 2008 年法案的选民们对当年夏天汽油价格在每加仑 4 美元的情形依然记忆犹新。当面对更高的汽油价格时，这个项目将已经竣工。它将成为别的州争相追随的榜样。在某种程度上，加利福尼亚州所作的努力将使联邦政府和美国铁路受到谴责。一个州能用有限的资源完成如此大的项目，相比之下，联邦政府和美国铁路显然相形见绌。这将激励联邦政府着手进行更多的高速铁路建设，尤其当人们蜂拥而至竣工的可跨越半个西海岸高铁系统时。

　　当汽油价格奔着双位数上涨，冲向每加仑 18 美元时，美国其他州也将采取行动。得克萨斯州，美国第二大人口最稠密的州，将紧随加利福尼亚，以一个简洁的三角形电气化铁路连接休斯敦、达拉斯和圣安东尼奥，一直延伸到加尔维斯顿海湾和科珀斯克里斯蒂。俄克拉何马州将出资扩建连接塔尔萨、俄克拉何马市和达拉斯的铁路，帮助巩固这些城市向城市中心发展转型。堪萨斯州将修建高铁连接俄克拉何马市、威奇托，一直到密苏里州堪萨斯市。

　　紧随得克萨斯州的是佛罗里达州，佛罗里达州是美国五大人口最稠密的州之一。阳光充沛的佛罗里达州将修建从北部的迈阿密开始，到迈尔斯堡，再到坦帕，向东到奥兰多，最后向北到杰克逊维尔的高铁系统。佐治亚州始于南部亚特兰大的高铁将在杰克逊维尔与佛罗里达的铁路系统汇合。

　　每加仑 18 美元的汽油价格将驱使美国中西部地区采取行动。在此，高铁系统将从芝加哥向所有的方向发散，连接起密尔沃基、明尼阿波利斯、

220

圣路易斯和印第安纳波利斯。密苏里州将连接起圣路易斯并一直延伸到堪萨斯市，这将给中西部铁路系统提供一个通道，使其可以直接连接到休斯敦和墨西哥湾。

哈尼什认为，从芝加哥到纽约的高铁将是除加利福尼亚独立行动之外的第一个为人们所接受的具有首创精神的高铁项目。"目前的情况很丢人。"他说，他指的是从芝加哥到纽约的火车旅程需要花 21 个小时，尤如马拉松一般。

未来的高铁系统将把美国中西部的北部和东海岸城市前所未有地连接在一起，给予这些拥有相似的人口数、城市和社区的地区先进的运输系统。当汽油价格到达每加仑 8 美元时，它们可以填补大量被迫停止的航班所遗留下来的运输空缺。高铁将从芝加哥通到托莱多、克利夫兰，朝东南转向匹兹堡，穿过宾夕法尼亚到达费城，然后再到纽约，与东北线走廊相连。从芝加哥到纽约的高铁旅程只需不到 6 个小时的时间。

在大西洋中部，北卡罗来纳州将连接夏洛蒂至首府罗利，在此借助佛吉尼亚的高铁系统，连接到里士满，最后连接到华盛顿联合车站的东北线走廊。到那时，东北线走廊将成为全国速度最慢的高铁。国会将拨款大力修补东北线走廊，使其运载能力达到每小时 350 公里。联邦政府将参与所有这些高铁系统的规划建设。当最后把所有的规划放在一起时，美国将拥有前所未有的宏大的高铁建设计划。

加利福尼亚州的高铁系统将最终与联邦政府达成一致，将高铁连接到波特兰和俄勒冈州。俄勒冈州的高铁将与西雅图相连，洛杉矶的高铁则会与拉斯维加斯相连。必须进行一个强大的设计合理的系统规划，将高铁系统从西部的芝加哥连接到丹佛，再延伸到盐湖城；从盐湖城，再连到里诺和旧金山。路线的完善将促进国人更快地适应高铁旅行。

我们的世界将被稀缺的石油和其不断上涨的价格彻底改变。这些改变可能是好的，也可能是坏的，这因人而异。然而，高铁绝对是广为接受的良性改变。它将使我们的生活变得更简单，更有品质。

一个回芝加哥家里度假的大学生可以与父母一起吃早饭，然后从她的家——林肯公园社区，乘坐短程地铁到芝加哥联合车站，最后乘坐早晨 10 点开往纽约的高铁返回学校。沿途她将经过伊利诺伊、印第安纳、俄亥俄、宾夕法尼亚、新泽西和下曼哈顿地区。印第安纳州的钢铁厂会一闪而过。俄亥俄州和宾夕法尼亚州的谷仓就像初春的艺术剪影，在她眼前转瞬即逝。穿越宾夕法尼亚州一座陡峭的鳞状山岗下面的 1.7 公里长的隧道时，将是连续 16 秒的黑暗。她可以在途中睡 3 个小时，醒来后却失望地发现她只剩下另外 3 个小时去完成两天后需要上交的作业。幸运的是，她将在下午 6 点到达纽约市上西城哥伦比亚大学的宿舍，还有足够的时间弥补一下。

在汽油价格为每加仑 18 美元的世界里，两位巴德先生具有创新意义的遗产将再次被拿出来温习和研究，为美国拥有更好的高铁系统继续发挥作用。

军队武器库的变动

自 20 世纪 50 年代以来，B-52 轰炸机一直是在美国空军长期服役的主要战斗机型。它的地位至今没有太大改变。这款大型军用飞机，驾驶舱内配备了最新的电路和机件，其投弹位置比较精确，但远距离飞行的速度较慢。B-52 轰炸机使用的不是 2 个，也不是 4 个，而是 8 个由普拉特·惠特尼公司（Pratt & Whitney）制造的会发出尖声呼啸的喷气发动机。每个发动机会产生 1.7 万磅驱动力。事实上，这些发动机与那些驱动 20 世纪 50 年代飞机的发动机并没有太大区别。现在已经出现更好的技术了，但美国空军对其军力深感自信，并无忧虑。

美国空军就像一个性情乖戾的老人，从 50 年代开始吸烟，面对所有令人敬畏的警告，依然不放弃自己的习惯。正如这个老人顽强地生活了这么多年一样，美国空军亦是如此。很多因素才可以改变老人的思想，对美国空军也一样。然而，汽油价格接近每加仑 18 美元时将会引起五角大楼的注意。汽油价格每增长一美元，美国国防部就要多花 50 亿美元。汽油价格从每加仑 4 美元涨至每加仑 18 美元，意味着国防部需要再多花 700 亿美元。

有时，B-52 轰炸机需要一直飞行 24 小时执行某个轰炸任务，然后再返回。由于 B-52 轰炸机最高可升到地球同温层，所以得到了"同温层堡垒"（Stratofortress）这个绰号，它曾是美国人的骄傲。

B-52 轰炸机机长 49 米，翼展 56 米，机高 12 米，飞机全重 84 吨，最大载油量 31 万磅，另加载炸弹 7 万磅，可容纳 5 名机组人员操作。美国空军从遥远的关岛和北达科他州向中东地区

发动突击。在一个小时的飞行中，B-52 轰炸机的 8 个引擎会耗
费 3 334 加仑喷气燃料。当汽油价格在每加仑 4 美元时，这一小
时飞行的燃料费用在 1.33 万美元；汽油价格在每加仑 18 美元
时，燃料成本将增加到一小时 6 万美元。

在世界的另一端执行任务，仅燃油成本就会就达 140 万美元。尽管 B-52
轰炸机具有优雅的翼展，单一的飞行航线，却非常耗油。事实上它是美国
军备力量中最耗油的武器。自从 60 年前 B-52 轰炸机加入美国空军武器库
之后，在每一场重要的军事冲突中都有它的身影。然而，每加仑 18 美元
的汽油价格将会危及 B-52 轰炸机的地位，因为出于资金和安全上的考虑，
军备武器都将只需使用较少的燃料。

"高油价带来的任何情况都将会影响到军事战略。"迈克尔·利瓦伊
（Michael Levi）说，他是美国对外关系委员会气候变化和能源安全项目主
任。"但是即使油价涨到每加仑 18 美元，美国武装力量也不会停止执行任
务。如果五角大楼想要轰炸一个目标，再高的油价也无法阻止。"利瓦伊说。
高企的燃油价格所能做的就是，迫使美国军方把本想花费在新飞机、新战
舰和导弹等方面的经费花在燃油上。美国军方在能源上的花费往往其中一
半以上都是用于喷气燃料。为使其资本筹集项目正常运行，五角大楼已经
开始考虑当汽油价格在两位数时美国军事的前景。毕竟，军事力量怎么可
以没有新武器呢？

除了资金上的压力，美国军方从未怡然自得地依赖过化石燃料。化石
燃料大部分来自那些不把美国当做忠实伙伴的国家。简单而言，昂贵的汽
油价格在安全方面是个威胁。五角大楼应对这个威胁的答案很简单，即在
一如既往地对世界军事舞台施加影响的同时，减少燃料使用。但美国军方

必须利用科技，而不是致力于通过减少任务来节约能源。"他们将和现在所做的一样，努力尝试最高效的方式，"利瓦伊说，"美国军方将尝试，主要通过创新和应用新科技来减少成本。这也是五角大楼持续关注多年的问题。"

油价高企的时候，成本势必会成为倍受重视的问题；而在廉价汽油时代——油价在每加仑 1 美元时，五角大楼就不会关注这个问题。随着未来汽油价格持续上涨，美国军方将会不断关注这一问题。像 B-52 轰炸机这样的军用飞机，无论任何型号，都将不会大量存在了。那些存留下来的 B-52 轰炸机将被改装成使用 4 个高效引擎，而不是 8 个。美国空军还将引进最新最高效型号的 C-5 军用运输机和机载雷达系统的飞机，这类飞机在其服役期间的大部分时间都在空中飞行，无论是和平年代还是战争时期。

> 为了能够确保当与石油供应国之间发生冲突时——在油价高企时很可能发生的情况，依然保持充足燃油供应，美国空军一直在实验用天然气和煤制造合成燃料。这个过程需要付出极大的成本，但可以在国内制造。美国空军希望在 2016 年能够实现用合成燃料供应其 30 亿加仑喷气燃料用量的一半，以防国外资源中断供应。

美国海军也是一支大量消耗燃油的队伍。美国空军和海军使用的燃油总量占美国军用燃料的 85%。一些国会议员一直推崇海军舰队尽量多使用核能源。目前，美国海军只有潜艇和航空母舰用核反应堆推动，大概有 80 艘使用核动力。支持节能的马里兰州共和党议员罗斯科·巴特利特（Roscoe Bartlett）称，舰队全部使用核动力的等值点相当于油价在每桶 100 美元。

美国海军称，油价在每桶 80 美元时使用核动力巡洋舰，以及油价在每桶 200 美元时使用核动力导弹驱逐领舰才是明智的。无论谁是正确的，油价超越这两个点都将是不可避免的，因此，专门用核反应堆驱动美国海军舰队也势在必行。全部使用核动力会使美国海军舰队的安全系数更高，而且不需要中途加油。美国海军"科尔号"驱逐舰（USS Cole）在也门亚丁港加油时遭到了一艘满载炸药的小船的自杀式爆炸袭击。猛烈的爆炸将军舰炸开了一个 12 米见方的大洞，导致 17 名美国船员死亡。

在没有核动力的情况下，美国海军舰队的电子系统和柴油机系统将被更新换代，使其高效运转。2001 年进行的海军研究发现，"普林斯顿号"神盾巡洋舰（Aegis cruiser, USS Princeton）一年要使用价值 1 000 万美元的柴油燃料环游世界，相当于军舰上的 400 个机组人员人均燃油消费 2.5 万美元。当汽油价格在每加仑 18 美元时，"普林斯顿号"上每个船员的燃油消费将达 22.5 万美元。几乎一半的燃料用于为军舰的电力系统制造 2.5 兆瓦的电流，而其余的燃料则为推进器供应 8 万马力的驱动力。研究发现，将军舰的电力系统现代化，并更换过时的冷却器、泵、风扇和过滤器将节约 50% 的电力，这将大大地削减燃油成本。美国海军一直致力于这种形式的部件更新，但在汽油价格呈两位数的世界里，海军舰队每支军舰的电力系统都将进行彻底检修。

当美国军队全面进入地面攻击模式时，需要大量消耗能源和汽油。美国军队的主战坦克——重达 70 吨的艾布拉姆斯坦克（Abrams），具有巨大的耗油胃口。其燃气轮机可驱动坦克以每小时 64 公里的速度在崎岖路面前行。艾布拉姆斯坦克每行驶 1 公里使用 1.86 加仑燃料。让艾布拉姆斯坦克耗油更多的是，美国军方通常喜欢用直升飞机给战斗中的坦克补给燃料，

226

这使运送的燃料成本达到每加仑 500 美元。因此，当汽油价格涨至每加仑18 美元时，减少艾布拉姆斯坦克的耗油量是亟需解决的问题。利瓦伊称，美国军方不会废弃坦克，但可能会在新坦克上安装高效节能的燃油轮机。目前的燃油轮机技术还停留在 20 世纪 60 年代。

其他军用车辆——比如，悍马和运送人员的车，也将有所变化。它们的构架将转换成钛和碳纤维复合材料质地。美国军方已在测试用柴油－电动混合动力驱动军用车辆。汽油价格在每加仑 18 美元时，运用节能技术的军用车辆将不再仅仅是美国军备力量的一部分，它们将占据主导地位。

除了通过直升机为坦克运送汽油外，美国军方还会运用巨大而低效的柴油发电机为前方指令站供应电源。在未来，美国计划使用新一代巧妙设计的混合发电站，在运筹帷幄中使用船载风轮机和太阳能电池板供应电能。这是绿色能源带来的电能，美国人钟爱它，因为它是可便携移动的电源；直升机不会为了柴油燃料而飞行，但会为了纯净的且可灵活流动的能源而飞行。

当汽油价格涨到每加仑 18 美元时，美国五角大楼仍然在世界上具有强大的力量，但它知道如果继续把一半的预算都挥霍在燃油上，将无法在这个技术发展日新月异的世界保持其巨大的影响力。这就是为什么当展望未来汽油价格时，要在经济和很多其他政府部门之前优先考虑军事方面的原因。五角大楼没有自鸣得意的资本，我们其他人也一样。

第 8 章

一个绿色能源的大未来

　　西弗吉尼亚州的卡诺瓦河谷（Kanawha River Valley）充斥着沙砾。一个世纪以来，在这里随处可见矿渣堆、煤堆和被煤烟熏黑的矿轴。从处于混沌状态的农业时代直到展现出令人惊叹的技术和进步的今天，这片河谷的煤一直在供我们的社会发电使用。阿巴拉契亚山系在卡诺瓦河谷边缘拔地而起，最高峰达海拔 366 米。这里的很多陡峭山坡上都留下了我们搜刮能源的痕迹——隧道入口和切割粗糙的道路蚀刻着棕色的之字形图案。煤车在沥青路的双车道上轰鸣着缓慢驶过。空气中充满了灰尘和金属似的煤烟味，进入嘴里后像是淡淡的唇裂的血腥味道。

　　卡诺瓦河时而欢腾，时而静谧，它们会汇集在常见的堤坝中，为附近的熔炉和精炼机供应水力电。坐落在河畔的大型煤厂喷出的烟雾和蒸汽向东飘浮到阿巴拉契亚山上。各个工厂的电流通过巨大的高压线系统从一个堤岸传输到另一个堤岸，偶尔会传送到某个岛上。卡诺瓦河早在很久以前就不再是一条水晶般清澈的水道了，因我们需要的电、煤和暖气而被污染了。西弗吉尼亚州公共卫生署呼吁渔民不要再捕捞鲤鱼、鲶鱼、亚口鱼或混血柳鲈了，因为这些鱼大量吸入了河床泥底的二恶——一种无色无味、毒性严重的脂溶性物质。为了便于驳船通行和更易获得当地的煤矿藏，1840 年卡诺瓦河底的巨砾和暗礁被移除，从此工业在这里占据了主导地位。

　　卡诺瓦河谷以其丰富的资源——煤、水、矿藏、坚毅的劳动力和偏远的地理位置，成为美国昔日的能源腹地。美国有六代人已在此长大成人，伴随人们成长的还有这里的陈年煤藏和滤尘。这里的工业模式已延续了 80 多年：开采煤矿 - 燃烧煤 - 产生水蒸汽 - 转动涡轮机 - 发电。水坝的运行情况也是如此：在春季筑坝拦水，整个夏天慢慢地将水放出，放水时通过转动涡轮机发电。尽管卡诺瓦河谷已是残破不堪，但它仍是旧世界的能源基地。

美国最重要的节能项目之一恰恰设立在此——距卡诺瓦河东岸仅 90 米，这可能会令人觉得意外。这里是我们未来的蓝图，在一个能源价格昂贵的未来，我们会珍惜每一份在手的资源，像个吝啬鬼一样憎恶浪费。

　　西弗吉尼亚首府查理斯敦（Charleston）东南 48 公里之外，有一个独立的阿罗伊（Alloy）小镇。世界上最多产的硅厂就坐落在这个小镇，掩映在一片高耸入云而且陡峭的硬木斜坡下。阿罗伊小镇的硅厂年产量在 7.2 万吨，而为了制造硅，就需要汲取大量的能源。硅厂需要 135 兆瓦稳定的电量，这些电量足以维持美国 12 万户人家的用电量。主要是硅厂的电弧炉需要供电，电弧炉被通电加热时，发出炽热的白光，达 3 316 摄氏度。电弧炉内混杂着阿拉巴马石英，以及当地的硬木屑和煤。石英的主要成分是二氧化硅。滚烫的热量可滤出石英中的氧，并将其剥离，只剩下纯粹的硅。硅从电弧炉底部流入轨道小车。化学上来讲，这个过程被称为"碳还原"，因为石英中的氧与煤和木头中的碳结合在了一起的。硅可以制成许多产品，包括电路板、剃须膏、堵缝材料、化妆品和厨房用具。

在此，为节约能源所做的努力是巨大的。比起价值 3 亿美元的大型风车或 28 亿美元的太阳能电池板制造的能源，阿罗伊小镇的硅厂可生产更多的绿色能源，高达 50 兆瓦，而成本仅为 7 500 万美元。这次的项目聚焦在硅厂的熔炉，它像熊熊燃烧的篝火一般杂乱地散发着热量；靠近 6 米处就有烧到探访者眉毛的危险。公司警告来访者不要穿涤纶质地的衣服，因为涤纶的低熔点会在其行走过程中消失。木头、煤和石英在靠近熔炉上半部的位置，由一个连接在一个小叉车上的巨大的刮铲搅拌在一起。熔炉里发出的热量让人感觉就像站在死谷（Death Valley）54 摄氏度的灼热阳光下。我想靠近 9 米处仔细看看熔炉，在工厂工人的指示下，我把笔记本塞进了口袋，因为笔记本的纸已经快被点燃了。

熔炉没有封盖，是为了尽可能地散热，避免熔炉本身熔化掉，尽管这种情况基本不会发生。正如汽车发动机需要冷却，熔炉也一样。除了不规则散热外，熔炉内部还采用 60 厘米宽的散热管进行水冷式散热法，三排散热管上有 23 个环孔向外散热，每个环孔高达 30 米。这个巨大的散热系统可以清楚地在谷歌地图上看出来。只需放大西弗吉尼亚的阿罗伊小镇，你就可以看见它们了。这种冷却系统使熔炉和工厂可以连续工作，几乎不怎么需要停工。

对于再循环能源发展公司（Recycled Energy Development, RED）的主席汤姆·卡斯顿（Tom Casten）而言，这个规模大而复杂的冷却系统实际上等于一大堆废料，其唯一的目的就是散热。"热量，"卡斯顿经常说，"就是能源。所以，为什么要浪费它呢？"卡斯顿在2006年成立了再循环能源发展公司，专门获取那些会被浪费的热能，并合理使用这些热能。与主张节约能源相同的是，卡斯顿不是一个浪费言语的人，他会直接切入主题。这可以从他在海事公司出任工程师，或在哥伦比亚攻读MBA时担任告别演说致辞者说起。卡斯顿在最近三十年中花费了大部分时间致力于更加高效地利用能源，并从中获利。他已成为世界上的节能大师之一。当卡斯顿注视着一座建筑物或一个工厂时，他立即就能判断出可以从哪里获得易于得来的能源。

卡斯顿曾经成功地开办过好几家致力于利用废弃能源的公司，最后这些公司都成了更大的能源公司收购的目标。卡斯顿的鹊豆公司（Trigen），于1994年在纽约股票交易所上市，后被法国苏伊士集团恶意收购；他的初级能源公司（Primary Energy）和当前的再循环能源发展公司经营的业务相同，于2006年被加拿大埃普克公用事业公司（Epcor）以3.3亿美元的价格收购。

卡斯顿将这些交易都处理得很好，但他感觉他没有把这些公司发展到自己预想的高度上去。他想好好经营再循环能源发展公司，使其上市。但66岁的卡斯顿觉得这像一场超越金钱的拔河比赛。他说，减少浪费是能源战争中的下一个前沿阵地。"我们将进入一个高度节能的未来，否则，我们将不得不面对全球变暖和资源逐渐变少的现实。"卡斯顿解释说。

抢占易于获得的能源

西弗吉尼亚州的硅厂意味着我们没有更多的冷却系统，也没有更多的开式透气系统。为了优化工厂获取热量的能力，再循环能源发展公司减少进入熔炉的空气量，而熔炉则将排出气体的温度升高到760摄氏度。熔炉罩和电极握臂从软钢换成了不锈钢材质，以便于能够更好地承受高温，并从7万安培的烘烤高温中持续吸取热量。熔炉上所有木头-石英-煤的混合物发热和冷凝之处都有一个1.5米见方的开口，这些开放的部分都被封闭了起来。工厂的工人无需像以前一样使用无处不在的2米高的风扇制冷。

事实上，有一个真空导管将760摄氏度的排出气体抽出熔炉，输送到现场的一座旧楼中制造水蒸汽。这栋旧楼就是公司曾经燃烧煤，用以启动蒸汽轮机和发电机的地方。蒸汽轮机依然存放在这里，其中一些蒸汽轮机已经很陈旧了，机身上配置的进口管道上还有德国纳粹党所用的十字记号。通过使用熔炉的多余热量产生的水蒸汽，再循环能源发展公司启动其中一台蒸汽轮机，并将产生的50兆瓦电力输送回90米以外的硅厂。而以前，这些热量都随意蒸发到空气中了。

大约4万户美国家庭用电量达50兆瓦，位于西弗吉尼亚州具有丰富煤资源河谷的而再循环能源发展公司，直接从空气中获取50兆瓦电力。当然，西弗吉尼亚州的阿罗伊小镇是最为之狂喜不过的了，因为它们节省了一大笔资金。再循环能源发展公司项目的顺利完成，使西弗吉尼亚州的这家硅厂成了世界上最大的硅厂，而且还是世界上成本最低的硅厂。硅厂的总裁亚顿·西姆斯（Arden Sims）称，工厂廉价而高效的发电能力使其生产的硅也比亚洲同样的产品相对便宜。"多年来，我们一直在对外输送能源，"他说话时带有西弗吉尼亚州特有的鼻音，"但我们不会很快资本化，因为能源价格还是相对便宜的。随着能源价格持续上涨，我想，你在全世界会看到很多这样的情况。"

"如果我们能够非常聪明地利用能源，就完全有理由重建自己成为重量级制造商的地位。"卡斯顿说。他把阿罗伊小镇的这家工厂称为"容易摘到的果子，"他补充说，"那里还有很多这样的工厂。"

卡斯顿在迷宫似的米塔尔钢铁厂（Mittal Steel Plant）有效地利用了相似的商业策略。米塔尔钢铁厂位于印第安纳州东芝加哥，是北美最大的钢铁厂之一，雇员多达一万人。该钢铁厂的项目是从工厂巨型焦炉中获取 1 093 摄氏度的排出气体，用一小时将其转化成 453 吨的水蒸汽，生成 95 兆瓦电能。该项目运营费用为 1.65 亿美元，但每年会为米塔尔钢铁厂的印第安纳分厂节省 1 亿美元电力成本。

当汽油价格朝每加仑 20 美元①上涨时，美国最终需要制定一份完善的能源方案，以确保国家未来的电力供应。这份方案的一大部分将是不仅要发现新资源，比如，更多的风能和核能，还要提倡利用大量的能源废弃物。高耸入云的大烟囱下的大量建筑物是开始利用能源废弃物最好的起点。在我们开始为新煤厂或核工厂注入混凝土之前，甚至为一个新的风塔选址之前，首先应该彻底搜索现有的基础设施，正如卡斯顿所说，看能否得到易

① 油价每加仑20美元相当于每升33.25元人民币。——编者注

于获取的电力。

有很多易于获取的电力。它们在钢铁厂、石膏板厂、油漆厂和玻璃厂随处可见。每当你经过一个造纸厂、电厂或提炼某些物质的精炼厂,会看到这些工厂向空中大量喷吐蒸汽或浓烟。世界上有成千上万个这样的工厂做着同样的事。事实上,你看到的是原始能源喷入了大气层。在能源价格开始上涨之前,这些工厂很容易选择购买其他的由生化燃料制成的能源,因为价格低廉。

试想一下:你在客厅喝啤酒,然后起身去厨房坐下来吃东西,无意间忘了落在客厅的啤酒。当意识到起居室还有没喝完的啤酒时,你显然会去取回来接着喝。但如果啤酒价值一美分,而不是一美元呢?你可能会待在厨房,从冰箱拿出一瓶新的啤酒,而不去管那剩下的啤酒,任由这美味啤酒的温度在客厅变热。当谈到能源时,这就是一个世纪以来美国工业乃至世界工业对待能源的态度。

这种态度将会发生变化。当汽油价格涨至每加仑 20 美元时,美国工业将会采取所有的措施,竭尽全力节能。这个变化将比任何风车项目或太阳能电路板阵列更加剧烈,无论需要多少土地。美国能源部称,通过循环使用工业废弃的热能,美国将减少 20% 的二氧化碳排放,这相当于所有的小汽车和轻型货车不再上路行驶。显然,这对于环境而言是个巨大的福祉。当我们做出改变,削减能源成本时,地球将是主要的受益者。

重新点燃曼哈顿废物利用的热情

当我们获取并使用废弃的热能、电力和其他能源时，我们将回归到一百多年前就已了解的效率。电网早在 1910 年就以 65% 的效率运行，尽管那时电网很小。这意味着只有 65% 的电力最终会输送到终端用户的手中。从那以后直到 1957 年，电网的效率下降到 33%，一直延续至今。"在过去五十年中竟然没有提高效率，这是难以理解的，"卡斯顿说，"一般来说，无法提高效率的工业必将灭亡。"

再循环能源发展公司从制造过程中获取并使用的多余热能几乎算不上新科学。托马斯·爱迪生在曼哈顿的珍珠街建成第一座商用发电站时就已经这样做过。当时，他把燃煤发电站的排出气体卖给他的邻居为住宅楼取暖。然而，廉价能源使世界远离了这种高效率。这样的日子正在飞逝。"我们刚开始做本应在很久以前就已完成的事情。"卡斯顿说。通过在美国的制造业生产过程中获取废热，我们可以将 6.5 万兆瓦电力还原至电网，足以维持 5 000 万户家庭的用电需求。这是我们已经可以制造的能源，而且得来非常廉价——比风能、太阳能、核能，甚至煤都要廉价。

卡斯顿和再循环能源发展公司希望看到更多当地能源的生成得到进一步发展——类似于爱迪生当年在曼哈顿利用能源的方式。比如，用天然气驱动的轮机制造电力，用以满足市区的供电需求。在燃烧天然气的过程中排出的气体温度高达 482 摄氏度，可用以启动蒸汽轮机制造更多的电力；在冬天，蒸汽可用于制热取暖。按这种结构生产的效率超过 90%，是目前电网效率的 3 倍。

再循环能源发展公司将用这种工艺帮助美国最大的石膏板生产商——USG 公司重新配置其石膏板厂的生产工艺。USG 公司因过量使用能源而臭名昭著。在工厂里，开采的石膏通过火车以其原始的形态被运送过来，然后被粉碎并搅拌成浆状，最后厚厚地涂抹到石膏板护面纸上。潮湿的纸面石膏板将在和足球场一般大小的烘箱中以高温 700 度被烘干。如此大的烘箱需要大量的能源。目前，USG 公司利用天然气加热烘箱，就像我们家中使用的天然气炉灶，而所用电力则依靠电网供应。再循环能源发展公司将安装天然气轮机，用其燃烧天然气为工厂制造电力，并利用 482 摄氏度高温的排出气体烹饪和烘干石膏灰胶纸夹板，使 USG 工厂的生产效率不仅翻倍，还节约了一大笔资金。

美国能源部称，美国有机会可以同时发热发电 13.5 万兆瓦，也称做热电联产，这会使美国目前的电网效率翻一番，恰似获得 6.7 万兆瓦免费的电量。整个美国的发电量在 110 万兆瓦。随着未来能源价格高企，汽油价格推高到每加仑两位数的水平时，当地发电将再度成为其中一个解决方案。

设想一下 12 月中旬曼哈顿街区的图景，密集而温暖的高层公寓楼中充满了灯光和人。几千人住在一个街区。他们所有的电力和日常生活所用的燃料都来自一个小型的天然气轮机，这个天然气轮机就在街区中心的地下运行着。轮机产生的热能用于制造热水和供整个街区取暖。与美国目前 33% 的能源效率相比，曼哈顿街区的能源效率超出了 90%，这意味着同样消耗能源，同样需要娱乐活动、温度调节和照明设置的曼哈顿社区，却只需要目前所消耗能源的三分之一。

当地发电量是巨大的。理由很简单：热能无法很好地传播。你不可能将热能输送几百码而不流失很多热量。当我们在偏远的电厂燃烧煤或天然气，产生的热能就全部浪费了。"这相当于杀掉了母牛，又丢掉了丁骨牛排。"卡斯顿说。

本地化发电并不能解决我们所有的能源顽疾，但当汽油价格上涨时，它会变得越来越有影响力。当能源和汽油价格超过每加仑14美元时，本地化发电将成为一些地方的实际操作方式。我们将支付比现在多三倍至四倍的价钱——足够促进本地化发电项目。卡斯顿期望随着能源价格的逐渐攀高，一些已经证实的资源将被稳定地利用，比如，厌氧分解。当微生物分解人类粪便和有机废物时会发生厌氧分解，同时产生可用作燃料的甲烷（天然气）。卡斯顿经常提到尼泊尔的农民，他们利用动物粪肥在厌氧分解中产生的天然气供应当地的电力和烹饪用的能源。卡斯顿与芝加哥官员商榷过关于将芝加哥奥黑尔国际机场（O'Hare International Airport）的人类粪便进行厌氧分解，奥黑尔国际机场是世界上数一数二繁忙的机场。"没理由浪费这些资源。"他笑着说。

每年大约有7 700名乘客途经奥黑尔国际机场，来往穿梭于世界各地。此外，奥黑尔国际机场还要处理途经这里的数千架飞机带来的污水——这些飞机只是在此中转，还要飞往其他目的地。

卡斯顿的儿子是再循环能源发展公司的CEO，他拥有美国达特茅斯大学（Dartmouth）生物工程学硕士学位。他说，普通旅客一般在机场要花1.5个小时；大部分旅客为即将到来的航班要花3个小时，并且在飞机上会根据个人需要去卫生间方便。假如奥黑尔国际机场安装一些容器来贮存并将这些废物进行厌氧分解，将使机场的生物气体的年产量达810亿BTU（英热单位），足以给美国中西部地区1 125户家庭供暖。这个量并不是

很大，但它是从废物中提取的能源。想象一下：每当乘客使用
并不十分令人愉快的飞机卫生间时，至少他知道他正在为解决
美国的能源问题出一份力。

能源的未来

约翰·罗伊（John Rowe）的新办公室比旧办公室少用了 50% 的能源。
办公室内的布置——石砖地、喷漆的瘿木桌子和架子、大液晶屏幕，这一
切看起来非常简朴，但实际上罗伊有财力把它布置得更舒适些。罗伊的环
保设备包括：人体感应传感器、可循环使用的建筑材料和低水流水处理设
备。这些都很好地诠释了他的理念，即找到适用于我们现有基础设施的环
保方法，缓解美国即将面临的能源困境的最简单方式。虽然并不是新的理
论，但它却受欢迎。很难相信这个理论竟然来自罗伊，他的企业可是出售
能源的。罗伊的办公室位于芝加哥环形商业区麦迪逊大街和迪尔伯恩大街
（Dearborn）的拐角处，213 米高的建筑物看上去非常壮观，绝对会令旅游
者叹为观止。透过会议桌旁边的双层玻璃向北看去，可沿着密歇根湖看到
芝加哥北岸和远处的威斯康辛边界；向南看去，可看到湖岸向东穿过印第
安纳州，一直延伸到密歇根的海滨小镇。

罗伊的能源理念对他在能源领域的地位非常有益。他可能
是除石油业之外，美国能源界最强大的人物了。他领导的美国
爱克斯龙电力事业运营商，在运用核能发电方面独占鳌头。爱
克斯龙公司在全国 11 个核电站运行 17 个核反应堆，主要集中

在伊利诺伊州和宾夕法尼亚州。它的核能发电量占美国核能发电总量的 20%，达 2.4 万兆瓦。

就在我和他坐在一起的时候，他已卷入了一场残酷的华尔街"扑克游戏"中。两天前，爱克斯龙公司已直接向新泽西州的 NRG 能源公司股东提交了 62 亿美元的收购报价书。NRG 董事会正在评审该请求，新闻媒体会随时曝光此消息。

"在我来这里之前，检查过电线，没有看出任何问题——我不得不假设没有任何问题，否则，您也不会坐在这里和我说话。"我对罗伊说。

"哦，"罗伊笑着说，"不要如此确定。有时，我恰恰是最后才看出问题的那个人。"

当然，他这样说略嫌夸张。因遭到 NRG 能源公司董事会的拒绝，罗伊和爱克斯龙公司未能成功收购 NRG 能源公司，但为了增加核电供应的稳定性，他们将继续搜索能源版图。

曾几何时，一些能源公司的价值被像沃伦·巴菲特这样的分析师和市场预期人士低估了，罗伊试图通过收购这些公司从而将自己的公司发展壮大。他仍然希望获取 NRG 公司位于得克萨斯州的大型核电厂的市场份额，利用 NRG 打算近期在新泽西州修建两个新的核反应堆的计划，从中获利。爱克斯龙公司拥有与 1 400 兆瓦电力等值的煤产量，但却算不上煤业巨头。这些煤资产仅占爱克斯龙公司 2.4 万兆瓦电能财富的 5.8%。和大部分能源业人士一样，罗伊几乎只谈未来，似乎过去发生的和现在运作的无关紧要。

当罗伊谈论未来时，他会谈到核能。或许，令很多人惊奇的是，他没有谈过电力工业。罗伊是碳排放限制和贸易体制——实际上就是美国工业征收的碳税，非常忠实的拥护者。当然，罗伊也会把爱克斯龙公司的利益考虑在内。爱克斯龙公司 70% 的电力来自核能，而核能是一种几乎不排放碳的能源。罗伊的大部分竞争者都严重依赖会排放温室气体二氧化碳的煤，比如，俄亥俄州的美国电力事业公司（American Electric Power），其 70%的电力源于煤。

在汽油价格和能源价格高企的世界，核能的作用势必提升。两位数的汽油价格将彻底煽起利用核能的火焰。当我们用充电取代为汽车加汽油时，就需要发电站提供更多的电力。制造新的电力主要有四种方式：煤、天然气、可再生能源（风能、太阳能和地热）和核能。随着化石燃料资源的逐渐减少，以及人们对全球变暖的担忧日益加剧，核能将成为人类一个不错的选择。

未来的能源将来自哪里

当汽油价格在每加仑 20 美元时，充电式汽车将给我们的电网带来巨大的压力。取暖油价格的迅速上涨将促使美国东北部和大西洋中部地区的人们使用更便宜的电力取暖，这也会进一步增加发电站的压力。随着运输煤成本的飙升，以及怀俄明州和犹他州巨型煤田供应量的减少，电力将变得更加昂贵。电力管制——尽管不为人们所接受，最终将席卷全国。

为了使当前的文明得以巩固并进一步发展，我们需要大量丰富且可买得起的能源。**高企的油价将促使我们整修电网，更新发电站基础设施和改**

变看待能源的方式。我们将减少浪费，并更高效地生产能源。电动汽车将会越来越频繁地出现在我们的车库和街上，这标志着汽车正从由生化燃料驱动向由电力驱动转变。超过 60% 的国内生产总值将来自运营电力的服务业和工业。自从 1980 年以来，超过 85% 的能源需求增长都与电力有关，而不是石油。我们将从使用天然气点火的炉灶、加热器和汽车转换到使用某种形式的插电设备。与石油相比，电力是廉价的。这个事实将推动电力的发展，使其成为选择的燃料。我们花费在电力上的资金将达 3 500 亿美元，这个数字只占花在石油方面的一半资金。

　　总而言之，我们花在电力上的资金比花在石油上的资金所获得的实用性更高。而且，用于电力的资金是花在国内，而不会流向国外。我们在北美的资源对调节能源平衡起到了很大的作用，而且北美的资源非常有利于我们建设电网。这可能需要数十年的努力，但终将会完成。我们不会完全摆脱石油，那些声称我们可以摆脱使用石油的人简直是在痴心妄想，但是我们可以大大减少经济上对石油的依赖。有很多方面，石油依然会比其他任何物质都能发挥更好的作用，比如，使飞机可以高高地在天空飞行，或驱动一台大型矿用卡车。但在另一些方面，我们就可以转而利用电力。

煤

　　煤的作用非常大。美国 50% 的电力都依赖于煤。但煤的开采和运输都需要用大量汽油为燃料驱动贮存能源的工具。煤易于燃烧。当煤燃烧时，会释放出大量二氧化碳。每年，世界能源产品可在大气中排放 330 亿吨二氧化碳，并且这个数字仍在上升。超过 40% 的碳排放来自为制造电力而燃烧的煤。如果按这个趋势发展下去，我们会把更多的煤资源用来制造电力中。但是，如果地球上的各个国家非常认真地对待气候变化，煤的作用在未来将会逐渐下降，它将让位于碳排放非常微小的核能。

煤之所以如此有吸引力，原因很简单，就是因为我们有丰富的煤资源，而且它价格低廉。然而，煤廉价的特点将被开采和运输煤所需汽油的高价格所破坏，而且它将会进一步遭到发达国家所征碳税的破坏。

洁净煤的理念听起来不错，但就目前我们所了解的洁净煤技术而言，价格非常昂贵。该技术需要隔离地面上的二氧化碳，但这个技术并不成熟，且无法持久操作。洁净煤深受政客们推崇，因为理论上它能够解决我们所有的问题。大家都知道，美国具有丰富的煤资源；常规来讲，燃烧煤对气候、环境和我们的身体健康都是有害的。

> 洁净煤的理念是：煤燃烧过程中产生的二氧化碳气体可被盐丘和地表下面数千英尺的其他空间吸收。煤燃烧产生的很多物质会直接变成碳化气被大烟囱吸走，在此过程中没有任何蒸汽流走；然后，这些碳化气又会被注入深深的地球洞穴中，而不会从地球外壳的空隙逃脱。

二氧化碳可被隔绝的地方是非常有限的，特别是靠近发电站的地方。我们不可能无限制地将二氧化碳注入地底下，期望它不再冒出来。这种想法是不理性且不负责任的。即使它确实奏效了，洁净煤的成本至少也是核能成本的 3 倍。此外，核能不需要下疯狂的赌注，即期望地球不吐出我们注入的气体。"大自然的确发明了完美而有效的碳隔离形式，"爱克斯龙公司的 CEO 罗伊喜欢这样说，"它就是煤。"

水力发电

水力是我们最依赖的绿色能源。它供给了几乎 10% 的电力，在一些地方，比如在华盛顿州，水力发电占了整个州所需电量的近 80%。在能源领域，水力发电有可能破坏生态系统；在有些情况下，甚至会导致土地被腐蚀。但水力发电可预防洪水，而且一年中的大部分时候可以 24 小时全天候运行。这是零排放资源，非常棒。目前，我们几乎已经用上了北美主要的适合水力发电的地点。水力发电将仍然是我们能源结构中重要的一环，但它的作用不太可能与日俱增。

太阳能

如果在有限的领域内使用太阳能，它会是非常有用的能源。然而，太阳能永远不会在发电能源中占主要地位，原因很简单：阳光会消失半天。但是像在加利福尼亚州、亚利桑那州和内华达州这样的地方，一些强大的太阳能发电站能够在需求高峰期供应充足的电力。需求高峰期一般在下午两点至七点之间，如此太阳的温度是最热的。这几个地方使用空调最多，但巧的是它们也是阳光最充足和照射频度最高的地方。

我们所了解的大多数能源都是太阳能的产物。石油和煤是有机化合物数百万年压缩和浓缩的结果，这些曾经的有机化合物得以生存是因为它们具有获取太阳能的能力。石油是数百万年的太阳能注入易于运输和易于燃烧的介质的最终表现形式。只有当我们想从石油的源头（太阳光）尝试利用其能量时才有意义。

曾经，在横跨加利福尼亚州、内华达州和亚利桑那州的莫哈韦沙漠发生过抢购地产的热潮，人们争先恐后地去获取土地所有权和运用太阳能发电的许可。美国土地管理局（the Bureau of Land Management）对提交的100份申请进行了登记存档，允许他们的总发电量超过6万兆瓦。最渴求能源的加利福尼亚州，用电量在3.3万兆瓦，只占所申请发电量的一半。亚利桑那州的索拉纳发电站（Solana）在2011年竣工时可生产280兆瓦电量，它是目前世界上最大的太阳能发电站。但事实依然是，它无法在夜晚利用太阳能为洛杉矶供电。这是无法改变的。获取太阳能并不便宜。安装太阳能发电设备的成本是安装风能发电设备成本的3倍。尽管并不总是刮风，但风在夜晚和白天都可出现。

风能

除了像西弗吉尼亚州的再循环能源发展公司那样从废热中提取数千兆瓦电力之外，风能是最有希望增加我们使用可用绿色能源的资源。风力涡轮机是巨型设备中的杰作。在美国，风力涡轮机还未普遍出现，但在很多州都能看到风力涡轮机的玻璃纤维叶轮在随风转动。

风力涡轮机和太阳能发电站一样，同样面临着产能不稳定因素。有时，很长时间会一点都没有。但在美国最好的风能基地，像艾奥瓦州西部、明尼苏达州、北达科他州和得克萨斯州山脊地区，常年刮风。与太阳能相比，风能的确具有明显的成本优势。爱克斯龙公司的CEO罗伊说，风能的价格在每千瓦时8美分，非常具有竞争力；美国大部分地方在电力上要花更多的钱。安装1千瓦风能发电机的成本为1 700美元，这与用煤炭发电的新设备价格相似。事实上，唯一比较廉价的发电资源是天然气，运行天然气发电机组的成本可低至每千瓦1 100美元，但需要燃烧的天然气总量将

244

是巨大而昂贵的，而风能则是免费的。

　　风塔所需费用较少。风塔就像野草一般穿过中心地带进入得克萨斯州，向东远至新英格兰州。在 2007 年，美国将风能增容 5 300 兆瓦，仅在一年间风能的发电量提升了 46%，占美国在 2007 年发电增量的 35%。没有任何国家像美国在 2007 年那样，在一年之内可产生如此之多的风能。更棒的是，美国在 2008 年就打破了自己创下的纪录。美国风能协会（American Wind Energy Association）称，美国在 2008 年的风能增容达 8 400 兆瓦，使风能总量达 2.5 万兆瓦，并可与德国一争高下。2008 年之后的四年美国都在安装风力发电机方面处于世界领先地位。随着美国在利用风能方面处于领衔地位，得克萨斯州已然成为先锋力量。美国在 2007 年多达 5 300 兆瓦风能的增容中，得克萨斯州产生的风能占总量的 32%，达 1 700 兆瓦。在国外，只有德国、西班牙和印度拥有的风能超过了得克萨斯州，达 5 500 兆瓦。

我们在风能发电方面将会一直处于世界领先地位。尽管美国可能很快会比其他任何国家都拥有更多的风能，但风能在解决美国能源难题上起到的作用依然比对很多其他较小的国家起到的作用小。作为一个三面临海的多风之国，丹麦 20% 的电力源于风能。其他国家风力发电的比例分别为：西班牙 12%；葡萄牙将近 10%；爱尔兰 8%；德国 7%；美国 1.4%。要使美国的风力发电量增加到 5%，我们还需要 4.6 万兆瓦风能，这是美国或其他任何国家当前产能的两倍。但考虑到我们在过去 3 年中所实现的目标，在接下来十年内风能发电量增长到 5% 是完全可能的。而且，由于我们在安装和生产方面都做得很好，在接下来的 15 年达到 10% 也是可能的。这是个非常大胆的计划。事实上，仅靠风能并不能完全解决目前能源短缺的问题。

地热资源

从地球深处获取能源已不算新科学了。一个多世纪以来，我们一直在像冰岛这样的地方开发温泉，用以启动涡轮机和取暖。在爱达荷州的首府博伊西市（Boise）的东部，到处充斥着非常复杂的管道，管道里的温泉通过暖气片散热，为这里的住户供暖。对住户而言，唯一的成本就是保养这些管道的费用，他们不需要再支付燃料费用和物业费。

然而，在地球上，可轻易开采的温泉点并不是很多。我们已经找到了一些好办法来利用地源热泵获取土壤中的热量。在冬季，冰冻线之下未冷冻泥土中的热量可被收集，为室内供暖；在夏季，可利用地下 55 米深处的深层土壤作为吸热设备，吸取房间的热空气以制冷。但这些系统在极冷或极热的环境下需要化石燃料和电力的协助，而且非常昂贵，业主的安装费用会超过 2 万美元。

地热这种可再生能源有很好的前景。在澳大利亚，由于中心的大陆地区气候炎热，澳洲地热能源开发领头羊——地球动力学公司（Geodynamics）正致力于在岩石上钻探一组超过 1.6 万英尺的深井项目。该项目将利用几十口深井加热水源，然后用这些热水驱动涡轮机发电，为澳大利亚电网供应一部分电能。该电站的深井将绵延 10 亿平方米，耗资达 2.5 亿美元。这意味

着每千瓦地热发电价值为 5 000 美元，是风能装机容量的成本的
两倍。不过，区别在于，这些地热发电站不受风力的支配，它
们可以二十四小时全天候运作。随着诸多公司逐渐掌握地热的
建筑工艺，安装费用就会随之下降。

　　地热发电站并不是在任何地方都可以运作。2007 年美国麻省理工学院
的研究报告称，截至 2050 年，10 万兆瓦的大型地热项目将会上线。前景
非常诱人。目前，我们的地热资源还未被充分利用，但它已被证实是清洁
且可靠的资源。鉴于风能、太阳能和破坏环境的煤资源所具有的不同程度
的瑕疵，我们无法完全依赖这些资源，因此地热资源将不容忽视。

天然气

　　目前，依靠天然气发电站供应了 20% 的电力。天然气的作用在近期很
有可能提升，因为天然气价格低廉，能被迅速点燃；最重要的是，天然气
发电站由于政治因素最容易修建。没有人有充足的理由在小镇周围修建煤
电站。而且，很少会有人希望在他们的后院修建核电站，即使核电站对健
康的威胁比煤电站要小得多。然而，天然气发电站可在任何地方修建。天
然气工业已经为自己树立了环保的形象，这归功于天然气的营销技能。确
实如此，天然气燃烧时比煤洁净，而且不会排放对人体肺部特别有害的颗
粒污染物。

　　天然气是一种会促成大气中二氧化碳增加的化石燃料。天然气就是甲
烷，当燃烧时，其中的碳会与大气中的氧气结合，生成导致全球变暖的二
氧化碳。天然气无法逃避将来必然要征收的碳税。而且天然气和石油一样，
是有限的资源。20 多年前，美国的天然气供应就已超过了峰值。我们从世

界各地，如加拿大、委内瑞拉、卡塔尔和俄罗斯等，尽可能地进口天然气。总的来说，没有任何国家是绝对值得依赖的进口国，而且天然气和石油一样，将成为日益稀缺的商品。当这变为现实时，天然气在未来能源中的作用终将变弱。

核能：我们的荷兰乳牛

核能是高效、清洁且安全的能源。人类需要的浓缩铀形式的能源都适合装入一个金枪鱼罐头大小的容器。4磅浓缩铀相当于100万加仑汽油的能量，而且不会排出乌黑的气体。

核电站通过令铀-235裂变成两个较小的原子而制造电力。当铀-235裂变成两个较小的原子时，会释放出两或三个中子。中子是原子的粘合要素。这些中子继续裂变成另外两个或三个铀原子，从而释放出更多的中子，如此不断重复。在适当的条件下，会很快展开连锁反应，中子会四处喷射。每当一个中子分裂成几个原子时，就会释放出大量的能量。这就是爱因斯坦的著名质能方程式（$E = mc^2$）得来的理论基础。简言之，此方程式是指物体在核裂变过程中释放的能量等于原子（中子）的质量和光速平方的积。你可以看见能源是如何迅速积聚起来的。核电站就是在这个反应过程中汲取热能，用以制造水蒸汽，然后用水蒸汽启动涡轮机，制造电力的。

本应属于绿色能源的核能并没有获得公众的认可。根据英国政府发布的报告，核能拥有碳足迹，这点与风能相似。该报告说明了在修建核电站、开采铀矿、浓缩铀、电站运行和电站解构过程中排放物的情况。

> 研究发现即使把所有的因素都考虑进去，核能的碳足迹也
> 只相当于每产生1千瓦电力，二氧化碳的排放量为5克。其中
> 40%的二氧化碳排放可追溯到开采铀矿的过程中。风能的二氧
> 化碳排放量相对较低，每1千瓦电力二氧化碳的排放量为4.6克，
> 大部分二氧化碳来自组建和安装风塔的过程中。当然，煤是头
> 号公敌，每1千瓦电力的二氧化碳排放量为1 000克。

除了俄罗斯的核电站长期没有安全标准外，基本上核能对于人类而言
还是非常安全的。美国唯一出现过的一次严重的放射性物质泄漏事故，发
生在宾夕法尼亚州米德尔顿镇附近的三里岛（Three Mile Island）核电站。
事故未造成人员伤亡，也没有人受到有害的辐射。另一方面，美国50%的
电力源于煤，而煤不仅会向大气层排放数十亿吨的二氧化碳，而且据美国
环境保护署估计，每年因煤烟颗粒物污染导致的并发症死亡的人数达2.5
万人。

持续困扰核动力的唯一问题就是如何处理核废物。目前，我们把大部
分用过的（反应堆）燃料棒贮存在冷却池中。尽管此系统也有一些缺陷，
但却从未导致过任何严重的事故。显然，我们需要一个集中的存贮核废物
的地点。内华达州的尤卡山就是一个潜在的核废物处置库，只有别有企图
的政客和容易陷入恐慌的环保主义人士不赞同将其利用起来。即使尤卡山
泄露一些核废料，考虑到山系的特性和废物处理场的设计，也不可能对周
围的居民造成伤害。那里不存在地下蓄水层，而且没有人居住在山顶上。
燃烧煤带来的风险总的来说超过了我们可能面对的核废物处理场带来的任

何风险。

爱克斯龙公司的 CEO 罗伊已向联邦政府申请在得克萨斯州修建一座新的核电站。罗伊希望修建很多核电站，但是建设核反应堆的成本极其昂贵，即使对于爱克斯龙公司这样的电力运营巨头而言也是如此。"修建一座 1 500 兆瓦的核设施将需耗资 60 亿美元，"罗伊笑着说，"我们可以申请修建两座核电站，但那需要 120 亿美元的经费，这个数字超过了我们公司的总账面价值。"。

自从 20 世纪 70 年代以来，美国在修建新的核电站上一直没有突破。这种局面将得到改变，而且也必须予以改变。随着电能代替了油箱里晃动的汽油，人口的日渐增长以及肮脏的煤电站退出能源舞台，我们将需要大量的新的发电方式，而且必须是洁净的发电方式。核能为我们提供了明确的途径获取清洁能源。我们可以大规模修建核设施，对核能进行可靠的管理而无需担心因地缘政治冲突而中断能源供应。

然而，修建核电站的费用极其昂贵。除非我们通过减小核电站规模和采取更好的措施，使建造成本降低——在过去 30 年中，我们一直都没有能做到这一点，只有做到这一点政府才可能以担保贷款或补贴的形式资助核工业。但是我们不应该反对支持核技术，它是罕有的可供应我们所需的绝大多数电力并值得依赖的清洁能源。"如果我们可以资助风能、太阳能和洁净煤，那在崇尚低碳的未来，我们又为何不投资最可能产生巨大影响的核技术呢？"罗伊说。

后记

20$ Per Gallon

高油价的美丽新时代

比尔生活在汽油价格高达每加仑 20 美元的世界。然而，在比尔生活的世界里，汽油价格已不再是大家谈论的主要话题了。几乎没有人购买汽油，因此也无人关心。天气再度成为人们闲聊时的首选话题。没有人再谈论上周才走到半路，就不得不去加油站加油的事了；也没有人会再为仅仅花了 15 美元就把油箱加满了而倍感兴奋。在比尔的世界里已经没有油箱了，人们不再需要汽油了。汽车所需的能源任何时候供应都是充足的。

比尔 27 岁，具有他这个年龄美国年轻人的典型特点。他最后一次乘坐飞机是在 15 年前，现在他怀疑自己是否还会再次踏入某个机场的大门。他不在乎。他经常旅行，但通常只乘坐高铁。比尔住在纽约，经常乘坐两个小时的火车去看望住在匹兹堡的父母。他的父亲喜欢以机场的故事和花了全家人 6 个小时的纽约之旅的经历逗比尔乐乐。这些事情比尔听起来觉得非常不可思议：费劲地携带着行李、在机场等待、飞机延误、领取行李的麻烦等。但是他很欣赏父亲对全国铁路系统的惊愕赞叹之情，尽管在他看来，铁路系统只不过是一个公用事业设备而已。

比尔会乘坐一小时的火车去波士顿看望他的妹妹，或坐两小时的火车去蒙特利尔的法国街度周末。他还经常长途跋涉到芝加哥与他的哥哥一起度周末，他哥哥也经常去纽约。当在旅途中时，无论是乘坐直奔商业区的地铁，还是乘坐路边风景转瞬即逝的开往纽约的高铁，他常常期望能够有座位，或在想站的时候站一会儿。

正如 70% 他这个年龄的年轻人一样，比尔还从未拥有过自己的汽车。消耗汽油的车就在身边，但他很少乘坐这些车。现在，街上穿梭着很多电动汽车，尽管富有魅力，令人垂涎，但电动汽车却并不便宜，而且也不是十分必要。住在芝加哥的哥哥，比他大两岁，没有汽车；住在波士顿的妹妹，比他小两岁，也没有汽车。事实上，他们谁都没有想过要拥有一辆汽车。比尔的父母住在匹兹堡黎巴嫩峰地区，拥有一部他们都钟爱的电动汽车，但比尔的父亲一直嚷嚷着要抛弃自己的汽车、车库和房子，然后搬到匹兹堡市中心。匹兹堡市中心曾是个喧闹而充满生气的中心地带，它能令比尔的祖父回忆起数十年前这座城市的辉煌岁月。

当比尔乘坐火车经过新泽西到达美国西部或北部地区时，沿途会经过大片大片的农田。其中一些农田在 20 年前就进行了更细的划分，一些农田在过去种植玉米和粮食作物，现在这片土地上种植着供应纽约和其周边地区所需的番茄、西葫芦、柿子椒、黄瓜、菠菜、长叶莴苣和任何比尔可在他生活的社区商店农产品货架上找到的农产品。正常的货物线每天将蔬菜和水果运送到城市，大大遮蔽了高铁的光芒。美国所有小镇的周围都是大大小小的农田。对比尔来说，食物基本上都是本地的。尽管美国的农田很多，但其农作物在全国范围内平均分布，按地区配送，而不是全国统一配送。伊利诺伊州种植的玉米较少，但苹果园、温室、小麦和土豆较多。加利福尼亚州与此相反，种植玉米和小麦较多，鳄梨和柑橘类水果则较少。如果必须在横跨全国的范围内运输食物，那么食物价格将会非常昂贵。

比尔住在纽约布鲁克林公园斜坡地区的一栋四层住宅楼中。这是一栋建于 21 世纪初的旧楼，但处处显示出高科技的痕迹。比尔用的热水和一半的电力都来自屋顶和顶壁的太阳能板。太阳能板运行系统模拟了植物的光合作用。电池板在白天汲取的能源将水分子裂化成氧气和宝贵的氢原子，可在夜间通过燃料电池重新组合氢氧原子，进而获取它们结合期间释放的能量。

纽约、匹兹堡、加利福尼亚州或任何不使用太阳能电池板的屋顶平台上通常都配备"空中花园"或草坪。16 厘米厚的泥土滋养着屋顶上的植物，有助于使建筑物冬暖夏凉。"绿色屋顶"会流失较少的水量，这不仅减小了污水处理厂的压力，其绝缘的效果还节省了电力。很多住宅，包括纽约市很多无电梯公寓的屋顶上都具有这样的空中花园。一些专门维护这些空中花园的公司应运而生了，使居住在这些建筑物中的居民深深感受到这种模式是可持续发展的。这确保了居民一年中有 6 个月的时间都有新鲜蔬菜食用，形成了最基本的供应链。

当比尔启动房间里任何插电的电器时，可以追踪到各个电器的具体用电量。在汽油价格达每加仑 20 美元时，美国很多家庭都将配备能源监控系统。比尔可以追踪查看他的公寓里每个电灯插座所使用的电量。他知道最近一次看电视的电费是 80 美分。在油价为每加仑 20 美元时，这些系统在像美国东北部和加利福尼亚这样的地方都是强制性的，用以帮助消费者节约能源和预防电网停电。此方案已经很好地起作用了；当人们看见了开着多余的灯，或开着没人看的电视要花费他们多少钱时，就会迅速理智起来，即刻意识到要节约能源。

当比尔走出公寓房门，从外面锁上门时，电子锁会将信号传送到屋内相互连接的电子系统，电子系统就会熄灭所有的电灯，并关闭空调。在用电高峰时段，一个较小的指示灯会在房间里所有的照明开关上闪烁，提醒比尔此时用电非常昂贵。像这样微小的措施可帮助美国家庭在 20 美元每加仑的汽油价格下，比汽油价格在每加仑 2 美元时人均少用 50% 的能源。

在厨房里，比尔用太阳能煮茶。比尔的茶杯不是由源自石油的塑料制成，而是用从玉米中提炼出的糖分制成的塑料制成的。比尔房内的废水会用于冲厕所或流入废水处理厂。比尔慢跑时穿的做工精巧的运动衫是羊毛质地的，而不是涤纶的，由于涤纶成本较高，因此会使用得越来越少。比尔的跑鞋是天然橡胶底的，那些过去非常普遍的由石油衍生的复合材料制成的帆布胶底运动鞋早已被人们淡忘了。按照纽约市对市区小街道的未来 20 年的规划，比尔生活的街道是由混凝土铺设的。

行驶的车辆不多，街道的使用寿命就会更长。混凝土街道比沥青街道更耐得住冬天的严寒，因此相较之下沥青廉价这一优势就会黯然失色。纽约市为了方便电动车充电，沿着混凝土街道安装了很多插座。有轨电车也重返布鲁克林、芝加哥、萨克拉曼多和许多其他小镇的街上，它们在一些城市中没有地铁设施的拥挤地段和新扩建的、闪亮且高效的地下线路之间

254

起到了桥梁作用。在交通高峰时段，当有轨电车频繁穿行的时候，坐在一辆有轨电车上的人们经常会看到其他有轨电车也在朝着相同或相反的方向开去。

比尔居住在"高密度城市中心住宅"。在远郊的房子变成废墟的同时，城市土地投机商将高密度城市中心住宅区打造成了富庶地带。

比尔的女朋友涂抹的唇膏是由摩洛哥铁木中提取的坚果油制成的，而非石油制品。比尔饮用的大部分葡萄酒是用使用较少能源就可生产的盒子及袋子包装的，而不用玻璃瓶。比尔的很多新家具，铺地板的材料和一些夏季烧烤的器皿——可生物降解的盘子、刀叉等，都是由佛罗里达和得克萨斯的竹笋和纤维材质制成的。竹器加工厂发挥的作用大大超过了树木的所有用途。除了生物塑料，竹器取代了房间里很多以石油为基础的塑料制品。

比尔就职于一家为全球设计潮汐水力发电站的公司。如今，沿着美国东西海岸已随处可见潮汐水力发电站，在世界上很多发达国家的海岸线上也能看见这样的发电站。海水不断涌现的漩涡是一种能源，一旦利用这种能源的高效方法被研制出来，其力量就不容忽视。比尔的工作致力于创造一个不以石油为中心，而以大量其他能源为中心的新能源世界。

比尔的快艇应将其存在归功于那些非常有创新精神的公司。在过去20年中，这些公司一直在满足我们的能源供应，使我们适应了石油逐渐减少的现状。全球经济曾经依靠原油驱动，如今则由材料贸易和设备贸易驱动以获取并保存我们拥有的能源。货船依然在大洋之间川流不息，但不像以前总是规律性地出现交通高峰时段。现在，世界各地充满了太阳能电池阵、风力涡轮机和大量的电池，还有数百万计的电动汽车以及成千上万辆的高速火车。

　　在比尔的世界，货船已进化成一个巨大的核动力岛状物，有 1 200 米长，120 米高，重量超过了 100 万吨。与此相比，"玛丽皇后二号"（Queen Mary 2）重达 15 万吨，有 335 米长。这些新货船似巨大的船舱体积是如今的集装箱货船体积的 10 倍。它们并非国际贸易的附属品，而是过于昂贵的柴油催生的产物。继高企的运输成本阻碍了全球化某些方面的进程之后，这些货船使得经济大国之间的贸易得以复苏。现在，很多人选择花 4 天时间乘坐核动力大油轮穿越大西洋，而不会花费双倍的价格乘坐飞机了。美国人不会取消去欧洲度假的行程，但他们不会经常去；如果去的话，他们会待两至三星期，而不只是一星期。

　　在比尔生活的油价每加仑 20 美元的时代，这些核动力货船将是核动力民主化的最新宣言。在当前能源需求迅速扩张，而原油供应日益下降的国际环境下，美国当前的政策，即令核能远离任何国家，除了我们最紧密的盟国，是不符合客观条件的。数以百计的核工厂将遍布全球，从南美到中东一直到东南亚。修建核反应堆的跨国公司，比如，美国通用电气公司，将在世界核能复兴的狂潮中大显身手。修建的反应堆将尽可能少地产生高水平的核饲料（核炸弹的材料），但是严格的国际监督仍有必要。世界已没有任何其他选择，因为这些变化都是受经济发展驱使的，而不是感性所为。

　　未来的能源世界将严格受效率主导，而不再遵循"能用即用"的原则。全球的能源均衡将由一组关乎实用性、价值和功能的方程式来决定。同样的方程式将促使更优雅的生活方式取代美国人现在贪食的生活方式。这些能源方程式将呈现出不复存在的麦克豪宅（McMansions）和过时落伍的 SUV；这些能源方程式将以风力涡轮机填充我们的山脊，使街道充满小型汽车；而且这些方程式不会以破译不出的统计数字来表达，它们的表达方式将是简单而现代的：每加仑多少美元。

✄ 我们出版的所有图书，封底和书脊都有"湛庐文化"的标志

湛庐文化
Cheers Publishing

并归于两个品牌

财富汇　　　心视界

✄ 找"小红帽"

　　为了便于读者在浩如烟海的书架陈列中清楚地找到我们，我们在每本图书的书脊上部47mm处，全部用红色标记，称之为——小红帽。同时，"小红帽"上标注"湛庐文化"字样，小红帽下方标注所属图书品牌名称。

47mm

¥**30** 油价
元/升

　　湛庐文化主力打造两个品牌：**财富汇**，致力于为商界人士提供国内外优秀的经济管理类图书；**心视界**，旨在通过心理学大师、心灵导师的专业指导为读者提供改善生活和心境的通路。

✄ 用轻型纸

　　您现在正在阅读的这本书所使用的是轻型纸，有白度低、质感好、韧性好、油墨吸收度高等特点，价格比一般的纸更贵。

✄ 关注阅读体验

　　我们目前所使用的字体、字号和行距，是在经过大量调查研究的基础上确定的，符合读者阅读感受。每页设计的字数可以在阅读疲劳周期的低谷到来之前，使读者稍作停顿，减轻读者的阅读疲劳，舒适的阅读感觉油然而生。

　　所有的一切都为了给您更好的阅读体验，代表着我们"十年磨一剑"的专注精神。我们希望湛庐能够成为您事业与生活中的伙伴，帮助您成就事业，拥有更为美好的生活。

湛庐文化2008-2011年获奖书目

湛庐文化
Cheers Publishing

《牛奶可乐经济学》
国家图书馆"第四届文津奖"十本获奖图书之一,唯一获奖的商业类图书。
搜狐、《第一财经日报》2008年十本最佳商业图书。
用经济学的眼光看待生活和工作,体验作为"经济学家"的美妙之处。

《大而不倒》
《金融时报》·高盛2010年度最佳商业图书入选作品。
美国《外交政策》杂志评选的全球思想家正在阅读的20本书之一。
蓝狮子·新浪2010年度十大最佳商业图书,《智囊悦读》2010年度十大最具价值经管图书。
一部金融界的《2012》,一部丹·布朗式的鸿篇巨制。

《金融之王》
《金融时报》·高盛2010年度最佳商业图书。
蓝狮子2011年度十大最佳商业图书,《第一财经日报》2011年度十大金融投资书籍。
权威透视国际金融界大佬在大萧条中的群像著作。
一部优美的人物传记,一部独特视角的经济金融史。

《富可敌国》
蓝狮子·《第一财经日报》2011年度最佳金融商业图书。
《第一财经日报》2011年度十大金融投资书籍。
源自300个小时的真实访谈,一部权威的对冲基金史。

《认知盈余》
2011年度和讯华文财经图书大奖。
看"互联网革命最伟大的思考者"克莱·舍基如何开启无组织的时间力量。
看自由时间如何成就"有闲"世界,如何引领"有闲"经济与"有闲"商业的未来。

《微力无边》
2011年度和讯华文财经图书大奖"最佳装帧设计奖"。
中国最早的社会化媒体营销研究者杜子建首部作品。
一部微博前传,半部营销后传。

《神话的力量》
《心理月刊》2011年度最佳图书奖。
在诸神与英雄的世界中发现自我,当代神话学大师约瑟夫·坎贝尔毕生精髓之作。

《facebook效应》
《金融时报》·高盛2010年度最佳商业图书入选作品。
蓝狮子·新浪2010年度十大最佳商业图书,《新智囊》2011年度最具价值十大经管图书。
首度公开facebook非凡创业的26个细节,马克·扎克伯格及40多位核心高管倾情讲述。

《真实的幸福》
《职场》2010年度最具阅读价值的10本职场书籍。
积极心理学之父马丁·塞利格曼扛鼎之作,哈佛最吸引人、最受欢迎的幸福课。

《绕着大毛球飞行》
蓝狮子·《职场》2011年度最佳职场图书。
畅销13年的职场创意手册,贺曼贺卡公司创意总监倾情之作。

湛庐文化
Cheers Publishing

延伸阅读

《城变》

城市如何改变世界

◎ 一本书读懂世界城市和全球化大变局。

◎ 剑桥大学城市学家融城市学、经济学与社会学于一体，讲述全球化与城市化之间的微妙联系。

《全球化的悖论》

全球化的新演义，世界经济的未来

◎ 哈佛大学肯尼迪政府学院知名教授警世之作。

◎ 英国前财政大臣戈登·布朗鼎力推荐的全球化读本。

《下一个大机遇》

如何创造和选择最佳机遇

◎ 世界上最受欢迎的创新课。

◎ 全球商科排名第一的沃顿商学院倾情奉献。

《权力》

颠覆你对权力的一切认知

◎ 斯坦福大学著名组织行为学教授杰弗瑞·菲佛力作。

◎ 领导力大师、《从优秀到卓越》《基业长青》的作者吉姆·柯林斯，畅销书《影响力》的作者罗伯特·西奥迪尼，哈佛商学院教授、畅销书《公司的王道》的作者罗莎贝丝·莫斯·坎特，鼎力推荐。

《至关重要的设计》

讲述伟大的设计如何俘获人心

◎ 苹果前首席设计师罗伯特·布伦纳，首度以"苹果人"视角揭示苹果设计之道。

◎ 甄选全球企业经典案例，深度探寻苹果、宜家、星巴克、摩托罗拉等知名品牌的成败根源，堪称设计主导型企业的必读著作。

◎ 小米公司董事长兼 CEO 重磅推荐。

图书在版编目（CIP）数据

油价30元/升/（美）斯坦纳著；舒丽萍译．—北京：中国人民大学出版社，2012

ISBN 978-7-300-15143-4

Ⅰ．①油…　Ⅱ．①斯…　②舒…　Ⅲ．①石油价格—研究—世界　Ⅳ．①F416.22

中国版本图书馆 CIP 数据核字（2012）第 036333 号

油价 30 元/升

[美]克里斯托弗·斯坦纳　著

舒丽萍　译

Youjia 30 Yuan/Sheng

出版发行	中国人民大学出版社
社　　址	北京中关村大街 31 号　　　　邮政编码　100080
电　　话	010 - 62511242（总编室）　　010 - 62511398（质管部）
	010 - 82501766（邮购部）　　010 - 62514148（门市部）
	010 - 62515195（发行公司）　010 - 62515275（盗版举报）
网　　址	http://www.crup.com.cn
	http://www.ttrnet.com（人大教研网）
经　　销	新华书店
印　　刷	北京中印联印务有限公司
规　　格	170 mm × 230 mm 16 开本　　**版　　次**　2012 年 6 月第 1 版
印　　张	16.75 插页 2　　　　　　　　**印　　次**　2012 年 6 月第 1 次印刷
字　　数	200 000　　　　　　　　　　 **定　　价**　49.99 元

湛 (zhàn) 庐 (lú)

铸剑大师欧冶子「十年磨一剑」，炼就了「天下第一剑」湛庐剑。

——《吴越春秋》记载